Gaston Dorren
Sprachen

GASTON DORREN

SPRACHEN

EINE VERBALE REISE
DURCH EUROPA

Aus dem Englischen und Niederländischen
von Juliane Cromme

Süddeutsche Zeitung Edition

Die niederländische Originalausgabe erschien 2012
unter dem Titel *Taaltoerisme* bei Scriptum, Schiedam.
Die Übersetzung basiert zudem auf der englischen Ausgabe *Lingo*,
die 2014 bei Profile Books Ltd. erschienen ist.

Sonderausgabe für die Süddeutsche Zeitung Edition 2018
in der Süddeutsche Zeitung GmbH, München

MIX
Papier aus verantwortungsvollen Quellen
FSC® C083411
FSC
www.fsc.org

ISBN: 978-3-86497-461-8

Umschlaggestaltung: Philipp von Keisenberg, München
unter Verwendung einer Vorlage von Rudolf Linn, Köln (nach © Keenan)
Originalfoto: Profile Books Ltd.
Gesetzt aus der Minion
Satz: L42 AG, Berlin
Druck und Bindearbeiten: CPI books GmbH, Leck
Printed in Germany

Für Carmen, Waltraud und Kurt (†), die mir so ganz nebenbei die erste Fremdsprache beibrachten.

INHALT

III SPRACHEN UND POLITIK 89

IV SCHRIFT UND AUSSPRACHE 127

V SPRACHEN UND IHR WORTSCHATZ 179

VORWORT

»Die Sprache Europas ist die Übersetzung«, hat der italienische Schriftsteller Umberto Eco bemerkt – oder eigentlich waren seine Worte: »La lingua dell'Europa è la traduzione«. Und so ist es. Die Mehrsprachigkeit der Europäer mag zu wünschen übrig lassen, übersetzt und gedolmetscht wird hier dafür wie nirgendwo sonst. Nicht nur in Brüssel und anderen EU-Sitzen, sondern auf dem ganzen Kontinent.

Das Buch, das Sie gerade in den Händen halten, könnte den Eindruck erwecken, Europa sei ein einziges Stimmengewirr, umfasst es doch ein Sammelsurium an Geschichten über dutzende von Sprachen. Aber tatsächlich widerspricht es Umberto Ecos Bemerkung nicht, sondern illustriert sie vielmehr. *Sprachen: Eine verbale Reise durch Europa* ist selbst dabei, ganz Europa zu bereisen.

Erstmals veröffentlicht wurde es 2012 auf Niederländisch, unter dem Titel *Taaltoerisme* – ›Sprachtourismus‹, alliterierend durch die beiden *t*. Warum in dieser Sprache? Weil sie meine Muttersprache ist – oder genauer gesagt meine erste Schriftsprache (siehe Kapitel 32).

Dann erfolgte der erste Übersetzungsschritt: Die Linguistin Alison Edwards übertrug es, in enger Zusammenarbeit mit mir, ins Englische. 2014 kam die überarbeitete Version als *Lingo* heraus (und wurde ein britischer Weihnachtshit – hurra!). 2016 erschien das Buch auf Schwedisch und Russisch. 2017: auf Deutsch, Norwegisch und Spanisch. Da haben wir's: Die Sprache Europas ist die Übersetzung.

Allerdings ist diese deutsche Fassung ein bisschen anders.

Mit ihr habe ich mich weit intensiver befasst als mit den meisten anderen, aus einem sentimentalen und einem praktischen Grund: Die deutsche Sprache ist mir lieb (nein, das sage ich nicht zu jeder), und sie ist dem Niederländischen so viel ähnlicher als dem Englischen, dass es stellenweise sinnvoller war, dem ursprünglichen *Taaltoerisme* zu folgen als *Lingo*. Außerdem ist dieses Buch hier in mancherlei Hinsicht die bisher reichhaltigste Ausgabe. Es umfasst Kapitel, die es in der englischen Übersetzung, aber nicht im niederländischen Original gibt, z. B. über Manx und Dalmatisch; Kapitel, die es im Original, aber in keiner anderen Übersetzung gibt, z. B. über Aserbaidschanisch und Limburgisch; und dazu noch drei nagelneue Kapitel, über Schweizerdeutsch, Niederdeutsch und die friesischen Sprachen in Deutschland. Sollte ein Student oder eine Studentin einer Übersetzerausbildung daran interessiert sein, die genauen Gemeinsamkeiten und Unterschiede zwischen dem deutschen, englischen und niederländischen Text zu untersuchen, dann ist er oder sie hiermit herzlich eingeladen, dies zu tun.

Apropos ›er oder sie‹: Der Autor und die Übersetzerin sind sich dessen bewusst, dass die menschliche Gattung zwei Geschlechter umfasst. Sie halten es aber nicht für erforderlich, dass jeder ›Lehrer‹ von einer ›Lehrerin‹ begleitet wird. Eine ›Person‹ kann auch ein Mann sein, trotz des weiblichen Wortgeschlechts. Und genauso kann ein ›Mensch‹ eine Frau sein, trotz des männlichen. Wir werden den Leser, einschließlich der Leserin, gelegentlich daran erinnern, dass die Menschheit nicht bloß aus Mannsbildern besteht. Aber eben nicht ständig – wir denken, Sie haben dafür Verständnis. Und natürlich sind mit Fahrrädern auch Velos gemeint, und mit Aprikosen wollen wir die Marillen nicht ausschließen. Alle werden hier mit eingebunden.

Sprachen ist weit davon entfernt, eine Enzyklopädie zu

sein. Es tut, was der Untertitel verspricht: Es nimmt Sie mit auf eine Reise. In mehr als sechzig Ländern und Landschaften werden Sie eine Geschichte über die Sprache vor Ort erzählt bekommen, die mir bemerkenswert erschien. Meistens von mir natürlich, in einigen Fällen auch von anderen: Die Kapitel über Finnisch, Kornisch, Maltesisch und Russisch sowie das über die Gruppe der keltischen Sprachen wurden von der Linguistin Jenny Audring geschrieben, das übers Manx von der Übersetzerin Frauke Watson.

Wenn Sie ein bisschen so sind wie ich, erhoffen Sie sich von einer Urlaubsfahrt zwei Dinge: sich zu entspannen und von neuen, schönen, interessanten Eindrücken überrascht zu werden. Dieses Buch ist als so ein Urlaub gedacht. Ich wünsche Ihnen eine schöne Reise!

Amersfoort, im März 2017

Auf www.languagewriter.com (Englisch) und www.taaljournalist.nl (Niederländisch) können Sie mehr von und über Gaston Dorren lesen und ihn gerne persönlich kontaktieren – auch auf Deutsch.

Diese beiden Symbole finden sich im Anschluss an die meisten Kapitel. Sie zeigen, vor allem zum Zweck der Unterhaltung, Lehnwörter und mögliche Lehnwörter an.

➤ weist auf Wörter hin, die das Deutsche aus der betreffenden Sprache entlehnt hat, während

❡ Wörter vorstellt, die es im Deutschen nicht gibt, aber vielleicht geben sollte.

TEIL I

WIE UNS DIE SCHNÄBEL GEWACHSEN SIND

Sprachen und ihre Familien

Die beiden großen Sprachfamilien Europas sind Indoeuropäisch und Finno-Ugrisch. Die Abstammung des Finno-ugrischen ist recht überschaubar, ebenso wie seine modernen Varianten (Finnisch und Ungarisch). Der Stammbaum des Indoeuropäischen ist jedoch ein Kuddelmuddel, das sich durch germanische, romanische, slawische und weitere Folgesprachen zieht. In mancherlei Hinsicht kann man seine Geschichte mit einer Familiensaga vergleichen, komplett mit konservativen Patriarchen (Litauisch), zankenden Kindern (Rätoromanisch), Geschwistern, die als Doppelgänger durchgehen könnten (slawische Sprachen), vergessenen Vettern (Ossetisch), Waisen (Rumänisch und andere Balkansprachen) und Kindern, die es schwer haben, sich abzunabeln (Französisch).

KAPITEL 1

Ein bisschen PIE schadet nie

Litauisch

Es war einmal in einem weit entfernten Land (niemand weiß genau wo), vor tausenden von Jahren (niemand weiß genau wann), als die Tiere gerade nicht mehr sprechen konnten und die Menschen es dafür noch nicht allzu lange taten, da gab es eine Sprache, die heute keiner mehr spricht. Ihr Name ist längst vergessen, wenn sie überhaupt je einen hatte. Kinder lernten diese Sprache von ihren Eltern, wie Kinder dies tun, und brachten sie wiederum ihren Kindern bei und so weiter und so fort, von Generation zu Generation. Im Lauf der Jahrhunderte entfernte man sich immer weiter von dieser alten Sprache. Es war ein bisschen wie bei ›Stille Post‹: Der letzte Spieler hört etwas ganz anderes als das, was der erste anfangs gesagt hat. Wir, die Menschen aus der heutigen Zeit, sind diese letzten Spieler.

Das gilt natürlich nicht nur für uns Deutsch Sprechende, sondern ebenso für unsere niederländischen Nachbarn – deren Sprache im Prinzip fast die gleiche ist. Auch Englisch unterscheidet sich nicht groß, genau wie Spanisch, Polnisch oder Griechisch. Denn wer genau hinsieht, erkennt, dass sogar sie Ähnlichkeiten mit dem Deutschen haben. Noch weiter entfernt gibt es Sprachen, wie Armenisch, Kurdisch oder Nepalesisch, bei denen zwar sehr genau hingesehen werden muss, um verwandte Züge zu erkennen, aber sie sind vorhanden. Jede einzelne von ihnen ist aus einer Sprache hervorgegangen, die vor ungefähr sechzig Jahrhunderten von einem Volk gesprochen wurde, dessen Namen wir nicht kennen. Und weil niemand weiß, wie diese Sprache hieß, hat man sich eine Bezeichnung für sie ausgedacht. Im Deutschen wird sie meist *Indogermanisch* genannt, wir halten uns hier jedoch an die international übliche Bezeichnung *Indoeuropäisch* oder auch *Protoindoeuropäisch*, kurz PIE.

Beide Begriffe sind eigentlich nicht ganz zutreffend. Das Wort *proto* (›erst‹) erweckt den Eindruck, dass es vor dieser Sprache keine andere gegeben hat, was nicht stimmt. Außerdem weist ›Indoeuropäisch‹ auf ein Sprachgebiet von Indien bis Europa hin, ›Indogermanisch‹ auf einen Teil davon. Tatsächlich aber spricht nahezu jeder in Nord- und Südamerika eine Sprache, die von PIE abstammt, während in Indien über 200 Millionen Menschen Sprachen sprechen, die historisch keinerlei Verbindung zu PIE haben. Zutreffend ist, dass über 95 Prozent der heutigen Europäer eine indoeuropäische Sprache sprechen – also eine Sprache, die von PIE abstammt.

PIE und seine Sprecher sind im Nebel der Jahrhunderte verblasst. Sprachwissenschaftler bemühen sich jedoch, diesen Nebel ein wenig aufzuklaren, indem sie rekonstruieren, wie PIE geklungen haben könnte. Dies tun sie vor allem anhand alter Dokumente der Nachfahren PIEs, wie Latein, Griechisch und Sanskrit, aber auch anhand modernerer Sprachen: von altirischen Ogham-Inschriften (4. Jahrhundert) über das

Eine Karte europäischer Sprachen (1741) mit den ersten Zeilen des Vaterunsers auf Litauisch.

Hildebrandslied (9. Jahrhundert) bis hin zu den ältesten geschriebenen Überresten des Albanischen (15. Jahrhundert) und sogar litauischen Dialekten.

Um etwa das alte PIE-Wort für ›Zunge‹ zu rekonstruieren, nehmen die Linguisten sich zunächst alle Übersetzungen dieses Begriffs in den genannten Folgesprachen vor, wie zum Beispiel *lezu*, *liežuvis*, *tengae*, *tunga*, *dingua*, *gjuhë*, *käntu*, *językŭ* und *jihva* (›Zunge‹ auf Armenisch, Litauisch, Altirisch, Schwedisch, Altlatein, Tocharisch A, Altslawisch und Sanskrit). Auf den ersten Blick haben sie wenig miteinander gemein. Aber wenn man Reihen wie diese systematisch betrachtet, tauchen allerlei Muster auf. Nach und nach kristallisiert sich heraus, dass die eine Sprache PIE konsequent auf eine bestimmte Weise weiterentwickelt hat (›deformiert‹, wenn man so will) und die andere wiederum ganz anders damit umgegangen ist. Wenn man diese Prozesse so weiterverfolgt, kann man sich bis zum ursprünglichen Wort zurückarbeiten.

Durch diese Detektivarbeit konnten viele Informationen gewonnen werden, aber leider sind die Ergebnisse für Nichtlinguisten wenig erhellend. Um beim Beispiel ›Zunge‹ zu bleiben: Das PIE-Wort dafür war allem Anschein nach _*dn̥ǵ^{h}wéh$_2$s_. Das Sternchen (*) wird nicht ausgesprochen, sondern zeigt an, dass das Wort auf der Grundlage nachfolgender Sprachen rekonstruiert worden ist. Die anderen Zeichen stehen jeweils für einen Laut – aber welche Laute dies genau sind, können nur Spezialisten sagen (und sogar ihnen bleiben einige davon ein Rätsel). Kurzum, das Ergebnis ist ziemlich abstrakt und nicht leicht nachvollziehbar.

Gibt es eine Möglichkeit, die Kluft zwischen der Sprache unserer Urahnen und unserer eigenen zu überbrücken? Können wir PIE nicht etwas zugänglicher und seine Sprecher menschlicher machen? Könnten wir die Sprache und das Volk wieder zum Leben erwecken? – Die Antwort lautet: Ja, bis zu einem gewissen Grad. Und Vilnius, die Hauptstadt Litauens, ist ein guter Ort dafür.

In Vilnius wurde Marija Gimbutas geboren (1921–1994), eine Sprachwissenschaftlerin, die in den fünfziger Jahren die sogenannte Kurgan-Hypothese entwickelte, nach der die Sprecher von PIE in den weiten Steppen nördlich des Schwarzen und des Kaspischen Meers angesiedelt waren (dort, wo sich heute die Ukraine und das südliche Russland befinden), und zwar um 3700 v. Chr. ›Kurgan‹ ist Türkisch für Hügelgrab und verweist auf die vielen alten Grabhügel, die in der gesamten Region gefunden wurden. Gimbutas vermutete, dass die Kultur, die einige der Gräber hervorgebracht hat – eine so weit entwickelte Kultur, dass man Pferde zähmte und sogar in Streitwagen fuhr –, die Quelle des PIE war. Obwohl diese Theorie nicht unumstritten ist, wird sie weitgehend anerkannt.

Wenn Sie PIE persönlich näher kennenlernen möchten, ist Vilnius ein gutes Ziel, denn von allen lebenden Sprachen der Welt ist Litauisch PIE am ähnlichsten. Heutige Litauer könnten sich zwar nicht mit den alten Indoeuropäern verständigen, aber sie könnten sich deren Sprache weitaus schneller aneignen als Griechen oder Nepalesen, ganz zu schweigen von Deutschen. Die Übereinstimmungen sind zahlreich. ›Sohn‹ beispielsweise heißt auf Litauisch *sūnus* und auf PIE **suh$_2$nus*. *Esmi* heißt auf PIE ›ich bin‹, und das gleiche Wort kommt in einigen litauischen Dialekten vor (in der Standardsprache von Vilnius ist es ›*esu*‹). Das Litauische hat viele Laute aus PIE beibehalten, während diese sich in den anderen Sprachen abgewandelt haben, im Deutschen zum Beispiel während der Ersten und der Zweiten Lautverschiebung. Nehmen wir das Wort für die Zahl 4. Sowohl das deutsche *vier* als auch das litauische *keturi* stammen von **kwetwores* ab. Nur ein Experte kann die Verwandtschaft zwischen **kwetwores* und dem deutschen *vier* erkennen, wohingegen die Ähnlichkeit mit dem litauischen *keturi* auch für Nichtlinguisten offensichtlich ist.

Vielleicht sogar noch auffälliger sind die grammatikalischen Gemeinsamkeiten. PIE hatte acht Fälle, Litauisch hat immerhin noch sieben. In anderen Sprachen wie Polnisch gibt es ebenfalls sieben Fälle, aber nur im Litauischen sind sie ähnlich wie im PIE. Und wie im PIE haben einige litauische Dialekte nicht nur die regulären Singular- und Pluralformen, sondern auch einen eigenen ›Dual‹, der eine Zweizahl von Objekten bezeichnet. Das ist in den heutigen indoeuropäischen Sprachen selten, wobei Slowenisch eine wichtige und stolze Ausnahme bildet. Auch im Bairischen und Jiddischen ist der Dual noch ansatzweise vorhanden.

Verbkonjugationen, Satzbau, Akzentsysteme, Suffixe – viele Elemente des Litauischen bezeugen dessen Abstammung von PIE. Sie alle haben zweihundert Generationen überlebt, und das mit ziemlich wenigen Änderungen. Damit sind die Litauer unbestritten europäische Stille-Post-Meister.

➤ Während PIE in den Wurzeln des Deutschen steckt, hat Litauisch ihm doch so gut wie keine Wörter vererbt. Das Wort *Elen*, eine veraltete Bezeichnung für ›Elch‹, könnte aus dem Litauischen stammen.

¶ *Rudenėja* – das litauische Wort für den Herbstbeginn in der Natur.

KAPITEL 2

Die getrennten Geschwister

Finno-ugrische Sprachen

Welche Sprache sprechen finnische Touristen in Ungarn? – ›Englisch‹, werden Sie spontan sagen, und wahrscheinlich haben Sie recht. Finnisch und Ungarisch sind miteinander verwandt (sie gehören zur finno-ugrischen Sprachfamilie, die auch mit dem Namen Uralisch bezeichnet wird), aber sie unterscheiden sich zu sehr, als dass Finnen darauf hoffen könnten, sich in Budapest zu verständigen, wenn sie sich an ihre Muttersprache halten wollen. Dieser linguistische Abstand hat keine geographischen, sondern geschichtliche Gründe. Weit voneinander entfernt zu leben stellt kein Problem dar, wie die Australier und die Engländer beweisen. Eine sehr lange Zeit getrennt voneinander zu verbringen ist jedoch eine andere Sache.

Die Trennung zwischen den Finnen und den Ungarn liegt tatsächlich lange zurück: Die Wege ihrer sprachlichen Vorfahren gingen vor über 4.000 Jahren auseinander. Damals standen die Entwicklungen noch bevor, durch die sich das

Deutsche später vom Russischen, Griechischen und Hindi abheben sollte.

Und dennoch werden Sie, wenn Sie ganz genau hinsehen, viele Gemeinsamkeiten zwischen Finnisch und Ungarisch entdecken. Eine davon ist, dass sie einige hundert sogenannte Kognaten (›mitgeborene‹ oder verwandte Wörter) mit demselben Ursprung haben. Ein berühmter Satz, der dies veranschaulicht, ist: »Der lebende Fisch schwimmt unter Wasser.« Die finnische Übersetzung lautet: *Elävä kala ui veden alla*; auf Ungarisch heißt es: *Eleven hal úszkál a víz alatt*. Die Verwandtschaft liegt bei manchen anderen Wortpaaren deutlich weniger auf der Hand. Forscher der Historischen Sprachwissenschaft sind sich beispielsweise sicher, dass *viisi* und *öt* (›fünf‹) Kognatenpaare sind, wie auch *juoda* und *iszik* (›trinken‹), *vuode* und *ágy* (›Bett‹) oder *sula* und *olvad* (›schmelzen‹). Aber für uns Normalsterbliche ist dies nicht so eindeutig – selbst für einen Finnen oder Ungarn nicht.

Wie also können Sprachwissenschaftler sicher sein, dass hier eine Verbindung besteht? – Nun, es gibt etwa zwanzig andere Sprachen, die gemeinsam eine Brücke über dem Abgrund zwischen Ungarisch und Finnisch bilden. Die meisten von ihnen sind klein und werden im Nordwesten Russlands gesprochen. Das Wort für ›fünf‹ findet sich zum Beispiel in *viit* (Estnisch), *vit* (Komi), *wet* (Khanty) und *ät* (Mansisch) wieder, eine Reihe, die sich sauber zwischen *viisi* (Finnisch) und *öt* (Ungarisch) einfügen lässt.

Das Vokabular ist natürlich nur einer der vielen sprachlichen Aspekte. Betrachten wir die Phonologie (den Klang der Sprachen) und die Grammatik, ist die nahe Verwandtschaft zwischen Ungarisch und Finnisch noch leichter zu erkennen. Klanglich sind beide Sprachen reich an Vokalen, was an sich schon außergewöhnlich ist. Noch auffälliger ist, dass es unter diesen Vokalen zwei gibt, die in den meisten

Die finno-ugrische Welt – etwas einsam und abgelegen, wenn Sie sich zu weit weg von Finnland und Estland verlaufen.

anderen Sprachen nicht vorkommen. Sie entsprechen dem deutschen *ö* und *ü* oder dem französischen *eu* und *u*. Außerdem unterteilen beide Sprachen ihre Vokale in zwei Gruppen, wobei alle Vokale eines Wortes jeweils derselben Gruppe angehören müssen. Zudem werden alle Wörter auf der ersten Silbe betont.

Finnisch und Ungarisch teilen sich ferner mindestens sechs grammatikalische Merkmale, die in Europa selten sind. Beide ignorieren das Geschlecht in dem Sinne, dass sie nur ein einziges Wort für ›er‹ und ›sie‹ haben (*hän* auf Finnisch, *ő* auf Ungarisch). Beide haben mehr als zwölf Fälle. Beide haben Postpositionen statt Präpositionen, also nachgestellte Verhältniswörter statt vorgestellter. Beide haben eine Vorliebe für Suffixe – ein Wort wie ›schicksalhaftigkeitslosester‹, das hauptsächlich aus Suffixen besteht, würde kaum ein müdes Stirnrunzeln hervorrufen. Besitz wird nicht mit einem Verb ausgedrückt, sondern mit einem Suffix; statt ›ich habe es‹ wird sinngemäß ›es ist auf mir‹ gesagt. Und schließlich: Auf Zahlwörter folgt immer ein Singular (›sechs Hund‹ statt ›sechs Hunde‹). Warum sollte man sich auch die Mühe machen, alle Folgewörter anzupassen, wenn die Zahl bereits klar ist?

All diese Ähnlichkeiten sollten doch genügen, um Sie davon zu überzeugen, dass Finnisch und Ungarisch Geschwister sind, oder nicht? Aber es gibt noch eine überraschende Wendung. Beinahe alle phonologischen und grammatikalischen Ähnlichkeiten teilen diese beiden Sprachen auch mit dem Türkischen. Man könnte also meinen, dass es sich hier um ein weiteres Familienmitglied handelt. Genau das glaubten Sprachwissenschaftler lange Zeit, einige tun es selbst heute noch. Die meisten jedoch halten es trotz der Übereinstimmungen für nicht ausreichend belegt. Sie betrachten das Türkische lieber getrennt von den beiden anderen Sprachen und begründen die Gemeinsamkeiten teils mit Zufall, teils mit gegenseitiger Beeinflussung. (Die Ungarn und Türkisch sprechende Nationen haben geschichtliche Verbindungen, die ziemlich weit zurückgehen.)

Und doch wäre es möglich. Es lässt sich nur nicht mit Sicherheit sagen. Gäbe es doch nur Sprachen, egal wie klein oder wie sehr sie vom Aussterben bedroht wären, die die Lücke zwischen Türkisch und Ungarisch schließen könnten. Vielleicht hat es sie gegeben, vielleicht nicht, oder vielleicht sind sie auch einfach nur verschwunden. Wir werden es wohl nie genau wissen.

➢ ¶ Siehe für finno-ugrische Lehnwörter und potentielle Lehnwörter die eigenen Kapitel für Estnisch, Finnisch, Ungarisch und Samisch.

KAPITEL 3

Der zerbrochene Krug und seine Scherben

Rätoromanisch

Rätoromanisch, das war doch diese jahrhundertealte kleine Sprache, die in der Schweiz gesprochen wird? Die vierte Landessprache neben Französisch, Italienisch und Schwyzerdütsch? – Ja, lautet die kurze, langweilige und auch nicht ganz korrekte Antwort. Um ausführlicher zu werden, müssen wir auf Zeitreise gehen, so etwa zwanzig Jahrhunderte zurück (*wusch … Flashback*).

Rom ist auf dem Höhepunkt seiner Macht (*Archivbilder in Schwarzweiß: marschierende Legionäre, deklamierende Senatoren*). Das Römische Reich erstreckt sich wie ein riesiger Krug um das Mittelmeer herum, mit der Straße von Gibraltar als Öffnung. Aber wie so vieles hat auch Keramik kein ewiges Leben: Im 5. Jahrhundert zerbricht das Reich. Der Osten mit seiner überwiegend griechischen Kultur bleibt als eine große Scherbe intakt und wird in seiner Einheit, obwohl der Zahn der Zeit auch hier nagt und bröckelt, noch viele Jahrhunderte erhalten bleiben. Die westliche Hälfte jedoch zerbirst gänzlich und endgültig. Dadurch zerspringt auch die lateinische Sprache in Scherben. Die verschiedenen Regionen haben untereinander immer weniger Kontakt, und so wächst ihr unterschiedlicher Sprachgebrauch weiter auseinander. Allerlei Stämme, jeder mit einer eigenen Sprache, lassen sich im Gebiet des ehemaligen Römischen Reichs nieder. Manche von ihnen übernehmen das örtliche Latein und versehen es mit einer persönlichen Note.

Diese Scherben des Lateinischen haben sich schließlich zu den großen fünf romanischen Sprachen entwickelt – zumindest endet so die Geschichte in den meisten Erzählungen. Italienisch, Französisch, Spanisch, Portugiesisch und, als östlicher Außenseiter, Rumänisch. Aber ganz so stimmt das nicht, denn das Lateinische ist nicht in fünf, sondern in viele dutzende Sprachen auseinandergefallen und in so viele Dialekte, wie Wassertropfen in einen Krug passen. Wer um 1200 durch die römische Welt reiste, begegnete in zwei verschiedenen Städten niemals derselben Sprache. Jedes Kuhdorf hatte sein eigenes Latein.

Erst in den darauffolgenden Jahrhunderten entstand, was wir heute die romanischen Sprachen nennen. Könige wie Dionysius von Portugal, literarische Größen wie Dante Alighieri und Institutionen wie die *Académie française* halfen dabei, die Scherben der lokalen Dialekte zu Sprachen aneinanderzukleben, die in großflächigen Gebieten gesprochen und zunächst vor allem geschrieben wurden. Die besagten ›Big Five‹ waren dabei am erfolgreichsten: Sie wurden die offiziellen Sprachen ganzer Nationalstaaten, im Fall des Spanischen, Portugiesischen und Französischen sogar von neuen Imperien.

Es gab jedoch weitere romanische Dialektgruppen, die sich zu einer eigenständigen Sprache hocharbeiteten. In Spanien haben heute zwei romanische Minderheitssprachen einen offiziell anerkannten Status: an der Ostküste Katalanisch, im Nordwesten Galicisch. Etwas östlich von der galicischen Ecke bilden Asturisch, Leonesisch und (in Portugal) das kleine Mirandesisch eine Gruppe eng miteinander verwandter Sprachen, die ausschließlich in der eigenen Region eine Rolle spielen. In Frankreich gibt es neben dem Französischen mit all seinen Dialekten auch die Sprachen Okzitanisch, Korsisch und Arpitanisch – egal, was Paris mit seiner Sprachpolitik dazu meint. Auch in Italien, wo jede Mundart der ganze Stolz ihres Heimatgebietes ist, können manche Dialekte für sich beanspruchen, eine eigenständige Sprache zu sein. Das Sardinische oder Sardische zeigt hierfür die besten Qualifikationen, aber auch das Venetische und mindestens zehn weitere Sprachen haben gute Argumente. Es gibt drei aus dem Rumänischen entstandene Varianten, die ihrerseits womöglich den Unabhängigkeitsstatus verdienen: Arumänisch (das in vielen südlichen Balkanländern gesprochen wird), Meglenorumänisch (Griechenland, Mazedonien) und Istrorumänisch, von der kroatischen Halbinsel Istrien, wo es leider so gut wie ausgestorben ist. Außerdem wird auf Istrien noch Istriotisch gesprochen, eine romanische Sprache mit unklaren Familienverhältnissen. Nur ein paar hundert ältere Menschen beherrschen sie noch; wahrscheinlich wird sie also verschwunden sein, bevor die Experten ihre verwandtschaftlichen Zusammenhänge geklärt haben. Es hat noch mehr romanische Sprachen gegeben, die allesamt tot sind. Dalmatisch war Ende des 19. Jahrhunderts der jüngste Sterbefall in der Familie.

Was hat es also nun mit Rätoromanisch auf sich? – Die Schweizer Verfassung erkennt es als eine eigene Sprache an. Etwa 35.000 Einwohner des Kantons Graubünden sprechen es. Nur gibt es den einen oder anderen Haken.

Erster Haken: In Graubünden spricht jedes Tal ein anderes

Rätoromanisch. Selbst ein einfaches Wort wie ›ich‹ variiert von *eu* (wie im Portugiesischen) bis hin zu *ja* (Russisch!). ›Wie schön‹ heißt im einen Dialekt *che bel*, im anderen *tgei bi*. Die 35.000 Rätoromanen verstehen einander folglich nicht ohne weiteres, selbst wenn sie nur wenige Kilometer voneinander entfernt aufgewachsen sind. Wären all diese Dialekte nicht jahrhundertelang so isoliert gewesen, dann hätten sie sich einfach einer größeren Sprache angeschlossen. Hätten sie eine eigene Stadt gehabt, ein kulturelles Zentrum, dann hätten sie sich zumindest zu einer kleinen Sprache zusammentun können. So aber sind sie bis heute geblieben, was sie all die Zeit auch schon waren: Scherben des zerbrochenen Krugs, der einmal Latein geheißen hat.

Zweiter Haken: Welchen Dialekt erkennen die Schweiz und Graubünden als *das* Rätoromanisch an? – Bis vor etwa einer Generation hieß es: nicht einen, sondern alle. Schulbücher wurden in fünf verschiedenen Fassungen herausgegeben. Erst 1982 wurden diese Scherben, nachdem es mehrere vergebliche Versuche gegeben hatte, mit einigem Erfolg zu einer uniformen Sprache zusammengeleimt, der Standardsprache *Rumantsch Grischun* (Graubündner Romanisch). Aus Gründen der Neutralität beauftragte das verantwortliche Gremium, die *Lia Rumantscha* (Rätoromanische Liga), den deutschsprachigen Linguisten Heinrich Schmid damit. Der Kanton und die eidgenössische Regierung empfingen Schmids Ergebnis mit offenen Armen. Heute werden Gesetzesbücher, Schulbücher und alles mögliche andere in dieser neuen Einheitssprache veröffentlicht, was natürlich vieles einfacher macht. Dennoch, ob neutral oder nicht, hat es diese Standardsprache nicht geschafft, die Herzen der Menschen zu erobern, die die Dialekte sprechen. Die Mehrheit der Graubündner Gemeinden benutzt nach wie vor den jeweils eigenen Dialekt als vorrangige Sprache.

Dritter Haken: Als Rätoromanisch wird auch eine übergeordnete Gruppe dreier regionaler romanischer Sprachen bezeichnet, von denen zwei in Italien gesprochen werden: Ladinisch und Friaulisch (oder Friulanisch oder Furlanisch). Das Ladinische mit seinen 30.000 Sprechern an der Grenze zum deutschen und italienischen Sprachgebiet ist genau so ein hoffnungsloser Fall wie das Schweizer Rätoromanisch: Jeder kleine Flecken hat einige hundert Sprecher, die nur einander wirklich gut verstehen. Friaulisch hingegen ist eine weitgehend standardisierte Sprache. Es hat über eine halbe Million Sprecher im äußersten Nordosten Italiens, zu denen auch Stadtbewohner gehören, und eine eigene Literatur, die weit mehr umfasst als nur Heimatromane und holprige Verse.

Für manche gibt es sogar noch einen vierten Haken: Das sind die Leute, die »Retro-Romanisch« sagen, mit einem extra *r*. Damit kann nur Latein gemeint sein – der Krug, bevor er zerbrach.

➤ Das einzige rätoromanische Wort, das es ins Deutsche geschafft hat, ist *lavina*, bei uns bekannt als ›Lawine‹.

¶ Schischuri – das Wirrwarr, das tagtäglich im Kleinen wie im Großen auf der Welt herrscht.

KAPITEL 4

Muttersöhnchen

Französisch

Das moderne Französisch hat eine starke Mutterbindung. Um nicht zu sagen – ach, sprechen wir's aus: eine ungesunde Mutterfixierung. Dabei sollte man meinen, dass so eine über mehr als tausend Jahre gereifte Sprache längst erwachsen geworden ist. Schließlich hat sie mit anderen Sprachen zusammengewohnt, die Welt bereist und Triumphe gefeiert. Aber nein, man sehe und staune: Franze hängt noch immer am Rockzipfel seiner lateinischen Mutter.

Keine andere Sprache leidet in solchem Maße an diesem Komplex. Russisch, Polnisch, Bulgarisch: Auch sie wissen genau über ihre Herkunft Bescheid. Sie sind Kinder der slawischen Mutter – *ну и что?* (›Na und?‹) Auch Deutsch, Niederländisch, Englisch: Es lässt sie kalt, wie in ihrem germanischen Elternhaus der Umgangston war. Nur Isländisch hält ebenso zwanghaft an der Vergangenheit fest; aber die Isländer sind wenigstens konsequent, denn sie sprechen mehr oder weniger noch so wie ihre Vorfahren.

Was man von den Franzosen nicht behaupten kann. Ihre Sprache mag ein Kind des Lateinischen sein, aber ein gutes

Gespräch mit Julius Cäsar wäre für sie nicht mehr drin. In den anderen romanischen Sprachen, Italienisch, Spanisch usw., wäre das mit viel gutem Willen vielleicht noch möglich, nicht jedoch auf Französisch. Oje! So eine starke Mutterbindung, und dann noch nicht einmal von Mama Latein verstanden werden.

Es war selbiger Cäsar, der den ersten französischen Samen säte. Im ersten Jahrhundert v. Chr. besetzte er mit seinen Legionen Gallien (wie Frankreich damals hieß). Er kam, sprach und siegte: Als die Römer fünfhundert Jahre später wieder abzogen, sprach die Bevölkerung Latein. Das heißt, das Latein der Soldaten und Kaufleute, das auch noch vom Gallischen beeinflusst wurde, der keltischen Sprache, die die Gallier vorher gesprochen hatten. Die Art von Latein, die einen seriösen Althistoriker (wie Gert, Vater meiner Freundin und Kollegin Jenny, der Verfasserin mehrerer Kapitel dieses Buchs) oder einen seriösen Feldherrn (wie Julius Cäsar) nicht glücklich machen würde. Und doch: ein erkennbares, verständliches Latein. Der Keim des Französischen war gelegt.

So wie das Latein von Gert und Julius innerhalb von fünf Jahrhunderten das Keltische vollständig verdrängt hatte, so musste es in den darauffolgenden fünf Jahrhunderten im nördlichen Gallien gegen Germanisch ankämpfen. Genauer gesagt: gegen die Sprache der Franken, der neuen Herrscher. Bekannte mittelalterliche Könige wie Chlodwig, Pippin der Jüngere und Karl der Große beherrschten zwei Sprachen: Ihre Muttersprache war Fränkisch, also eine germanische Sprache, und im klassischen Latein nahmen sie Unterricht. So tat das jeder, der gesellschaftlich oder intellektuell etwas auf sich hielt. Nur das gemeine Volk sprach weiterhin, was es bisher auch gesprochen hatte: schlechtes Latein. So schlecht, dass diese Volkssprache inzwischen sogar *lingua romana rustica* und *vulgaris lingua*, rustikales und vulgäres Latein, genannt wurde. Gert und Julius würden erschaudern, wenn sie sich anhören müssten, wie die schöne Sprache verhunzt wurde, die Letzterer einst eingeführt hatte. Auch von den ehemals sechs lateinischen Fällen waren nur noch zwei übrig, sächliche Wörter wurden männlich, verschiedene Verbzeiten wurden unkenntlich gemacht, und zu den dutzenden keltischen Wörtern, die sich bereits eingeschlichen hatten (*charrue*: ›Pflug‹, *mouton*: ›Schaf‹), gesellten sich nun noch hunderte fränkische Wörter (*auberge*: ›Herberge‹, *blanc*: ›weiß‹, *choisir*: ›wählen‹).

Wenn ein ganzes Volk eine andere Sprache spricht als seine Herrscher, gibt irgendwann eine der beiden Parteien nach. In diesem Fall waren es die Herrscher: Hugo Capet, Frankenkönig im 10. Jahrhundert, war der erste, der neben seinem in der Schule erworbenen Latein nicht Fränkisch sprach, sondern Volkslatein. So fand die bäuerliche Sprache schließlich ihren Weg in die Häuser der Royals. Die *lingua romana rustica* war zur *lingua romana* geworden, oder auch: Romanisch. Wir kennen es heute als Altfranzösisch, aber die Bezeichnung ›Französisch‹ (*franceis*, *françoix*, *français*) kam erst Jahrhunderte später in Mode.

Unser Lateinexperte hat sich bis dahin längst verabschiedet. Ein Französischlehrer aber (wie Charles, mein Vater) beginnt langsam seine geliebte Sprache wiederzuerkennen. Franze ist geboren.

Die Bezeichnung ›Französisch‹ wird allerdings erst zwei Jahrhunderte später Verwendung finden, als die Sprache bereits heftig pubertiert. Brüderchen Fränkisch ist vor die Tür gesetzt worden, und Mutter Latein interessiert Franze nicht – zu diesem Zeitpunkt ist noch keine starke Mutterbindung zu spüren. Jeder in Nordgallien spricht und schreibt *franceis* so, wie es ihm gefällt.

Und dann bricht die Renaissance aus. Ganz Westeuropa gerät im 15. Jahrhundert in den Bann des klassischen Altertums, alle westeuropäischen Sprachen sind von den Römern und ihrer Sprache besessen. Französisch geht dabei weiter als alle anderen. Es will wie seine Mutter sein, so sehr es eben geht. Wörter nichtlateinischen Ursprungs, vor allem germanische, sind verpönt. *Sur* (›sauer‹) wird nach und nach vom römischen *acide* verdrängt. *Beaucoup* überholt das germanische *maint* (›mancher‹, ›viel‹).

Schamlos lässt sich das erwachsene Französisch auf einmal wieder von seiner lateinischen Mutter säugen. Längst vergessene Wörter werden klassischen lateinischen Texten entnommen und bekommen neues Leben eingehaucht. Die Wörter *célèbre*, *génie* und *patriotique* mögen ›typisch französisch‹ scheinen, tatsächlich aber wurden sie erst in diesem späteren Entwicklungsstadium direkt aus dem Lateinischen importiert. Cäsar könnte einen heutigen Pariser vielleicht sogar etwas besser verstehen als einen aus dem 10. Jahrhundert.

Französisch geht so weit, dass es Wörter erneut übernimmt. Das lateinische *fragilis* (›zerbrechlich‹), das übers Volkslateinische zu *frêle* reduziert worden war, wird nun als *fragile* noch einmal wiedergeboren. *Masticare* (›kauen‹, aus dem Griechischen entlehnt), in rustikalen fränkischen Mündern zu *macher* gekäut, darf als *mastiquer* noch einmal Einzug halten.

Wer seiner eigenen Mutter ähneln will, muss nicht nur wie sie klingen, sondern auch aussehen wie sie: ihre Kleider tragen, ihren Lippenstift benutzen, das ganze Programm. Zu diesem Ziel schmückt Französisch sich mit zahlreichen stummen Konsonanten, allesamt Erbstücke der lateinischen Mutter. Tausende Exemplare der Buchstaben *c*, *d*, *f*, *l*, *p*, *r*, *s*, *t*, *x* und *z* finden sich von jetzt an auf Papier wieder, ohne jemals ausgesprochen zu werden. Ein Beispiel: *Temps* (›Zeit‹, ›Wetter‹) klingt wie ›tã‹ (nasal ausgesprochen, daher die Tilde). *Tant* (›so viel‹) hört sich genauso an. Aber das eine Wort kommt vom lateinischen *tempus*, das andere von *tantus*, daher die zwei Schreibungen. Ein anderes Beispiel: Das Wort *homme* (›Mann‹, ›Mensch‹) fängt mit *h* an, was Franzosen bekanntlich nicht immer mühelos aussprechen können. Der Grund dafür ist, dass das lateinische Wort, von dem es abgeleitet ist, *homo*, ebenfalls mit *h* beginnt.

Ein geringer Teil dieser stummen Konsonanten wird hörbar, wenn ein Vokal folgt. So klingt *prenez* (›nehmen Sie‹) wie ›prneh‹, aber *prenez-en* (›nehmen Sie davon‹) wie ›prnehsã‹. Und im Wörtchen *les* ist das *s* normalerweise stumm, in *les amis* (›die Freunde‹) aber hörbar: ›lesamih‹. Wieder scheint hier das Lateinische durch: *Les* ist die Fortführung der lateinischen Demonstrativpronomina *illos/illas* (›jene‹), und das meist stumme Plural-s ist die Fortführung des (ausgesprochenen) Endungs-*s* dieser lateinischen Wörter.

Die Aussprache ändert sich in dem Moment, wo die Franzosen ihre Sonntagssprache auspacken. Dann sind plötzlich viel mehr dieser unterdrückten Konsonanten zu hören. Dann erscheint in *tu as attendu* (du hast gewartet) auf einmal auch das stimmhafte *s* (tüasatãdü). Im normalen Alltag würde ihnen das nicht einfallen, aber es klingt einfach so unwiderstehlich vornehm. Wahrscheinlich, weil es so schwierig ist. Der Redner muss nämlich blitzschnell entscheiden, wo er einen Konsonanten einfügen kann und wo nicht. Er muss seine Worte buchstabiert vor sich sehen, bevor er sie ausspricht. Eigentlich zwingt Franze seine Sprecher also dazu, sich das Bild der lateinischen Mutter ständig vor Augen zu führen. Schließlich hat er sich selbst nach ihrem Vorbild modelliert und in ihre Schreibweise gehüllt.

Wenn das mal keine ungesunde Mutterfixierung ist.

➤ Französisch ist einer der wichtigsten Lehnwort-Spender des Deutschen. Es gibt hunderte, vielleicht tausende, französischstämmige Wörter, von den alltäglichen Beispielen *Onkel*, *doppelt* und *Orange* bis hin zu den schickeren *Ouvertüre*, *Parade* und *Defätismus*.

¶ *Terroir* – der Ort, an dem Kulturpflanzen angebaut werden und der ihren Ertrag durch seine geographischen, geologischen und klimatischen Eigenschaften einzigartig macht. Meist von Weinkennern verwendet, aber auf jedes andere Genießerprodukt übertragbar.

KAPITEL 5

Sklawenarbeit

Slawische Sprachen

Alle slawischen Sprachen ähneln einander. Wenn Sie eine lernen, lernen Sie viele weitere gleich mit – sehr praktisch.

Nehmen wir das Wort für ›Slawisch‹. Das heißt *slavjanski* auf Russisch, *słowiański* auf Polnisch und *slavenski* auf Serbokroatisch. Und diese Sprachen sind einander noch verhältnismäßig fremd, denn sie gehören verschiedenen Gruppen an: dem Ost-, West- und Südslawischen. Ein anderes gutes Beispiel ist das Wort für ›Wort‹: *slovo* auf Ukrainisch, *slovo* auf Slowakisch und *slovo* auf Bulgarisch – wieder Osten, Westen und Süden.

Diese Ähnlichkeiten können aber auch unpraktisch sein. Zum Beispiel, wenn sich herausstellt, dass das tschechische Wort *slovenský* – nein, eben nicht ›Slowenisch‹ bedeutet, sondern ›Slowakisch‹. ›Slowenisch‹ ist nämlich *slovinský*. Also bitte gut aufpassen.

Neben *slovinský* und *slovenský* gibt es im Tschechischen auch das Wort *slovansky*, ›Slawisch‹. Auf Bulgarisch bedeutet *slovenski* aber ›Slowenisch‹, auf Mazedonisch wiederum ›Slawisch‹. Und mit *slovinski* meinen die Mazedonier wieder

Slowinzisch, einen ausgestorbenen polnischen Dialekt, der auf Tschechisch übrigens … na gut, ich hör schon auf.

Wenn Sie eine slawische Sprache können, können Sie viele weitere gleich dazu, aber Sie wissen oft nicht, welche Sie eigentlich gerade können. War es jetzt noch mal Slowakisch, das sich selbst als *slovenčina* bezeichnet, und Slowenisch, das sich *slovenščina* nennt, oder umgekehrt? Man kann es leider nicht mal eben nachschlagen, denn heißt ein slowenisch-slowakisches Wörterbuch auf Slowenisch *slovinsko-slovenský slovník* und auf Slowakisch *slovensko-slovaški slovar* – oder doch andersherum? Und in welcher dieser Sprachen bedeutet neben *slovinčina* und *slovenčina* auch *slowienčina* ›slawische Sprache‹? Ganz zu schweigen von den slawischen Sprachen Serbisch und Sorbisch, die auf Slowenisch, äh, Slowakisch beide *Srbský* heißen.

Alle slawischen Sprachen ähneln einander – sehr praktisch, vor allem für Miroslav, Stanislav, Vladislav und andere -slavs, denn sie lernen viele Sprachen auf einmal. Aber für uns bedeutet es harte Arbeit: Sklawenarbeit eben.

▶ ¶ Siehe für slawische Lehnwörter und potentielle Lehnwörter die eigenen Kapitel für Slowakisch, Slowenisch, Tschechisch, Serbokroatisch, Sorbisch, Polnisch, Bulgarisch, Mazedonisch, Russisch, Weißrussisch und Ukrainisch.

KAPITEL 6

Sprachwaisen

Rumänisch

Die Familie macht einen zu dem Menschen, der man ist. Wir erben die Gene unserer Eltern, und die haben sie von ihren Eltern geerbt. Auf diese Weise haben wir Ähnlichkeit mit unseren Vorfahren, sowohl im Aussehen als auch im Verhalten.

Ebenso sind die meisten Sprachen Teil einer Familie, und auch deren Mitglieder haben vererbte Gemeinsamkeiten. Natürlich geht es bei neu entstehenden Sprachen nicht um die Vereinigung zweier elterlicher Sprachen, hier hinkt der Vergleich. Meistens spalten sich Sprachen in verschiedene Teile, wie Amöben, oder bekommen Ableger, wie Erdbeerpflanzen. So haben sich etwa die heutigen romanischen Sprachen (Rumänisch, Französisch, Italienisch usw.) aus dem alten Latein entwickelt. Im gegenwärtigen deutschen Sprachgebiet ist zum Beispiel Kiezdeutsch eine junge Variante mit eigenen grammatikalischen Regeln, die vom heutigen Standarddeutsch abweichen.

Unsere familiäre Herkunft ist natürlich nicht der einzige Faktor, der bestimmt, wie wir uns als Menschen verhalten, kleiden und ausdrücken. Auch unsere Erfahrungen und die Menschen, denen wir begegnen, machen uns zu denen, die wir sind. Manche Verwandte heben sich dadurch stark von den anderen ab. Das sind die sprichwörtlichen weißen Raben oder, was häufiger vorkommt, schwarzen Schafe.

Auch das funktioniert bei Sprachen genauso. Vor allem in Gebieten, wo verschiedene Sprachfamilien dicht beieinanderleben und über Jahrhunderte in engem Kontakt stehen, können sie einander stark beeinflussen. Nehmen wir die germanischen und romanischen Sprachen. Vor allem im Wortschatz, aber auch in der Grammatik standen die germanischen Sprachen jahrhundertelang unter dem Einfluss des benachbarten Französischen (und des prestigeträchtigen Lateins, der Mutter der romanischen Sprachen). Andersherum wurden die Aussprache, der Wortschatz und die Grammatik des Französischen vom Germanischen beeinflusst: Zunächst weil die germanischen Franken im Nordfrankreich des frühen Mittelalters das Sagen hatten, später durch die Kontakte mit den benachbarten deutschen, niederländischen und englischen Sprachgebieten. Die anderen romanischen Sprachen hatten viel weniger Kontakt mit den germanischen Sprachen. Französisch wurde darum ein Außenseiter in der romanischen Familie.

Diese gegenseitige Beeinflussung wird an Intensität, Verworrenheit und dauerhaftem Einfluss von dem noch in den Schatten gestellt, was auf dem Balkan passiert ist. Diese Region im tiefen Südosten Europas beherbergt ein Kuddelmuddel an Sprachen – Albanisch, Bulgarisch, Griechisch, Mazedonisch, Rumänisch, Romanes, Serbokroatisch, Türkisch – mit der gemeinsamen Eigenschaft, dass sie alle nicht mehr mit ihrer eigenen Familie unter einem Dach wohnen. Albanisch und Griechisch haben gar keine lebenden Verwandten mehr. Rumänisch befindet sich hunderte von Kilometern von seinem nächsten romanischen Cousin entfernt, dem Italienischen. Romanes, eine indische Sprache, ist sogar tausende Kilometer weit weg von seinen südasiatischen Verwandten, während auch die meisten Geschwister des Türkischen sich ein gutes Stück weiter östlich aufhalten. Die slawischen Balkansprachen schließlich (Bulgarisch, Mazedonisch und Serbokroatisch) bilden zusammen mit Slowenisch zwar eine zusammenhängende Gruppe, sie alle leben jedoch vom Großteil ihrer Familie isoliert, darunter Russisch, Ukrainisch und Polnisch. Der Balkan ist also so etwas wie ein linguistisches Waisenhaus.

Türkisch ist ein wenig introvertiert. Im Umgang mit den anderen Sprachwaisen hat es nicht viel mehr getan, als Wörter zu entlehnen und vor allem zu verleihen. Die anderen sieben haben einander tiefgreifender beeinflusst. Das ist kein Wunder, denn sie hatten lange Zeit kein eigenes Zimmer, sondern haben gemeinsam dieselben Räumlichkeiten bewohnt. Sie sind über Jahrhunderte miteinander umhergezogen, haben untereinander geheiratet, Handel getrieben, sich gemeinsam niedergelassen, Kriege geführt – als Feinde oder als Verbündete – und sich gegenseitig in der Religion beeinflusst. Sogar jetzt noch, im 21. Jahrhundert, strotzt der Balkan vor Minderheiten. Es gibt Serbisch sprechende Enklaven in albanischen Gebieten, mazedonische und rumänische Sprachinseln in griechischen Regionen und so weiter. In der Vergangenheit war die Bevölkerung noch gemischter, und viele beherrschten mindestens zwei Sprachen – nicht unbedingt perfekt, aber ausreichend, um miteinander kommunizieren zu können.

Durch diese ganze Mehrsprachigkeit konnte es passieren, dass Sprachen, die anfänglich so unterschiedlich waren wie Tag und Nacht, sich immer mehr ähnelten. Dies gilt insbesondere für Rumänisch, Albanisch, Mazedonisch und Bulgarisch. Sie haben heute so viele Gemeinsamkeiten, dass sie für Verwandte gehalten werden könnten (Mazedonisch und Bulgarisch sind es auch, die anderen beiden nicht). Auch Serbokroatisch, Griechisch und Romanes haben inzwischen einiges mit diesen vieren gemeinsam. Zusammen bilden sie den sogenannten Balkansprachbund.

Was sind ihre Gemeinsamkeiten? – Artikel zum Beispiel. Die meisten Mitglieder des Balkansprachbunds setzen den bestimmten Artikel (›der‹, ›die‹, ›das‹) nicht wie wir vor das Substantiv, sondern dahinter. ›Hund‹ ist *câine* auf Rumänisch, ›der Hund‹ ist *câinele.* Auf Bulgarisch sagt man *kutsche* und *kutscheto*, auf Albanisch *qen* und *qeni.* Die angehängten Buchstaben haben also die Funktion des Artikels. Das ist bemerkenswert, da die nächsten Angehörigen dieser Sprachen (wie Italienisch und Slowenisch) dies nicht so tun. Wie die Sprachwissenschaftler Joachim Matzinger und Stefan Schumacher (die Herren aus Kapitel 56) vor einigen Jahren herausgefunden haben, liegt der Ursprung dieser besonderen Gewohnheit wahrscheinlich im Albanischen.

Auch typisch ›balkanesisch‹ ist der Hang, den Infinitiv möglichst selten anzuwenden oder ihn ganz verschwinden zu lassen. Der Infinitiv wird in den meisten europäischen Sprachen oft in Sätzen wie »Sie spielt, um zu *gewinnen*« oder »Da kann ich *einpacken*« eingesetzt. Das Rumänische und die meisten anderen Balkansprachen verwenden in dieser Art von Mitteilungen lieber eine gebeugte Verbform. Das ergibt Sätze, die wörtlich in etwa mit »Sie spielt, damit *sie gewinnt*« und »Es kann, dass *ich einpacke*« übersetzt werden können. Auch dies kommt bei verwandten Sprachen außerhalb des Balkans nicht vor.

Eine dritte auffällige Eigenschaft lässt sich bei der Bildung des Futurs beobachten, die im Deutschen mit dem Hilfsverb ›werden‹ geschieht. Europäische Sprachen haben verschiedene Möglichkeiten, das Futur auszudrücken, aber (fast) nur die Balkansprachen tun dies mit Hilfe eines einzelnen, unveränderlichen Wörtchens. Ursprünglich bedeutete es so etwas wie ›(es) will‹, aber inzwischen hat es sich zu einem rein grammatikalischen Werkzeug entwickelt. Ein Beispiel: »sie werden singen« heißt auf Rumänisch *ei vor cânte*, was früher einmal »(es) will, dass sie singen« bedeutet hat. (In dieser Hinsicht hat Englisch balkanartige Züge, siehe *they will sing*; *they will* war einst Synonym für ›sie wollen‹ oder ›sie wünschen‹.)

Und so gibt es noch mehr Gemeinsamkeiten im Balkansprachbund. Die meisten Mitglieder bilden ihre Steigerungsformen nicht mit Ausgängen (wie ›schöner, am schönsten‹), sondern mit Hilfswörtern (›mehr schön, meist schön‹). Einige der Sprachen haben nur zwei oder drei Fälle, von denen einer ausnahmslos der Vokativ ist, der Anredefall. Und wieder andere verfügen über das *Schwa*, einen Vokal mit einem matten ›ö‹-Klang (wie in ›viel*e*‹): Das *ă* im Rumänischen, das *ë* im Albanischen und das (kyrillische) *ъ* im Bulgarischen werden alle so ausgesprochen.

Das alles klingt zunächst mal ermunternd: Je mehr die Sprachen miteinander zusammenwachsen, desto besser können die Völker miteinander kommunizieren, sollte man meinen. Dem ist jedoch nicht so. In einem entscheidenden Punkt haben die Balkansprachen nicht mehr so viel miteinander gemeinsam, und das ist ihr Wortschatz. Ein bisschen schon, natürlich. Dass das rumänische *câine* und das albanische *qen* für ›Hund‹ Ähnlichkeit haben, ist kein Zufall, denn sie stammen beide vom lateinischen *canis* ab. So haben auch die Wörter für ›Farbe‹ eindeutig eine gemeinsame Herkunft: *Bojë* (albanisch), *boia* (rumänisch), *bojava* (romanes) und *boja* (bulgarisch, mazedonisch und serbokroatisch) kommen allesamt vom türkischen *boya*. Aber mit Ausnahme der drei slawischen Sprachen sind die Unterschiede im Wortschatz doch größer als die Gemeinsamkeiten.

Während all der Jahrhunderte im Waisenhaus sind die Balkansprachen also vor allem in ihrem grammatikalischen Verhalten enger zusammengewachsen. In ihrem ›Äußeren‹ aber, ihrem Wortschatz, sind sie ihrer familiären Herkunft jeweils treu geblieben. Die geradezu tragische Folge ist, dass die Sprecher einander nicht verstehen können. Für sie ist nicht erkennbar, wie sehr sie einander ähneln.

➤ Das österreichische Wort *Palatschinke(n)* für ›gefüllter Pfannkuchen‹ kommt, über Tschechisch und Ungarisch, vom rumänischen *plăcintă*. Das zugrundeliegende lateinische Wort ist *placenta* für ›Kuchen‹ – der ›Mutterkuchen‹ heißt auf Latein *placenta uterina*.

¶ *Omenie* – ein rumänisches Wort für die Tugend, vollkommen menschlich zu sein, im Sinne von: liebenswürdig, anständig, zuvorkommend, gastfreundlich, ehrlich, höflich.

KAPITEL 7

Der zehnte Zweig

Ossetisch

In der ehemaligen Sowjetunion wimmelt es nur so von verschiedenen Sprachen. Tabasaranisch, Tadschikisch, Talisch, Tatarisch, Tersaamisch, Tindi, Turkmenisch, Tsachurisch, Tsesisch, Tschetschenisch, Tschuwaschisch – und das sind nur die mit T. Allein im europäischen Teil leben viele dutzende Minderheiten, die alle unterschiedlich reden. Ein Buch über all diese Sprachen wäre ein schwer verdaulicher Riesenschinken, es sei denn, Sie haben kolossal Kohldampf auf Kabardisch-, Kalmückisch-, Karata-, Karatschai-Balkarisch-, Karelisch- und Komi-Kenntnisse. (Komisch?)

Trotzdem behandelt dieses Kapitel eine ebensolche Minderheitensprache: Ossetisch, das von ein paar hunderttausend Menschen im Grenzgebiet zwischen Russland und Georgien gesprochen wird. Und zwar aufgrund einer trivialen, aber sehr bemerkenswerten Tatsache. Ossetisch ist nämlich …

Einen Moment, bitte. Wir machen zunächst einen kleinen Exkurs.

Fast alle europäischen Sprachen gehören zur indoeuropäischen Sprachfamilie, der weltweit größten mit hunderten Mitgliedern und etwa drei Milliarden Sprechern. Die Sprachen sind über zehn Zweige verteilt, fünf große und fünf kleine. Die drei kleinsten Zweige sind Albanisch, Armenisch und Griechisch, die jeweils mit genau einer lebenden Standardsprache zusammenfallen. Am baltischen Zweig gibt es zwei lebende grüne Blätter, Lettisch und Litauisch. Der keltische Zweig hat vier lebende Sprachen (und zwei untote: Kornisch und Manx), unter denen sich insgesamt nur noch weniger als eine Million Sprecher befinden, so dass sie zusammen lediglich ein kleines, verwelkendes Zweiglein bilden. Und dann gibt es noch die Äste. Drei von ihnen kennen wir: Germanisch, Romanisch und Slawisch. Zu diesen Gruppen gehören jeweils auch Deutsch, Französisch und Russisch.

Damit wären wir bei acht Zweigen der indoeuropäischen Sprachen. Manche von ihnen werden auch außerhalb Europas gesprochen, aber ihre Heimat ist eindeutig Europa oder, im Fall des Armenischen, einen Steinwurf davon entfernt.

Der Name *Indo*europäisch deutet darauf hin, dass es auch einen indischen Zweig gibt. Und das stimmt – Zweig Nummer neun umfasst Sprachen wie Hindi und Bengalisch. Der zehnte Zweig schließlich verläuft zwischen dem indischen Gebiet und Europa, von der Osttürkei (Kurdisch) bis nach Tadschikistan (Tadschikisch: eine Unterform des Persischen), und besteht aus den iranischen Sprachen, die dort gesprochen werden.

Es gibt also eine klare Zweiteilung: acht indoeuropäische Zweige in Europa, zwei in Asien. Aber das Schönste an jeder Regel sind ihre Ausnahmen. Hier gibt es sogar gleich zwei: Einmal Romanes, die indische Sprache der Roma (oder eines Teils davon), die ursprünglich auch aus Indien kamen. Und die andere Ausnahme ist: jawohl, Ossetisch.

Ossetisch ist nämlich – um den vorhin begonnenen Satz fortzuführen – die einzige Sprache der iranischen Gruppe, die in Europa vorkommt. Und damit sind sämtliche zehn indoeuropäischen Zweige in Europa vertreten.

Das ist wie gesagt eine triviale, aber bemerkenswerte Tatsache. Fast niemand weiß es, nur Sie wissen es jetzt. Wenn also das nächste Mal jemand den Begriff ›indoeuropäisch‹ fallen lässt, können Sie lässig entgegnen: »Ach, indoeuropäisch … Man könnte genauso gut einfach ›europäisch‹ sagen.« Und wenn Ihr Gesprächspartner protestiert: Nennen Sie Romanes und Ossetisch. (Diese Namen sollten Sie sich also merken.)

Dass die indischen Sprachen mit fast einer Milliarde (asiatischen) Sprechern der größte Zweig der indoeuropäischen Familie sind, müssen Sie ja nicht unbedingt erwähnen.

➤ Der Name des joghurtähnlichen Getränks *Kefir*, der aus dem Russischen entlehnt wurde, entstammt ursprünglich einer kaukasischen Sprache. Auf Ossetisch heißt es *k'æpý.*

¶ *Kærts* verdichtet ›Lammfelljacke‹ zu einem einzigen Wort, ja zu einer einzigen Silbe.

TEIL II

UNVOLLENDETE VERGANGENHEIT

Sprachen und ihre Geschichte

Manche Sprachen sind klein, während andere von Millionen Menschen gesprochen werden und sich über gewaltige Gebiete erstrecken. Die Riesen haben jedoch einmal klein angefangen (Deutsch, Galicisch), und manche heute kleinen Sprachen können auf ruhmreichere Zeiten zurückblicken (Dänisch, Normannisch, die jüdischen Sprachen). Von einigen Sprachen hat schon der Name an sich eine wechselhafte Geschichte (Niederdeutsch). Und für Isländisch sind Vergangenheit und Zukunft so gut wie eins.

KAPITEL 8

Freundliche Übernahme

Deutsch

Die meisten großen Sprachen der Welt haben in Sachen militärischer Gewalt etwas auf dem Kerbholz. Klar: Wären all ihre Sprecher brave Bürger gewesen, dann hätten sie sich nicht so leicht ausbreiten können. Latein beispielsweise ist mit den römischen Legionären mitgereist, als sie Westeuropa *Pax Romana*, den Römischen Frieden, auferlegten. Arabisch kam mit dem Islam, als dieser die Heiden kultivierte. Oder zum Beispiel Englisch: Die Briten eroberten einen Teil Nordamerikas, woraufhin die Amerikaner den Rest der Welt befreiten. Spanisch, Russisch, Türkisch – sie alle gingen größer, stärker und einflussreicher aus den von ihren Sprechern angerichteten Blutbädern hervor.

Es gibt aber Ausnahmen, und dazu gehört Deutsch – die zweitgrößte Sprache Europas, mit den meisten Muttersprachlern in der Europäischen Union, die zehntgrößte Sprache der Welt. Gewiss haben nicht alle Vertreter Deutschlands im Namen des Friedens agiert. Aber das beständige Wachstum des Sprachgebiets und seines Einflusses ist nicht auf Gewalt und Kriege zurückzuführen, im Gegenteil.

Um das Jahr 1000 erstreckten sich die deutschen Dialekte bereits über ein ansehnliches Gebiet. Ein Blick auf die Landkarte von damals zeigt ein erstaunlich vertrautes Bild: Es stimmt in etwa mit dem heutigen deutschen Sprachgebiet überein, mit Ausnahme des östlichsten Teils. Drei Wachstumsschübe sollten jedoch noch für eine beachtliche Vergrößerung sorgen.

Der erste dieser Schübe dauerte vom 12. bis zum 14. Jahrhundert und stellte sich auf unterschiedliche Weise dar. Europäische Bauern waren sehr damit beschäftigt, neues Land zu besiedeln. Dabei hatten deutsche Bauern das Glück, dass das Gebiet in östlicher Richtung dünn bevölkert war und die dortigen Machthaber sie willkommen hießen, sie oft sogar einluden. Teile des heutigen polnischen, tschechischen und ostdeutschen Raums wurden ganz deutsch. In anderen Regionen dieser Länder und der heutigen Slowakei, Ungarns, Rumäniens und Sloweniens entstanden inmitten der einheimischen Bevölkerung deutsche Enklaven. Die Menschen wurden nicht wirklich als Fremde wahrgenommen, denn das Gebiet war ohnehin ein Mischmasch aus Sprachen und Ethnien. Erst viel später, als die Idee ›jedem Volk sein eigenes Land‹ aufkam, wurde diese ethnische Zersplitterung in Osteuropa zum Problem.

Im 13. und 14. Jahrhundert flüchteten viele deutsche Juden vor antisemitischen Pogromen aus dem mittleren und südlichen Deutschland nach Osten, vor allem ins heutige Polen, Litauen und Weißrussland. Die Sprache, die sie mitnahmen, Jiddisch, war nicht dieselbe wie Deutsch, aber aus deutschen (rheinischen) Dialekten entstanden. Während die meisten Juden aus dem mittleren und südlichen Deutschland stammten, verhalf der Norden der Sprache auf andere Weise zu ihrer Ausbreitung. Ebenfalls im 14. Jahrhundert erlangte die Hanse, die ihren Hauptsitz in Lübeck hatte, für eine beträchtliche Dauer die Marktherrschaft im Baltikum und an der Nordsee. Die Skandinavier gaben ihre eigenen Sprachen natürlich nicht auf, aber der Einfluss der Hanse war enorm. Ein Viertel bis ein Drittel des modernen dänischen, schwedischen und norwegischen Wortschatzes lässt sich vom Niederdeutschen herleiten, das damals in Norddeutschland gesprochen wurde.

Und dann gab es noch eine vierte Form der Ausbreitung, die ebenfalls aus dem Norden stammt. Im 13. Jahrhundert wurden das heutige Estland und Lettland vom Deutschritterorden erobert und christianisiert, von einer Art Armee christlicher Ritter, die aus den Kreuzzügen hervorgegangen war. Eine deutschsprachige Elite sollte hier noch viele Jahrhunderte vorherrschen. Hierbei handelt es sich wahrscheinlich um das einzige Beispiel für eine erfolgreiche deutsche Kolonisation mit Hilfe von Waffeneinsatz.

Alles in allem war der Einfluss des Deutschen in Mittel-, Nord- und Osteuropa um 1400 also enorm. Aber dabei blieb es dann auch. Die deutsche Bevölkerung, die Mitte des 14. Jahrhunderts vom Schwarzen Tod heimgesucht wurde, hatte nicht das Bedürfnis nach weiterer Landgewinnung. Die Hanse ging langsam ihrem Verfall entgegen, und von 1618 bis 1648 wütete der Dreißigjährige Krieg. Deutschland hatte für eine Weile genug mit sich selbst zu tun.

Bis schließlich der zweite Wachstumsschub begann, gar nicht mal so lange nach dem Krieg. Wieder zogen deutsche Bauern ins heutige Polen. Danach begaben sich viele nach Russland, wobei sie der Einladung von unter anderem Katharina der Großen folgten, um ungenutztes oder von nichtrussischen Volksstämmen bewohntes Land zu bebauen. Währenddessen wuchs der kulturelle Einfluss Deutschlands. Seit der Aufklärung und der Romantik las man seine Literatur und seine Philosophen im ganzen Abendland, im

19. Jahrhundert übernahm es die Weltmacht in Bezug auf Wissenschaft, Technik und Bildung. Jeder ernstzunehmende Akademiker in Europa und auch in Amerika las Deutsch, das inzwischen Englisch und Französisch als Hauptsprache für wissenschaftliche Publikationen überholt hatte und dessen Vokabular sich in anderen Sprachen reichhaltig niederschlug.

Der dritte Wachstumsschub erfolgte am Ende des 19. Jahrhunderts, als Deutschland einige Kolonien in Afrika und im Pazifik für sich beanspruchen konnte, darunter Namibia und die Salomoninseln. Diese Ausbreitung verlief selbstverständlich nicht friedfertig; die Gräueltaten der Deutschen in Afrika waren nicht weniger entsetzlich als die der anderen europäischen Kolonialmächte, und die Sache sollte nicht von langer Dauer sein: Nachdem Deutschland den Ersten Weltkrieg verloren hatte, musste es diese Gebiete in Übersee an die Sieger abtreten (sowie einige Grenzgebiete im Osten und Westen Deutschlands). Außer in Namibia, wo etwa 30.000 Muttersprachler wohnten, hatten die kurzlebigen Episoden unter deutscher Verwaltung wenig sprachliche Spuren hinterlassen. Sofern außerhalb Europas noch Deutsch gesprochen wurde, wie in Süd- und Nordamerika, war dies das Ergebnis friedlicher Emigration, nicht militärischer Kolonisation.

Trotz des Verlustes dieser Kolonien nahm die deutsche Sprache Anfang der dreißiger Jahre eine stärkere Position ein als je zuvor und wurde in weiten Teilen Europas gesprochen. Das Sprachgebiet war groß, das Ansehen ebenfalls.

Fünfzehn Jahre später kam wieder alles anders. Wo der Erste Weltkrieg am deutschen Sprachgebiet geknabbert hatte, bissen die Folgen des Zweiten Weltkriegs große Stücke ab. Gegen Ende der vierziger Jahre waren so gut wie alle Deutschsprachigen aus Polen, der Tschechoslowakei und den baltischen Staaten vertrieben – ein Exodus von Millionen. Viele verließen auch die anderen osteuropäischen Länder, teils freiwillig, teils unfreiwillig. Die Zurückbleibenden passten sich meist der Kultur ihrer Umgebung an. Durch den Massenmord an den Juden wurde Jiddisch weitgehend ausgelöscht; die meisten Überlebenden hatten Europa verlassen und gaben die Sprache nicht an ihre Kinder weiter. Viele deutsche Gelehrte arbeiteten nun in Amerika oder der Sowjetunion. In Osteuropa war Russisch die neue Prestigesprache, in Israel wurde Hebräisch gesprochen, und die neue internationale Sprache der Wissenschaft war Englisch.

Viele Jahrhunderte einer meist friedlichen Migrations-, Handels- und Kulturgeschichte hatten Deutsch einst zu einer weit verbreiteten und einflussreichen Sprache gemacht. Der Erste Weltkrieg beschädigte das Ansehen alles Deutschen, aber der Größenwahnsinn und die ungeheuerlichen Grausamkeiten des Dritten Reichs machten seinen Ruf und seine Ausbreitung erst recht zunichte. Die Sprache wurde zum Opfer des Krieges, den ihre eigenen Sprecher angezettelt hatten.

KAPITEL 9

Portugals Muttersprache

Galicisch

Willkommen in meinem Arbeitszimmer. Hier ist der Großteil dieses Buchs entstanden. Das ist freilich nicht der Grund dafür, dass Sie es hier abgebildet sehen. Es ist nur so, dass die Jalousien vorm Fenster die Sprachgeschichte der Iberischen Halbinsel einfach so schön illustrieren. Vor allem die der nordwestlichen Ecke: Galicien, die Region, die Sie wahrscheinlich vor allem durch Santiago de Compostela kennen (wenn Sie sich mit Wandern oder Religion beschäftigen) oder aber von Deportivo de La Coruña (wenn Sie dem Fußball zugetan sind).

Galicisch ist dem Portugiesischen ziemlich ähnlich – so sehr, dass es Portugiesisch hieße, wenn Galicien in Portugal läge. Die offizielle Rechtschreibung dieser Sprachen ist zwar unterschiedlich, und da alle Galicier Spanisch beherrschen, wird auch Galicisch immer spanischer. Aber die Gemeinsamkeiten sind immer noch sehr groß, und Galicier und Portugiesen können ohne größere Schwierigkeiten miteinander kommunizieren.

Es gibt drei Millionen galicische Sprecher. Das ist nicht

wenig für eine Regionalsprache, aber dennoch ein verhältnismäßig kleiner Club, verglichen mit den gut zweihundert Millionen, die Portugiesisch sprechen (zehn Millionen in Portugal, der Rest in Brasilien und Afrika). Nun sind Sie vielleicht geneigt zu denken, dass Galicisch eine Tochtersprache des Portugiesischen ist. Es ist aber gerade umgekehrt: Galicisch ist nicht die Tochter, sondern die Mutter.

Um das zu erläutern, wollen wir uns ein wenig in die Familiengeschichte vertiefen. Zwischen 220 und 19 v. Chr. eroberten die Römer die Iberische Halbinsel und gaben ihr den Namen Hispanien. Latein verdrängte dann nach und nach die älteren Sprachen, mit Ausnahme des Baskischen. Nun spulen wir vor ins Jahr 711 n. Chr., in dem die Mauren einfielen: muslimische Armeen, die aus vielen nordafrikanischen Berbern und einigen Arabern bestanden. Innerhalb weniger Jahre beherrschten sie so gut wie die gesamte Halbinsel, vom südlichen Zipfel bis zu den nördlichen Bergen. Hispanien hieß jetzt Al-Andalus. Arabisch war die neue offizielle Sprache, die Umgangssprache der meisten Einwohner blieb jedoch Latein. So nannten sie sie jedenfalls immer noch. Eigentlich war das Latein, das hier gesprochen wurde, so stark abgewandelt, dass es einen neuen Namen brauchte. Den bekam es erst viel später von Historikern, die es Mozarabisch nannten – eine nicht ganz glückliche Wahl, da es keine Form des Arabischen ist, sondern vielmehr eine romanische Sprache mit arabischen Einflüssen.

Nicht die ganze Halbinsel war von den Mauren besetzt. Im Nordosten hielten Karl der Große und seine Erben einen Streifen direkt unter den Pyrenäen. Noch bedeutungsvoller war ein kleines christliches Königreich, das in einem bergischen Gebiet an der Nordküste verblieben war: Asturien. Dieses wurde zur Brutstätte, von der die *Reconquista* ausging, die Rückeroberung Al-Andalusiens durch christliche

Die Sprachgeschichte der Iberischen Halbinsel, dargestellt im Arbeitszimmer des Autors.

Fürsten. Die ließen sich jedoch Zeit: Um 900 war gerade mal ein knappes Viertel Hispaniens in christlichen Händen. Dieses Viertel, ein nördlicher Ost-West-Korridor, bestand wiederum aus vielen kleinen Fürstentümern, die alle ihre eigene romanische Sprache besaßen.

Und jetzt kommt das Fenster meines Arbeitszimmers ins Spiel. Denn die Lage zu Beginn des 10. Jahrhunderts hat Ähnlichkeit mit dem, was Sie hier sehen. Die rechte Jalousie repräsentiert Katalonien, das sich von den Franken befreit hatte und wo Katalanisch gesprochen wurde. Die Jalousie links ist Galicien mit Galicisch. Und die mittlere Jalousie steht für ein großes Gebiet, das in verschiedene eigenständige Königreiche aufgeteilt war, unter anderem Asturien und Kastilien. Letzteres ist die Wiege des Spanischen, das auch Kastilisch genannt wird. In den beiden anderen mittleren Reichen sprach man Sprachen, die heute als Dialekte des Kastilischen gesehen werden, und ein wenig Baskisch. Der sichtbare Teil meiner Fenster ist Al-Andalus, mit seiner arabischen Schrift und der mozarabischen Umgangssprache.

Wie es mit der christlichen Rückeroberung weiterging, ist schnell erzählt: Die Jalousien fuhren herunter, bis sie 1492 ganz geschlossen waren. Hispanien war dann wieder ganz in den Händen christlicher Herrscher. Mozarabisch starb aus, hinterließ den nachfolgenden Sprachen aber zahlreiche arabische Wörter. Das gesamte östliche Gebiet der Halbinsel sprach nun Katalanisch. Das breite Mittelstück bekam Spanisch zugewiesen, mit dem Baskenland als hartnäckiger Ausnahme, und die ganze Westseite Galicisch. Auch nach 1492 hat sich an dieser Verteilung nicht viel geändert. Nur dass durch einen politisch-historischen Zufall drei Viertel dieses Westens ein eigenes Land wurden – Portugal. Im nördlichsten Viertel dieses Streifens wurde Galicisch weiterhin Galicisch genannt (*galego*). Portugal dahingegen nannte sein eigenes Galicisch fortan ›Portugiesisch‹ (*português*) und verbreitete es über alle damals bekannten Kontinente: Amerika (Brasilien), Afrika (u. a. Angola und Mosambique) und Asien (Macau, Osttimor).

Galicisch hat es also weit gebracht in der Welt – aber inkognito.

KAPITEL 10

Ein verfaultes Imperium

Dänisch

Vor zweihundert Jahren wurde Dänisch noch auf vier Kontinenten gesprochen, in einem Gebiet, das etwa neunmal so groß war wie Deutschland. Heutzutage ist es nur noch in einem Land Erstsprache, und das ist kleiner als Niedersachsen. Lesen Sie hier die Chronik einer Zersetzung.

Es begann 1814. Dänemark musste als Verlierer der napoleonischen Kriege Grundgebiet abgeben, und zwar nicht wenig: Ganz Norwegen, viele Male größer als das eigentliche Dänemark, wurde auf einmal unabhängig, sei es zunächst unter dem schwedischen König. In den vorangehenden Jahrhunderten war Dänisch die offizielle Sprache gewesen, und Norwegisch stand stark unter dänischem Einfluss, vor allem die städtische Elite. Norwegische Nationalisten setzten sich nun zwei Ziele: Weg mit dem schwedischen König, und weg mit der dänischen Sprache. Es dauerte ein bisschen, aber sie bekamen letztendlich, was sie wollten.

Auch weiter weg, in Übersee, verlor Dänisch im 19. Jahrhundert an Terrain. Ab 1839 erhielten Schulkinder in Dänisch-Westindien keinen Unterricht auf Dänisch mehr, sondern nur noch auf Französisch. 1845 verkauften die Dänen ihren indischen Handelsposten an die Briten, 1850 ihre westafrikanischen Kolonien. Und 1917 wurde auch Dänisch-Westindien verhökert, diesmal an die Vereinigten Staaten. Dänemark war nun endgültig kein tropisches Land mehr.

Zugegeben, in diesen Kolonien sprachen nur wenige Menschen Dänisch. Aber 1864 wurde das Mutterland selbst getroffen: Das Gebiet Slesvig ging als Kriegsbeute nach Preußen und hieß fortan Schleswig. Bis heute gibt es in Schleswig-Holstein eine dänischsprachige Minderheit mit einigen zehntausend Sprechern.

1918 kam der nächste moralische Keulenschlag: Island wurde nach über 500 Jahren unter dänischer Verwaltung unabhängig. Zwar war Dänisch dort nie mehr gewesen als die Verwaltungssprache, aber auch diesen Status verlor es jetzt. Etwas später wurde Dänisch auch noch von seinem Thron als wichtigste Fremdsprache gestoßen. In den Schulen wurde nun stattdessen vor allem Englisch unterrichtet.

Ein anderer europäischer Besitz waren die Färöer-Inseln nördlich von Schottland. 1948 erwarben sie den autonomen Status innerhalb des Königreichs, und prompt erklärten die Inselbewohner ihr einheimisches Färöisch zur Landessprache. Als Trostpflaster behielt Dänisch zwar einen Verwaltungsstatus, wurde aber praktisch nur für den offiziellen Kontakt mit dem Mutterland verwendet. Eigentlich konnten die Färinger auf ihr Dänisch gut verzichten.

So blieb nur noch die größte und am dünnsten bevölkerte aller dänischen Kolonien übrig: Grönland. Aber nur bis 1979, als die Insel autonom wurde und wieder in der eigenen Sprache verwaltet wurde – Grönländisch oder Kalaallisut. Dieser Beschluss kam nicht überraschend, denn obwohl Dänisch in der Schule ein Pflichtfach ist, tun sich viele Grönländer schwer mit dieser Sprache, die sich stark von ihrer eige-

Zu Lebzeiten von Hans Christian Andersen (1805–1875) begann es mit Dänemark abwärtszugehen; es wurde zum hässlichen Entlein.

nen unterscheidet. Anfangs behielt Dänisch im autonomen Grönland mehr offizielle Funktionen als auf den autonomen Färöer-Inseln. Aber auch das ist inzwischen vorbei: 2009 wurde Kalaallisut die einzige offizielle Verwaltungssprache. Seither nimmt Grönland eine einzigartige Stellung auf dem amerikanischen Kontinent ein (ja, es gehört zu Amerika): Nirgendwo sonst hat eine einheimische Sprache solch einen exklusiven Status. In allen anderen amerikanischen Ländern von Kanada bis Chile spielt eine Sprache kolonialer Herkunft die erste Geige.

Armes Dänisch. Von den Norwegern abgelehnt. Von den Warmwasserkolonien aufgegeben. In Schleswig besiegt. Und schließlich auch von den Kaltwasserkolonien verschmäht. Einen Trost haben die Dänen: Es waren – größtenteils – ihre

Vorfahren, die im fünften Jahrhundert England besetzt und damit die Grundlage für das Englische gelegt haben. Und diese Sprache hat sich mit großem Erfolg über die Welt verteilt.

Auch dieser Trost hat jedoch eine Kehrseite. Schrieb nicht der bekannteste englische Autor: »Etwas ist faul im Staate Dänemark«? Wie um dies zu beweisen, wird der dänische Ländercode DK auf Englisch wie *decay* ausgesprochen – ›Fäulnis‹ oder auch ›Verfall‹.

➢ *Narwal*, *Förde* und *Morgenstern* – die mittelalterliche Waffe, nicht die Venus – stammen alle aus dem Dänischen. Und das ›hässliche Entlein‹ ist eine Lehnübersetzung von Hans Christian Andersens *Den grimme ælling*.

¶ *Farmor* – Großmutter väterlicherseits. *Morfar*, *farfar* und *mormor* sind ebenfalls verfügbar, entsprechend für die anderen Großeltern; auch Norwegisch und Schwedisch bilden diese Formen.

KAPITEL 11

Kriegsverliererbeute

Normannisch der Kanalinseln

Britannien ist viele Male erobert worden. Napoleon und Hitler ist das nicht gelungen, das stimmt, aber vor ihnen gab es eine lange Reihe von Eindringlingen, die gekommen waren, um große Teile der Insel politisch und kulturell zu dominieren. Und während ihre politische Macht nach einiger Zeit schwand, erwies sich ihre in kultureller Hinsicht fortdauernde Macht als beeindruckend: Britannien besitzt vor allem deshalb so eine sprachliche Vielfalt, weil es so viele Schlachten verloren hat.

Die einzige Eroberersprache, die sich nicht durchgesetzt hat, war Niederländisch, die Sprache Wilhelms III. von Oranien, welcher 1688 die Krone Englands, Schottlands und Irlands übernahm. Die Tatsache, dass er auf Einladung einer Gruppe von Politikern ins Land einfiel, die später den Beinamen ›die unsterblichen Sieben‹ erhalten hat, könnte etwas damit zu tun haben. Dennoch hätte er wenigstens versuchen können, den Briten Niederländisch beizubringen. Stattdessen schaltete er auf Englisch um, sobald er einen Fuß an Land gesetzt hatte.

Wenn Wilhelm im Ranking der sprachlich erfolgreichen Eroberer Britanniens an unterster Stelle steht, müssen die Spitzenreiter die westgermanischen Stämme gewesen sein, die ebenfalls ihren Weg über die südliche Nordsee genommen hatten, mehr als tausend Jahre zuvor. Ohne sie – die Angeln, die Sachsen und wahrscheinlich auch ein paar Jüten, Friesen und vielleicht sogar Franken – hätte es das heutige Englisch schlicht nicht gegeben. Jedenfalls nicht in Britannien. Vieles vom heutigen alltäglichen Standardenglisch ist angelsächsischer Herkunft – *the*, *a*, *is*, *was*, *in*, *out*, *house*, *town* und so weiter.

Und sie waren nicht die letzten germanischen Stämme, die auf die Insel kamen. Vom 8. Jahrhundert an überfielen Nordländer aus Skandinavien einen Großteil Britanniens und ließen sich dann im östlichen England und nördlichen Schottland nieder. In England integrierten sie sich ziemlich schnell, nicht ohne deutliche Spuren in der Sprache zu hinterlassen – Vokabeln aus dem Grundwortschatz wie *they* und *take* sind Teile ihrer Hinterlassenschaft. Aber im hohen Norden, insbesondere auf den Orkneys und den Shetlandinseln, entwickelte sich ihr Nordisch (auch Nordgermanisch oder Altnorwegisch genannt) zu einer eigenen Regionalsprache, ›Norn‹. Als die Inseln im späten Mittelalter Teil des schottischen Königreichs wurden, machte sich Norn daran, ganz langsam auszusterben. So langsam, dass der letzte Muttersprachler erst Mitte des 19. Jahrhunderts starb. Daher war Britannien für tausend Jahre die Heimat sowohl einer nordgermanischen als auch einer westgermanischen Sprache. Noch heute wird Nordgermanisch nur 260 Kilometer vor der Küste der Shetlands gesprochen: auf den Färöer-Inseln.

So weit zu den Germanen. Nun zu den Briten. Und wenn ich Briten sage, meine ich die echten keltischen Briten, die kulturellen Vorfahren der Waliser. Sie kamen um 500 v. Chr.

aus dem heutigen Frankreich, vielleicht auch schon viel früher – ihre genaue Ankunftszeit ist seltsam nebulös. Was wir mit Sicherheit wissen, ist, dass die meisten von ihnen nie wieder gegangen sind, obwohl manche ihrer Nachkommen in die Bretagne geflohen zu sein scheinen, als die Angelsachsen kamen. Damit gaben sie dieser Region auch gleich ihren heutigen Namen (vorher hieß sie *Armorica* oder *Aremorica*). Trotz der Tatsache, dass sie nun Britannien mit den ausdehnungsfreudigen und imperialistischen Angelsachsen teilen mussten, schafften es die Waliser, sich ihre Sprache zu erhalten, obwohl ihre Zahl im 19. und 20. Jahrhundert stetig abnahm. Mit ihren mindestens zweieinhalbtausend Jahren sind sie die unangefochtenen britischen Rekordhalter sprachlicher Langlebigkeit – jedenfalls seit Beginn der Geschichtsschreibung. In welchen anderen Sprachen ihre Ahnen kommunizierten und wie lange sie dies taten, können wir nur raten.

Ein anderes keltisches Volk, die Gälisch sprechenden Schotten, ist einzigartig darin, dass es einen Teil Britanniens nicht vom Kontinent aus erobert hat, sondern von Irland aus. Es wird vermutet, dass sie dies im 4. Jahrhundert n. Chr. taten, und zwar auf Kosten der Pikten, deren ethnische und sprachliche Zugehörigkeit heftig diskutiert wird. So wie Norn am längsten auf einer Inselgruppe überlebt hat, so hat Schottisch-Gälisch heute sein standfestestes Bollwerk auf den Äußeren Hebriden.

Angelsachsen, Nordländer, zwei Sorten Kelten – das macht vier Invasionswellen, oder fünf, wenn wir Wilhelm III. mitzählen. Und es gibt noch zwei weitere, die wir berücksichtigen sollten. In sprachlicher Hinsicht eigentlich nur eine, da die beiden betreffenden Eroberer sozusagen verschiedene Versionen derselben Sprache ins Land gebracht haben – die Vintage-Variante und den Remix.

Die erste Welle kam natürlich mit Julius Cäsar und seinen Truppen, die im Jahr 55 v. Chr. in Britannien einfielen und sich anschließend, nachdem sie England und Wales bezwungen hatten, daranmachten, sich komfortabel einzurichten: Sie bauten Villen, Bäder, Straßen und eine anständige starke Mauer gegen die Schotten. 450 Jahre blieben sie und verschwanden dann für immer – außer dass 1066 das Heer Wilhelms des Bastards kam und die meisten seiner Truppen eine Folgesprache des Lateinischen sprachen: Normannisch. Dieses unterscheidet sich erheblich von Latein, aber es hat keinen historischen Moment gegeben, in dem die Menschen in der Normandie aufhörten, Latein zu sprechen, und ins Normannische wechselten. Das eine verwandelte sich einfach ganz langsam in das andere.

Dennoch wurde Normannisch schon weit vor 1066 von einigen der germanischen Gruppen beeinflusst, die wir bereits haben vorbeiziehen sehen: die Franken und die Nordländer. Ungefähr zu der Zeit, als ein paar Franken sich anscheinend zu den Angeln, den Sachsen und den anderen gesellten, die gen Britannien zogen, bewegte sich ein weitaus größerer Teil von ihnen ins nördliche Frankreich (dem sie letztendlich seinen heutigen Namen verliehen; vorher hieß es Gallien). Und um die Zeit, als manche Nordländer sich in Britannien ansiedelten, fanden andere ihren Weg weiter südlich und erwarben mit – äh, schlagkräftigen Argumenten Grundstücke und Immobilien in der Normandie (der sie dabei ihren heutigen Namen verliehen, was praktisch war, denn bis dahin hatte sie wohl keinen). Was Wilhelm der Bastard nach Britannien brachte, war eine Spätform des Lateinischen, garniert mit einer Mischung aus verschiedenen germanischen Elementen.

Das sollte jedoch nicht ewig währen. Obwohl Wilhelm I. der gekrönte König Englands war und als ›der Eroberer‹ in die Geschichte einging, brachte seine normannische Sprache es nie weiter als bis zur Sprache der gesellschaftlichen Oberschicht. Nach etwa zweihundert Jahren bröckelte diese Schicht ab, und die herrschenden Klassen kehrten zu dem zurück, was in all der Zeit die Sprache des gemeinen Volkes geblieben war, nämlich Englisch.

Und doch war dies nicht überall so. Bis zum heutigen Tag gibt es eine kleine Minderheit der Bevölkerung der britischen Inseln, die weiterhin Normannisch spricht. Es sind beinahe 6.000 an der Zahl, und sie leben auf kleineren Inseln, den Kanalinseln. Die meisten von ihnen sprechen Jèrriais (den Dialekt von Jersey), weit über tausend beherrschen fließend Guernésiais (von Guernsey), während vielleicht ein Dutzend Sercquiais (Sark) am Leben erhalten. Diese drei Sprachen werden meistens unter dem Namen ›Normannisch der Kanalinseln‹ über einen Kamm geschoren. Es ähnelt dem festländischen Normannisch, was nicht weiter verwundert, hat aber auch englische Einflüsse. Einheimische Sprachliebhaber bemühen sich, das Normannisch der Kanalinseln vor dem Untergang zu bewahren, aber längst nicht so unermüdlich wie die Bewohner der Isle of Man oder von Cornwall. Vielleicht ist es nach über zweitausend Jahren auch einfach Zeit, dass Latein sich von den britischen Inseln verkrümelt.

➤ Viele englische Wörter, die auch im Deutschen verwendet werden, entstammen ursprünglich dem Normannischen, zum Beispiel das Flüssigkeitsmaß *Gallone* und der Kricket-Begriff *Wicket*.

¶ *Pap'sée* definiert etwas, das in Papier eingepackt ist, z. B. *eune pap'sée d'chucrîns*: eine gewisse Anzahl in Papier verpackter Bonbons. *Ûssel'lie*, das ständige Auf- und Zugehen von Türen, ist ebenfalls ein schöner Begriff.

KAPITEL 12

Exilsprachen

Jüdische Sprachen

Über Jahrhunderte, von der späten klassischen Zeit bis ins frühe Mittelalter, sprachen europäische Juden die Sprachen der christlichen oder muslimischen Mehrheiten, inmitten derer sie lebten. Das heißt nicht, dass die Sprache der Juden ganz mit der der Nichtjuden übereinstimmte. Zum Beispiel hatten die christlichen und muslimischen Mehrheiten logischerweise keine eigenen Begriffe für die Konzepte und Utensilien des jüdischen Glaubens und seiner Tradition. Welche Sprache auch immer es war, die sie umgab, die Juden entlehnten diese Begriffe aus dem Hebräischen und Aramäischen, den Sprachen der Thora und des Talmud. Unterschiede zwischen jüdischer und nichtjüdischer Sprechweise entstanden auch durch die weitgehende Isolation jüdischer Gemeinschaften an Orten, wo eine antisemitische Stimmung herrschte. Das Ergebnis war, dass Juden in Europa vielerorts ihre eigenen sprachlichen Varianten entwickelten, wie Judäo-Italienisch, Judäo-Katalanisch, Shuadit (Judäo-Provenzalisch) oder Jevanisch (Judäo-Griechisch).

Viele dieser jüdischen Umgangssprachen sollten in den

darauffolgenden Jahrhunderten wieder verschwinden, durch Auswanderung, Assimilation oder Völkermord. Aber drei von ihnen haben ihren Platz unter den Sprachen, die sie umgaben, behaupten können, obwohl Auswanderung, Assimilation und Völkermord auch Teil ihrer Geschichte sind. Diese drei Sprachen sind Karaimisch, Ladino und Jiddisch.

Die Geschichte der karaimischen Sprache lässt sich bis kurz nach 1390 zurückverfolgen, als der Großfürst Vytautas von Litauen, zu der Zeit ein bedeutender Mächtiger, eine Gruppe von 300–400 jüdischen Familien aus der gerade eroberten Krim ins eigentliche Litauen hatte umsiedeln lassen. Diese Familien waren Teil einer ethnischen Gruppe, der Karäer, heute meist Karaim genannt. Ihre Sprache gehörte zu den Turksprachen und war nah mit dem Krimtatarischen verwandt. Ihre Umsiedlung schnitt sie von ihren karaimischsprachigen Nachbarn ab, aber anstatt sich in ihrer neuen Umgebung der Sprache der jüdischen Bevölkerung ganz anzupassen, pflegten die Karaim ihre eigene, ganz andere Sprache noch lange. Noch im frühen 20. Jahrhundert war sie sehr lebendig, und sogar nach den Schrecken des Holocaust und des Stalinismus gibt es in der litauischen Stadt Trakai immer noch eine kleine Gemeinschaft mit einigen dutzend Sprechern. Außerdem heißt es, dass Karaimisch von ein paar Menschen in der Krim und im ukrainischen Galizien gesprochen wird.

Die Geschichte der Sprache Ladino beginnt hundert Jahre nach der Umsiedlung der Karaim auf der anderen Seite Europas. 1492 verbannten die sogenannten Katholischen Könige, Isabella I. und Ferdinand II., alle Juden aus Spanien, die nicht bereit waren, zum Christentum überzutreten. Spanien war nicht das einzige Land, das solche Maßnahmen ergriff: König Edward I. von England hatte etwa 200 Jahre zuvor alle 2.000 Juden seines Landes verwiesen, nachdem er mehrere hundert hatte hinrichten lassen, und etwa 100.000 Juden waren 1396 aus Frankreich vertrieben worden. Verjagt wurden sie also immer komplett, nur die Zahlen waren unterschiedlich: Historiker schätzen, dass etwa eine Viertelmillion Juden Spanien verließen und sich rund ums Mittelmeer ansiedelten. Insbesondere flohen große Gruppen ins ottomanische Reich, die aufstrebende Supermacht des Kontinents, das sie rückhaltlos aufnahm. Tatsächlich war die Behandlung von Juden unter muslimischen Herrschern, wenn auch diskriminierend, weitaus gleichberechtigter als unter christlichen Machthabern.

Die Sprache, die die spanischen Juden mitbrachten, war anfangs mit dem christlichen Spanisch nah verwandt, in den darauffolgenden Jahrhunderten entwickelten sich die beiden Varianten jedoch ziemlich unterschiedlich. Ladino, wie Judäo-Spanisch oft genannt wird, hat noch diverse Merkmale aus dem 15. Jahrhundert beibehalten, die das moderne Spanisch mittlerweile verloren hat: Es unterscheidet zum Beispiel zwischen dem ›b‹- und dem ›v‹-Klang, und es verwendet *so* und *sos* für ›ich bin‹ und ›du bist‹ anstatt *soy* und *eres*. Auf der anderen Seite wurde Judäo-Spanisch von seinen neuen Sprachnachbarn wie Türkisch und Serbokroatisch beeinflusst, vor allem, was den Wortschatz angeht. Aber erstaunlicherweise können Spanier Judäo-Spanisch noch immer ganz gut verstehen. Nicht, dass sie damit rechnen können, auf den Straßen Madrids Ladino zu hören, denn die meisten seiner Sprecher leben in Istanbul oder Israel.

Die dritte jüdische Gruppe mit einer Sprache, die sich von der ihrer Umgebung deutlich unterschied, hatte ihre unauffälligen Anfänge im Mittelalter und entwickelte sich zur größten jüdischen Bevölkerung aller Zeiten, weltweit. Sie nannten sich die Aschkenasim, und ihre Sprache war Jiddisch (abgeleitet vom deutschen Wort ›jüdisch‹). Jiddisch kam irgendwann vor 1250 auf (genauer kann es leider keiner sagen), unter Juden, die das deutsche Gebiet wahrscheinlich vom nördlichen Frankreich und Italien aus erreicht hatten. Sie übernahmen Deutsch als Sprache, behielten dabei aber einige romanische Vokabeln und fügten die üblichen hebräischen und aramäischen Elemente hinzu. In den Jahrhunderten, die folgten, verlegte sich das Zentrum der aschkenasischen Juden von Deutschland, wo die Verfolgung an der Tagesordnung war, nach Polen, das damals einer der seltenen Zufluchtsorte für religiöse Toleranz in der christlichen Welt war. Kleinere Gruppen zogen in einen anderen sicheren Hafen, in die niederländische Republik. Das polnische Zentrum weitete sich auf ein großes Gebiet Osteuropas aus und umfasste auch Litauen, Weißrussland sowie Teile der Ukraine und Russlands.

Jiddisch wurde nun also genau wie Karaimisch und Ladino inmitten von Mehrheitssprachen gesprochen, die sich sehr von seiner Ursprungssprache unterschieden und es so von seinem alten Vorfahren entfernten. Verschiedene Laute änderten sich systematisch, manche komplizierten Aspekte der deutschen Sprache wurden vereinfacht, und zahlreiche Wörter wurden aus dem Polnischen und anderen slawischen Sprachen übernommen. Jiddisch wuchs und gedieh, und in verschiedenen Gebieten hatte es so viele Sprecher, dass die nichtjüdischen Mehrheitssprachen eine nicht unerhebliche Anzahl von (meist Slang-)Begriffen aus dem Jiddischen übernahmen, so wie es später auch im amerikanischen Englisch geschah. Das Wort *chutzpah* entwickelte sich beispielsweise aus dem deutschen *Chuzpe*, dem polnischen *hucpa*, dem tschechischen *chucpe* und dem niederländischen *gotspe* – um nur einige zu nennen.

Heutige europäische Juden sprechen wieder die Sprachen der nichtjüdischen Mehrheiten, inmitten derer sie leben, weshalb Karaimisch, Ladino und Jiddisch allesamt gefährdet sind. Der Völkermord der Nationalsozialisten ist natürlich der wichtigste Grund für diesen Rückgang, er ist jedoch nicht die einzige Erklärung. Die Juden in Deutschland und den Niederlanden sprachen im 19. Jahrhundert aufgrund ihrer Assimilation immer weniger Jiddisch. Der sowjetische Kommunismus begann nach anfänglicher Unterstützung jüdischer und anderer Minderheitensprachen, ab den 1930er Jahren alle ethnischen Gruppen zu russifizieren. In Israel wurde ein neu belebtes Hebräisch statt Jiddisch als Nationalsprache gewählt. Und Juden, die dem Dritten Reich durch eine Flucht in die USA und in andere Länder entkommen waren, assimilierten sich innerhalb einer einzigen Generation.

Während es von den Sprechern des Karaimischen nur noch einige dutzend und von denen des Ladino noch einige zehntausend gibt, werden die Sprecher des Jiddischen auf 1,5 bis 3 Millionen weltweit geschätzt, von denen die meisten in den USA und Israel leben. Diese Zahl mag beeindruckend klingen, aber Gemeinschaften, in denen Jiddisch die Alltagssprache ist und wo Eltern es selbstverständlich an ihre Kinder weitergeben, sind zwangsläufig selten. (In Europa befinden sich die größten Gemeinschaften in London und Antwerpen.) Die meisten Menschen, die es heute sprechen, sind entweder schon älter, oder sie nutzen es nur als Zweitsprache. Und wenn diese älteren Menschen einmal gestorben sind, wird die Zukunft der Sprache davon abhängen, ob weiterhin jemand Lust hat, sie zu erlernen.

➤ Das Deutsche hat, oft über Rotwelsch, nicht wenige jiddische Wörter übernommen. Ein bekanntes Beispiel ist *Knast*. *Knassen* ist Jiddisch für ›bestrafen‹, von Hebräisch *qenas*, ›Geldstrafe‹.

KAPITEL 13

Isoland

Isländisch

Wenn Sie zu den Leuten gehören, die befürchten, dass die deutsche Sprache vor die Hunde geht, dann haben Sie die Sprachwissenschaft nicht an Ihrer Seite. Was auch immer Ihnen die Haare zu Berge stehen lässt – das Schwinden von Genitiv (dem der Dativ sein Tod ist) und Konjunktiv (ich wünschte, er bliebe), die vielen Anglizismen (›Sinn machen‹), Wortneuschöpfungen wie ›einzigster‹ und ›zumindestens‹ –, Linguisten werden sagen, dass Sprachen leben und sich daher in stetigem Wandel befinden. Sie können den Prozess nicht aufhalten, also täten Sie gut daran, sich daran zu gewöhnen. Meines Wissens nach (aua).

Es gibt Beispiele zuhauf. Französisch, Englisch, Schwedisch, Ungarisch, Baskisch – die Grammatik, die Aussprache und der Wortschatz jeder beliebigen Sprache haben sich im Laufe der Jahrhunderte deutlich verändert, manchmal auch mehr als im Deutschen. Es gibt jedoch ein Gegenbeispiel: Isländisch. Isländisch ist die Ausnahme, die die Regel widerlegt. Was macht die Sprache dieses kühlen Landes mit seinen heißen Geysiren und Vulkanen so einzigartig?

Ihre Geschichte geht ins 9. Jahrhundert zurück, als die Insel von Sprechern der altnordischen Sprache besiedelt wurde. Im 12. und 13. Jahrhundert schufen isländische Autoren die herrlichen Prosa-Erzählungen, die wir als Islandsagas kennen. Diese Meisterstücke wurden in der isländischen Mundart geschrieben. Und hier kommt die Besonderheit: Heutige Isländer können die Geschichten immer noch lesen, und viele von ihnen tun dies auch. Nicht lesen im Sinne von entziffern, sondern weil es ihnen Freude bereitet. Vergleichen Sie es mit der Lektüre von Goethes oder Schillers Klassikern, die etwa 200 Jahre alt sind: Auch wenn manche Wörter oder Phrasen uns antiquiert erscheinen, nehmen wir sie hin (wir erfreuen uns sogar an ihnen). So nah ist modernes Isländisch seiner mittelalterlichen Form heute noch. Und da die Sagas über einen so langen Zeitraum überall in Island eine zentrale Bedeutung hatten, könnten sie auch eine der Ursachen für die sprachliche Einheit sein.

Natürlich hat die Sprache ihr Vokabular ergänzt, um mit der Zeit gehen zu können, daher hätten die Autoren der Sagas Schwierigkeiten, eine heutige Zeitung zu lesen. Zudem besteht Sprache aus mehr als nur dem geschriebenen Wort, und die Aussprache hat sich in der Zwischenzeit zweifellos geändert. Dennoch ist Isländisch in den letzten 800 Jahren erstaunlich stabil geblieben – oder sogar in den letzten 1.100 Jahren, wenn man berücksichtigt, dass die ersten Siedler vermutlich eine ähnliche Sprache sprachen.

Was ist der Grund für diese Stabilität? – Gerade die zentrale Bedeutung der Sagas für die nationale Kultur hat dazu etwas beigetragen. Ein kurzer Blick auf die Landkarte deckt eine weitere Ursache auf: Island ist von anderen Bevölkerungszentren extrem isoliert. Der Abstand zum europäischen Festland (kleinere Inseln nicht mitgezählt) beträgt etwa 1.000 Kilometer, während Dänemark, Islands

Kolonialmacht und Tor zur Welt für hunderte von Jahren, ungefähr zwei Mal so weit entfernt liegt. Bis zum 19. Jahrhundert kamen die meisten Isländer während ihres ganzen Lebens mit keiner Fremdsprache in Berührung.

Dies kann jedoch nicht die ganze Erklärung sein, denn mit oder ohne Sagas sind Sprachen empfänglich für Änderungen, sogar ohne äußere Einflüsse. Es braucht schon außergewöhnliche Umstände, um sie an einer Weiterentwicklung zu hindern. Insbesondere, sagen Soziolinguisten, ist es dafür erforderlich, dass viele der Menschen, die ein einzelner Sprecher kennt, einander ebenfalls kennen, da dies eine Übereinstimmung sprachlicher Normen gewährleistet. Die isländische Gesellschaft bestand vor dem 19. Jahrhundert aus weniger als 50.000 Menschen und war vermutlich klein genug für solch engmaschige Netzwerke. Ein zweiter Blick auf die Landkarte lässt an dieser Hypothese jedoch wieder zweifeln: Island ist zwar sehr dünn bevölkert, und es ist dort sehr schwer, über Land zu reisen, bei all den hohen Bergen und schnellen Flüssen; Historiker argumentieren jedoch, dass trotz dieser Hindernisse die isländischen Eliten viel mehr reisten und sich vermischten, als man vermuten könnte. Regionale Autoritäten trafen sich alljährlich zur Parlamentsversammlung (dem Althing); wohlhabende Familien reisten zwischen ihren verschiedenen Anwesen hin und her; Kinder der Oberschicht begegneten sich in einer der beiden einzigen Schulen; Geistliche wurden in Bezirke entsandt, die weit von ihren Geburtsorten und früheren Gemeinden entfernt lagen. Gelegentliche Vulkanausbrüche zwangen überdies hunderte und manchmal tausende Menschen, in ein anderes Gebiet zu ziehen. All diese Kontakte könnten die Sprache stabiler gemacht haben – so stabil, dass es sogar praktisch keine Dialekte gab.

Und es gibt noch eine weitere Erklärung dafür, dass Isländisch sich kaum verändert hat. Die wichtigste Ursache für

Sprachwandel, so meinen manche Linguisten, ist die Tatsache, dass junge Menschen miteinander herumhängen. Sie tun alles, um nicht so zu sein wie ihre Eltern und Erzieher, am liebsten noch auf eine provozierende Weise, und als wunderbares Mittel zu diesem Zweck entwickeln sie ihre eigene Art zu reden. Manche Elemente ihres Jugendjargons werden sie mit in ihr Erwachsenenalter hineinnehmen – und auf diese Weise ändert sich die Sprache an ihrem Wohnort.

In Island hatten jedoch die meisten jungen Leute nie eine Chance, diesen Vorgang ins Laufen zu bringen, da sie in verstreuten Gehöften lebten, die nicht in bequem fußläufigem Abstand voneinander entfernt lagen. Außer Geschwistern und vielleicht Cousinen und Cousins hatten sie niemanden, mit dem sie abhängen konnten. Das war in den beiden Schulen des Landes natürlich anders; aber zu Hause hat sich diese elitäre Minderheit gewiss gehütet, auch nur eine Spur Schulslang verlauten zu lassen, um Missverständnisse und ständige Verbesserungen zu vermeiden.

Isolation in einer einsprachigen Umgebung, starke soziale Netzwerke und vielleicht die Abwesenheit einer Jugendkultur: Dies sind, kurz zusammengefasst, die Hauptgründe, die Isländisch über Jahrhunderte stabil machten. Bessere Verkehrsverbindungen, eine gute Fernkommunikation und Urbanisierung haben Island seit etwa hundert Jahren kontinuierlich verändert. Und immer noch sind die Sagas gut verständlich. Wie ist das möglich? Warum trotzen die Isländer den normalen Prozessen sprachlichen Wandels?

Trotz ist ein gutes Stichwort. Als die nationalistische Ideologie Mitte des 19. Jahrhunderts auch in dieser abgelegenen Ecke Europas angekommen war, wussten die Isländer sofort, was sie zu einer Nation machte: ihre besondere und unverdorbene Sprache. Die Anführer des hundertjährigen Kampfes um Unabhängigkeit konnten sich immer auf die Sprache verlassen, wenn es darum ging, Unterstützung einzuholen. Die vorherrschende Gesinnung sollte später einmal in der Zeile *Land, þjóð* og tunga, þrenning sönn og ein* zusammengefasst werden, »Land, Volk und Sprache, eine wahrhaftige und einzigartige Dreieinheit«.

Mit der Reinheit und Stabilität der Sprache, die solch einen wesentlichen Platz im aufblühenden Selbstverständnis der Nation einnahmen, galt es nun, eine dringende Aufgabe zu erledigen: Es musste gesichert werden, dass Isländisch rein und stabil bleiben würde, während es gleichzeitig seinen Sprechern in allen Aspekten des modernen Lebens dienen sollte, von Algebra bis Zollwesen. An dieser Aufgabe arbeiten die Isländer seither. Neue Wörter werden geprägt, streng nach den Kriterien der Sprache der Sagas. Die Grammatik wurde in einer Weise überarbeitet, die die alte Literatur besser zugänglich machte als vorher. Der schulische Bildungskanon sorgte dafür, dass die neuen Wörter und die neue Grammatik im Land verbreitet wurden, und das führte zu einer noch stärkeren Gleichsetzung dessen, was bereits zuvor nur geringe Dialektunterschiede gewesen waren.

Bis vor kurzem war diese Sprachpolitik unumstritten. Man war sich weithin darüber einig, dass ein ›reines‹ Isländisch alles, was geschrieben wurde, egal zu welchem Thema, für eine breite Leserschaft verständlich machen würde. Zudem war man sich sicher, dass seine Stabilität künftigen Generationen einen leichten Zugang zu sämtlicher alter und neuer Literatur der Nation verschaffen würde. Und Literatur ist wichtig in Island: Das Land produziert mehr neue Bücher pro Kopf als jede andere Nation, während Isländisch bei weitem die kleinste Sprache ist, die sich mit einem Gewinner des Nobelpreises für Literatur brüsten kann (Halldór Laxness).

---

* *þjóð* ist eng mit unserem ›Deutsch‹ verwandt (ehrlich).

Ungeachtet dessen ist der sprachliche Nationalismus Islands ein wenig abgeflaut. Lehnwörter sind nicht mehr so tabu, wie sie es einst waren, und es schleichen sich ein paar grammatikalische Änderungen ein. Dennoch ist das Bewusstsein für diese Veränderungen groß, ihre Akzeptanz gering, und so kann es durchaus sein, dass sie nie Teil der Standardsprache werden. Die Stabilität des Isländischen zeigt keinerlei Anzeichen eines bevorstehenden Zusammenbruchs.

Wenn Sie also um das Fortbestehen der deutschen Sprache bangen und finden, dass jemand etwas für ihre Rettung unternehmen müsste, dann glauben Sie nicht, dass die Isländer den Beweis dafür geliefert haben, dass Sprachwandel aufgehalten werden kann. Die Faktoren, die Isländisch über Jahrhunderte gesichert haben, gibt es nicht mehr; in Deutschland hat es sie sogar nie gegeben. Außerdem folgte auf diese nachlassenden sichernden Faktoren eine sonderbare isländische Art des Nationalismus, die den Erhalt der alten Volkssprache in so etwas wie eine kollektive Leidenschaft umwandelte. Und auch wenn ein gewisses Maß an deutscher Nationalidentität inzwischen wieder salonfähig ist: Von einem Nationalismus, der solch einen romantischen Begriff wie die ›Reinheit‹ der Sprache erhalten will, sollte ein modernes europäisches Land besser die Finger lassen. Nur Unsympathen bezeichnen das Internet als ›Weltnetz‹.

➤ Das Wort ›Geysir‹ ist isländischer Herkunft.

¶ *Jólabókaflóð* – Weihnachtsbuchflut. Diese Erscheinung mag uns so vertraut sein wie den Isländern, das Wort bisher noch nicht. Aber ab jetzt!

KAPITEL 14

Doppeldeutsch

Niederdeutsch

Ein Ratespiel: Im Jahr 1848 erschien ein Buch unter dem Titel *Nederduitsche grammatica* von Dr. M. S. Polak. Was meinen Sie, von welcher Sprache handelt es? – ›Niederdeutsch‹, wäre die logisch erscheinende Antwort. Und auf die Frage, welche Sprachen sich hinter den Namen *Platdiets*, *Platduutsj* und *Plautdietsch* verbergen, drängt sich bei allen die Antwort ›Plattdeutsch‹ auf. Oder wiederum ›Niederdeutsch‹, denn das ist einfach nur ein anderer Name für dasselbe. Ganz klar, werden Sie vermutlich sagen: Hier handelt es sich eindeutig um die Eigenbezeichnungen für *Niederdeutsch*, *Plattdeutsch* und *Plattdütsch*.

Aber womöglich riechen Sie den Braten schon, bei so simplen Rätselfragen. Und Sie haben vollkommen recht: Keine dieser vier Sprachen bezeichnet das, was für einige Millionen norddeutscher Menschen die Muttersprache ist. *Nederduitsch*, *Platdiets*, *Platduutsj* und *Plautdietsch* sind eben nicht dasselbe wie *Niederdeutsch*, *Plattdeutsch* und *Plattdütsch* – oder jedenfalls nicht immer und nicht genau.

Von welchen Sprachen ist hier also die Rede?

Plautdietsch ist die Sprache der Russlandmennoniten, die vor allem in Nord- und Südamerika, der ehemaligen Sowjetunion und heute auch in Deutschland leben. Sein Ursprung liegt tatsächlich im Niederdeutschen, aber durch jahrhundertelange Absonderung sind diese beiden Sprachen erheblich auseinandergewachsen.

Platdiets ist eine kleine Regionalsprache in der belgischen Provinz Lüttich (Luik/Liège) und bildet einen Übergangsdialekt zwischen Niederländisch und Deutsch. Seine Eigenbezeichnung ist in niederländischer Rechtschreibung *Platduutsj*, in deutscher *Plattdütsch*. Genauso heißt auch Niederdeutsch auf Niederdeutsch. Und doch gehört Platdiets nicht zu Niederdeutsch.

Die *Nederduitsche grammatica* hat eine wieder andere Sprache zum Thema. Das Buch wurde in Amsterdam herausgebracht und befasst sich von A bis Z mit … genau, Niederländisch! *Nederduitsch* war 1848 bereits eine recht eigenwillige Wortwahl, denn der übliche Name fürs Niederländische war *Nederlandsch*. Aber Schulbücher waren in dieser Hinsicht sehr konservativ. Übrigens bedeutet das niederländische Wort *Nederduitsch*, in moderner Rechtschreibung *Nederduits*, trotzdem auch ›Niederdeutsch‹.

Ein weiteres Kuriosum: Die *Nederduitsch Hervormde Kerk* (›Niederdeutsch-reformierte Kirche‹) ist weder deutsch noch niederländisch, belgisch oder russlandmennonitisch, sondern südafrikanisch. (Übrigens nicht zu verwechseln mit der *Nederlandse Hervormde Kerk*, die früher *Nederduitse Gereformeerde Kerk* hieß und einstmals im ostfriesischen Emden gegründet wurde.) Und in welcher Sprache werden die Gottesdienste abgehalten? Auf Niederdeutsch? Auf Niederländisch? Weder noch. Ihre Prediger sprechen Afrikaans, eine Tochtersprache des Niederländischen.

Nur warum ist das alles so verworren? Was bitte schön ist los mit dem Wort ›Niederdeutsch‹?

Fangen wir am besten mit dem Wort ›deutsch‹ an. Dessen ursprüngliche Bedeutung werden Sie vielleicht kennen: ›volksmäßig‹, ›zum Volke gehörig‹ oder, wenn es nicht so übel klänge, ›völkisch‹. Es teilt seinen Ursprung mit den Vornamen *Dieter*, ›Diet-Herr‹, der so viel wie ›Volksherrscher‹ bedeutet, und *Dietrich* (›Volk‹ und ›reich/mächtig‹). Alle germanischen Dialekte von Kiel bis Kärnten hatten eine abgeleitete Form von *diet* in ihrer Bezeichnung für die gesamte Dialektgruppe: Sie wurden *tiutsch*, *diutisch* oder *dutsc* genannt, später *düdesch*, *teutsch*, *dietsch* oder *deutsch*. Genauer gesagt handelte es sich hier um sämtliche Dialekte eines Gebietes, das fast alle alten Bundesländer und einen westlichen Streifen der neuen Bundesländer, den Norden der Schweiz und einen Großteil Österreichs umfasste, dazu noch Elsass-Lothringen, die Niederlande und Flandern. Später sollten diese Dialekte sich noch weiter in Richtung Osten ausbreiten, bis nach Estland. Die Bezeichnungen *tiutsch*, *düdesch* und so weiter dienten vor allem dem Zweck, das ›eigene‹ Volk von den anderen zu unterscheiden, deren Sprache man nicht oder kaum verstand: von den ›Normannen‹ im Norden (die Sprache ging noch einigermaßen), den ›Welschen‹ im Westen und Süden und den ›Wenden‹ im Osten.*

* Die Bezeichnung *Wenden* wird heute von den Sorben (s. Kapitel 35) und anderen Slawen abgelehnt. Der Name *Welsch* für ›Romanisch‹ (und früher auch für ›Keltisch‹) ist veraltet, überlebt jedoch in den Wörtern *Welschland*, *Kauderwelsch* und *Rotwelsch*. *Welschland* ist ein Schweizer Synonym für die Romandie, die französischsprachige Schweiz. Das Wort *Kauderwelsch* bezog sich anfangs möglicherweise auf das Rätoromanisch der Schweizer Stadt Chur, auch Kauer genannt, oder auf Welsch, das beim Kaudern, ›Zwischenhandel treiben, makeln‹, gebraucht wurde. *Rotwelsch* ist ›die unverständliche Bett-

Aber auch vor tausend Jahren wusste man natürlich bereits, dass diese Millionen von *Tiutschen* ziemlich unterschiedlich redeten. Wer von Westen nach Osten oder von Osten nach Westen reiste, konnte sich noch gut verständigen, aber von Norden nach Süden oder umgekehrt war das um einiges schwieriger. Das älteste überlieferte Dokument, in dem dies ausdrücklich festgestellt wird, stammt von 1275. Es ist der Bericht einer Predigt von Berthold von Regensburg (±1210–1272), einem franziskanischen Bußprediger:

Ir wizzet wol, daz die niderlender und die oberlender gar ungelîch sint an der sprâche und an den siten. Die von Oberlant, dort her von Zürich, die redent vil anders danne die von Niderlande, von Sahsen, die sint ungelîch an der sprâche.

Zürich und Sachsen sind hier als willkürlich gewählte Beispiele für ›Oberlant‹ und ›Niderlande‹ zu verstehen. Der Ursprung dieser Namen liegt auf der Hand: Die ›Oberlender‹ leben in höher gelegenen Regionen als die ›Niderlender‹.

Es sollte noch eine ganze Weile dauern, ehe man auch die Sprachen dieser beiden Gruppen mit verschiedenen Namen bezeichnen würde. Eine Handschrift von 1440 ist der älteste erhalten gebliebene Text, in dem dies mehr oder weniger geschieht: Es wird erläutert, dass der Text *uut hoghen duutsche ghetransfereert* ist, ›aus dem Hochdeutschen übertragen‹ wurde. In welche Sprache genau diese Übertragung erfolgte, steht nicht dabei. Allerdings wissen wir, dass die Handschrift aus Brabant stammt, einem Gebiet, das sich im heutigen Belgien und den Niederlanden befindet. Ein Teil Brabants ist französischsprachig, und das Wort *ghetransfereert* klingt schon sehr verdächtig nach einem französischen Einfluss.

---

lersprache‹, *Rot* war das rotwelsche Wort für Bettler. Außerhalb des deutschen Sprachgebiets sind die Namen *Wales* und *Wallonien* mit *Welsch* verwandt.

1482 werden die zwei Tochtersprachen des *duutsch* erstmals beide namentlich erwähnt. In einem Wiegendruck aus der holländischen Käsestadt Gouda heißt es: *also wel overlantsche als nederlantsche tale*, ›sowohl die oberländische als auch die niederländische Sprache‹. Bemerken Sie die abweichende Wortwahl: Das ›hoghe duutsch‹ von eben heißt hier auf einmal ›overlantsch‹. Seit dem 16. Jahrhundert war es üblich, zwei deutsche Sprachen zu unterscheiden, aber beide sollten sie noch lange je zwei Namen behalten. Die südliche Sprache wurde oft Hochdeutsch genannt, häufig aber auch Oberländisch, die nördliche Niederdeutsch oder eben Niederländisch. ›Deutsch‹ blieb vorerst ein übergeordneter Begriff. Die Situation erinnert an das heutige Skandinavien: Ein Vortrag, der *på nordisk* gehalten wird (›auf Nordisch‹), kann von Norwegern, Schweden und Dänen verstanden werden.

Ein Name, den es damals noch nicht gab, ist ›Plattdeutsch‹. Der Begriff ›platt‹ (›flach‹) zielt auf etwas Mundartliches, etwas Einfaches, um nicht zu sagen Einfältiges, das sich nicht mit seinem studierten Konkurrenten messen kann. Das erklärt, warum die belgischen Sprecher des Platduutsj/Plattdütsch ihre Umgangssprache so nennen, obwohl es gar kein Plattdeutsch im Sinne von ›Niederdeutsch‹ ist: Sie empfinden es einfach als so etwas wie Deutsch; den Unterschied zur Hochsprache hören sie jedoch sehr wohl.

Ein wichtiger sprachlicher Meilenstein, zumindest im Rückblick, war 1648. In diesem Jahr beendete der Westfälische Friede nicht nur den Dreißigjährigen Krieg, sondern bestätigte auch die Unabhängigkeit der Republik der Vereinigten Niederlande von Spanien. Indem die Republik das Heilige Römische Reich Deutscher Nation verließ, wurde das Niederdeutsche staatsrechtlich in zwei Teile geteilt: Ein kleiner Teil lag nun westlich der Grenze zwischen Republik und Reich, der größere Teil östlich davon.

Das westliche Niederdeutsch entwickelte eine Standardsprache, die noch bis zur napoleonischen Zeit Niederdeutsch hieß, gelegentlich sogar bis in die darauffolgenden Jahrzehnte (man denke an das Ratespiel zu Beginn dieses Kapitels). Aber als ›Deutsche‹ fühlten sich die Niederländer nicht mehr, das waren die Leute auf der anderen Seite der Grenze. Um es noch komplizierter zu machen, nannten niederländische Schriftsteller ihre Sprache im 17. Jahrhundert allerdings oft *Duits* und in späteren Jahrhunderten, bewusst archaisch, *Diets*.

Östlich der Niederlande büßte das Niederdeutsche im Lauf der Jahrhunderte an Ansehen ein. Die recht einheitliche Sprache der Hanse, deren Grundlage der Lübecker Dialekt war, wurde immer weniger gesprochen. Niederdeutsch wurde mehr und mehr als ein Dialekt des Hochdeutschen angesehen – als ein Platt eben. Und so wurde auch der Begriff ›Hochdeutsch‹ von einer geographischen Bezeichnung – das Deutsch der höher liegenden Gebiete – zu einer sozialen: das Deutsch mit hohem Status, das Deutsch der hohen Tiere, das ordentliche Standarddeutsch. Diese Neuinterpretation führte später zur Bezeichnung ›Hochsprache‹, und diese führte wiederum zu Namen wie ›Hochchinesisch‹ und ›Hocharabisch‹. Dass das Standardchinesische und das Standardarabische überhaupt nicht in höher liegenden Gebieten entstanden waren … geschenkt.

Es dauerte noch ein bisschen, aber letztendlich sollte der Sprachenname ›Deutsch‹ die Bedeutung von ›Hochdeutsch und all seine regionalen Mundarten zusammen‹ bekommen. Als 1871 auch noch der Großteil des Sprachgebiets in einem Land vereint wurde, war die Entwicklung zur heutigen Situation abgeschlossen: Es gab nun ein großes Deutschland mit Deutsch als offizieller Landessprache, oft Hochdeutsch genannt, und es gab die viel kleineren Niederlande mit der

Landessprache Niederländisch, manchmal auch als Hochniederländisch bezeichnet. Ein merkwürdiger Name eigentlich. Das Niederdeutsch Norddeutschlands gab es zwar nach wie vor, es war auch immer noch weit verbreitet, aber unter dem Namen Platt. In der Politik und der Hochkultur spielte es keine wichtige Rolle mehr.

Das Ergebnis dieser Entwicklungen ist, dass ein direkter Nachkomme des Niederdeutschen heute von über 25 Millionen Menschen in den Niederlanden, Belgien und Surinam gesprochen wird, allerdings unter dem Namen Niederländisch (und von etwa 10 Millionen Südafrikanern unter dem Namen Afrikaans), während der andere Nachkomme, der noch immer Niederdeutsch genannt wird, zusehends schwächelt: Nur ein paar Millionen Norddeutsche halten es einigermaßen in Ehren, vor allem bei informellen Gelegenheiten, doch selbst dort wird es immer weniger. Das eine ›Niederdeutsch‹ ist die achtgrößte Muttersprache der Europäischen Union (und nach dem Brexit wird es sogar die siebtgrößte sein), das andere gilt als vom Aussterben bedroht.

Hätte es auch anders laufen können? Was wäre zum Beispiel gewesen, wenn die Hanse nicht untergegangen wäre? Was, wenn Norddeutschland, die Niederlande und Flandern – ›Niederdeutschland‹ also – nicht miteinander konkurriert hätten, sondern gemeinsam eine noch stärkere Weltmacht geworden wären? Dann wäre vielleicht von der Küste Flanderns bis hinter Berlin ein einziges Niederdeutsch gesprochen worden, das anfangs auf der Hansesprache basierte und später vom Holländisch des siebzehnten Jahrhunderts, des Goldenen Zeitalters der Niederlande, beeinflusst wurde. Und hätte dieses eine Niederdeutschland sich gegen den Konkurrenten England durchgesetzt, dann hätte auch nicht ein gigantisches British Empire sein Englisch über alle Kontinente verbreiten können, sondern ein *Nedderdütsch*

Riek, ein niederdeutsches Reich, hätte seine Sprache zur Weltsprache erhoben: Nedderdütsch. Ach was, das ›Nieder‹ wäre dann wohl auch weggefallen, also einfach *Dütsch*.

Na gut, das sind wilde Spekulationen, eine abwegige Alternativgeschichte, die in einem kurzen Anfall von Größenwahn einem niederländischen Schreiberhirn entsprungen ist. Aber Tatsache ist doch: Dass das Wort ›Deutsch‹ heute für Hochdeutsch steht und seine westliche Nachbarsprache ›Niederländisch‹ heißt, ist alles ein historischer Zufall. Genauso gut hätte der Name ›Deutsch‹ sich an die niederdeutsche (einschließlich der niederländischen) Sprache heften können. Und in diesem Fall hätte das, was wir jetzt als Deutsch kennen, Hochdeutsch also, einen anderen Namen. ›Oberländisch‹ wahrscheinlich. Oder vielleicht Bairisch, Habsburgisch oder Österreichisch. Und das ist gar nicht so unwahrscheinlich, wie es vielleicht klingt. Echt, 's häd so geeh könna!

Auf der anderen Seite der Nordsee ist die terminologische Entwicklung von ›Deutsch‹, damals auf Englisch als *Dutch* bezeichnet, ganz anders verlaufen. Die Briten dachten bei diesem Begriff zunächst an Niederdeutsch, denn das war die Sprache, zu der sie eine Beziehung hatten, vor allem über die Seeleute, die über die Nordsee fuhren. Mit dem Hochdeutschen kamen die Briten weitaus weniger in Berührung.

Als das Niederdeutsche in eine westliche Standardsprache und östliche Dialekte auseinanderfiel, ging der Name *Dutch* an Erstere. Die Niederlande waren für die Briten nicht nur näher, sie waren außerdem ihr einziger Konkurrent im Kampf um die Vorherrschaft auf den Weltmeeren. Diese Konkurrenz, die in einer Serie von vier Kriegen mündete, erklärt auch, weshalb das Wort *Dutch* einen negativen Beigeschmack erhielt. So ist *Dutch courage* die

Form des Muts, die von Alkoholgenuss unterstützt wird, ein *Dutch uncle* ist ein strenger Kritiker und *double Dutch* kein Verweis auf das Duo Nieder- und Hochdeutsch, sondern ein Wort für unverständliches Kauderwelsch.

Für die restlichen (sowohl nieder- als auch hoch-)deutschen Gebiete und ihre Sprache(n) haben sich die Engländer einen neuen Namen einfallen lassen, der vom klassischen Latein Cäsars inspiriert ist: ›Germany‹ beziehungsweise ›German‹. Aber noch 1721 nannte der Autor von *Robinson Crusoe,* Daniel Defoe, Hochdeutsch ›High Dutch‹. Und die heutigen Pennsylvania Dutch in den USA sprechen eine Form des Hochdeutschen, nicht des Niederländischen.

➤ Eine beachtliche Menge hochdeutscher Wörter kommt aus dem Niederdeutschen, wie zum Beispiel ›kneifen‹ und ›knicken‹, ›schaudern‹ und ›schlau‹, ›Fahrzeug‹ und ›Finne‹.

¶ Lehnenswert ist *jökeln* für ›Spaß machen, Jux treiben‹.

TEIL III

KRIEG UND FRIEDEN

Sprachen und Politik

Die Geschichte einer Sprache hat immer auch politische und ideologische Seiten. In verschiedenen Teilen Europas haben Egalitarismus (Schweden), Pazifismus (Norwegen) oder Pragmatismus (Luxemburg) einen Einfluss darauf gehabt, wie die Menschen sprechen. Anderswo spielten Regionalismus (Westfriesisch) und Separatismus (Katalanisch) eine wichtige Rolle, natürlich auch Krieg (Serbokroatisch), politische Unterdrückung (Weißrussisch) und Selbstverteidigung (Schweizerdeutsch).

KAPITEL 15

Die demokratische Sprache

Norwegisch

Die meisten Norweger sprechen Norwegisch und schreiben Norwegisch. Das klingt wie eine Binsenweisheit, aber so stimmt es nicht: Norwegisch als solches gibt es nicht, weder geschrieben noch gesprochen.

Um mit Letzterem anzufangen: Die Norweger haben keine Standard- oder Hochsprache. Jeder spricht einen Dialekt. Wenn Sie als Tourist vor Ihrer Reise ›die Sprache lernen‹ wollen, werden Sie wahrscheinlich auf Ihrer Sprachkurs-CD Standard-Ostnorwegisch zu hören bekommen. Und das hat einen guten Grund – im Westen Norwegens spricht es niemand. Nicht zu Hause, nicht auf der Arbeit, noch nicht einmal im Fernsehen: Auch Nachrichtensprecher und Schauspieler behalten immer öfter ihre regionale Aussprache bei. Der offizielle Sprachrat, *Språkråd*, empfiehlt jedem, den Aussprachegewohnheiten der eigenen Region zu folgen. Dadurch verstehen Norweger ein breites Spektrum an Mundarten. Egal, ob jemand *eg, e, i, ig, je, jœ, jœi, jeg, œ, œg, œi* oder *œig* sagt, sein Gesprächspartner wird verstehen, dass ›ich‹ gemeint ist. Welch eine Flexibilität – und welch eine Herausforderung für den, der die Sprache lernen will.

So entspannt die Norweger mit ihrer gesprochenen Sprache verfahren, so kämpferisch und kompromisslos sind sie, wenn es um die Schriftsprache geht. Da gibt es kein friedliches Nebeneinander verschiedener Dialekte, sondern einen andauernden und mitunter leidenschaftlichen Sprachenstreit zwischen allerlei Varianten.

Die Kernfrage ist kurz zusammengefasst: Wie dänisch sollte Norwegisch sein? Diese Frage erhitzt seit etwa 200 Jahren die Gemüter. 1814 löste Norwegen sich von Dänemark und wurde so gut wie unabhängig (1905 schließlich ganz). Aber es gab ein Problem. Die norwegische Sprache, die im Mittelalter noch in ganz Nordeuropa den Ton angegeben hatte, war unter der dänischen Herrschaft ins Hintertreffen geraten. Wer schreiben konnte, schrieb Dänisch. Wer irgendwie auf einen grünen Zweig kommen wollte, sprach Dänisch.

Das neue, autonome Norwegen stand nun vor der schwierigen Entscheidung, wie geschrieben werden sollte. Es gab kein Standardnorwegisch. Die Dialekte waren vom Wortschatz her den Anforderungen von Landesregierung, akademischer Bildung und Literatur noch nicht gewachsen. Und Dänisch … Also wirklich, die unabhängigen Norweger hätten ja im Traum nicht auf Dänisch geschrieben.

Der logische Kompromiss war eine Mischform. Aber welche Mischung aus diesen widersprüchlichen Elementen sollte es genau sein? Dänisch mit norwegischer Aussprache? Der Dialekt der Hauptstadt, um dänische Lehnwörter ergänzt? Das Norwegisch der Provinz, das weniger vom Dänischen beeinflusst war, aufgepolstert mit neu erfundenen Wörtern?

Diese Frage ist bis heute nicht eindeutig beantwortet. Es kursieren mindestens vier verschiedene Antworten, zwei offizielle und zwei andere. Die am häufigsten verwendete Variante ist *Bokmål*, ›Buchsprache‹. Dieses wiederum hat verschiedene Formen, auf einer Skala von ›gemäßigt‹ (mehr dänisch) bis ›radikal‹ (weniger dänisch).

Ebenfalls offiziellen Status hat *Nynorsk*, ›Neunorwegisch‹. Es schließt enger an die Dialekte der meisten Sprecher an, aber erstaunlicherweise ist es weniger beliebt, am ehesten noch im Westen. In der Schule wird beides gelehrt, in manchen Gebieten zuerst die eine, in manchen die andere Sprache. Beide werden vom bereits erwähnten Sprachrat betreut.

Und gegen beide offiziellen Varianten wehren sich aufständische Minderheiten. Diese Empörung wurde paradoxerweise dadurch hervorgerufen, dass die Regierung die beiden Sprachen langsam zu einem *Samnorsk*, einem ›gemeinsamen Norwegisch‹, verschmelzen lassen wollte. Dieser (inzwischen verworfene) Plan erzeugte auf beiden Seiten des Spektrums Unmut.

Auf der einen Seite gibt es eine ziemlich kleine, nicht sonderlich einflussreiche militante Lobby, die das *Høgnorsk* (›Hochnorwegisch‹) verteidigt. Dieses ähnelt Nynorsk, aber noch mehr dessen Vorgänger, dem *Landsmål* (›Landessprache‹). Es ist die Variante, die der romantische Dichter Ivar Aasen im 19. Jahrhundert aus den seiner Ansicht nach ursprünglichsten, traditionsreichsten Dialekten geschaffen hat.

Auf der anderen steht *Riksmål* (›Reichssprache‹, von seinen Befürwortern gern als ›Nationalsprache‹ bezeichnet), sozusagen das *Bokmål* aus der Zeit vor den Reformen. In gewisser Hinsicht sind seine Anhänger genauso traditionsbewusst wie seine Gegner, da sie sich ebenfalls an der Vergangenheit orientieren, also an der Sprache vor der Unabhängigkeit. Aber in ihrem Fall ist dies die dänische Standardsprache, die auf Dänisch *Rigsmål* heißt. Verglichen mit den ›Hochnorwegern‹ haben sie eine größere Anhängerschaft und genießen mehr Ansehen, sie stellen sogar ein respektables Pendant zum Sprachrat dar, der *Norske Akademi*, deren Mitglieder konservativ ausgerichtete Persönlichkeiten sind.

Meinungsverschiedenheiten über die Rechtschreibung kennen wir, seit die deutsche Rechtschreibreform 1996 starke Ablehnung erfuhr, die zu wiederholten Änderungen führte und verschiedene Verlagshäuser zu einem eigenen Regelkanon zwang. Die Norweger haben jedoch kein Standardwerk wie den Duden, auf den sie sich im Zweifel berufen können, sondern zwei offizielle und mehrere inoffizielle Rechtschreibwörterbücher, und das seit Jahrzehnten. Chaotisch? Man kann es auch Wahlfreiheit nennen. Norwegisch ist eine demokratische Sprache.

➤ Eine Hand voll deutscher Wörter wurden aus dem modernen Norwegisch entlehnt: ›Krill‹, ›Fjord‹, ›Ski‹, ›Lemming‹, ›Slalom‹.

¶ *Døgn* – eine ganze Tageslänge von 24 Stunden, ein Tag einschließlich der Nacht. Das niederländische *etmaal* und die polnische *doba* haben die gleiche Bedeutung.

KAPITEL 16

Zwei Reden an das weißrussische Volk

Weißrussisch

Genossen!

Unsere glorreiche Nation hat zwei offizielle Sprachen. Die eine ist Russisch, die Sprache unseres großen slawischen Bruders, mit ihrer illustren Geschichte und ihrer berühmten Literatur. Die andere ist Weißrussisch. Ein plumper Bauerndialekt, dessen sich 1933 bedeutende Wissenschaftler der UdSSR angenommen haben, um ihn zu einem akzeptablen Medium für die schriftliche Kommunikation zu machen, vor allem für diejenigen, denen das echte Russisch zu kompliziert ist. Dank der Bemühungen unserer sozialistischen Wissenschaftler wurde es sogar möglich, auf Weißrussisch zu unterrichten, um das Warten auf den großen Moment zu überbrücken, in dem alle Weißrussen das echte Russisch beherrschen würden.

Aber, liebe Landsleute: Es gibt Verräter in unserer Mitte, in unserem geliebten Vaterland, und es gibt Verräter um uns herum, die sich über die ausländischen Medien verbreiten und uns unaufhörlich mit ihrem Gift bombardieren. Es gibt

Menschen, nein, Skorpione, die behaupten, dass nur sie das wahre Weißrussisch sprächen und schrieben. Eine Schande! Sie nennen diese Sprache ›klassisch‹. Eine Schande! Sie berufen sich auf ein zerfleddertes Werk von 1918 vom Sprachverräter Bronislaw Adamowitsch Taraschkewitsch. Eine Schande! Dieser Taraschkewitsch wurde in Litauen geboren und war Mitglied des polnischen Parlaments. Noch Fragen? War er überhaupt ein richtiger Weißrusse? Nicht umsonst hat unser großer Vater Josef Stalin 1938 während der Großen Säuberung die Ratte Taraschkewitsch ausgemerzt.

Genossen! Die Sprache der Skorpione, die sogenannte Taraschkewiza, zeigt die himmelschreienden Spuren seines Verrats. Er entriss Weißrussisch seinen russischen Wurzeln und zwang es in die minderwertige polnische Form. Ja, sein lumpiges Buch von 1918 wurde sogar in der lateinischen Schrift des Westens herausgegeben, noch bevor es in der kyrillischen Schrift unserer russischen Brüder erschien. Wenn Taraschkewitsch sich durchgesetzt hätte, schrieben die Russen heute im Alphabet der kapitalistischen Ausbeuter, im Alphabet der imperialistischen NATO, der Polen, der Pornographen und Homosexuellen.

Genossen! Dank unseres geliebten Präsidenten Alexander Lukaschenko unterhält unser Vaterland die engsten Beziehungen der Freundschaft und Treue mit unseren russischen Brüdern, ihrer überlegenen Sprache und ihrem reinen slawisch-kyrillischen Alphabet. Lasst uns diese Errungenschaften mit unserem Leben verteidigen! Es lebe Lukaschenko! Es lebe die russische Sprache! Tod dem Weißrussisch der Verräter!

Liebe Freunde!

Wir werden seit langem unterdrückt. Bis 1990 knechtete uns das Moskauer Politbüro. Jetzt werden wir von unseren eigenen Machthabern in Minsk drangsaliert, vom Diktator

Lukaschenko, Freund der Russen, Feind seines eigenen Volkes und unserer Sprache.

Der heimtückische Lukaschenko hat Russisch erneut zu unserer offiziellen Landessprache gemacht, vorgeblich neben unserem eigenen Weißrussisch, tatsächlich aber hat er es darübergestellt. Zudem hält er hartnäckig an der Narkamauka fest, dem Weißrussisch der schwarzen Sowjetjahre. Die Volkskommissare in Moskau haben 1933 die Sprache unserer Altvorderen beschmutzt, nein, pervertiert, indem sie sie in russische Formen zwangen. Selbstverständlich ist Russisch eine reiche, wohlklingende und nah verwandte Sprache. Aber es ist nicht unsere Sprache. Jeder Versuch, Weißrussisch mehr wie Russisch klingen zu lassen, ist ein feiger Angriff auf unser Erbe, unsere Unabhängigkeit, unseren Nationalstolz.

Wir, alle Weißrussen, sind moralisch dazu verpflichtet, uns in Rechtschreibung, Wortschatz und Grammatik nach den Normen von Branislau Adamawitsch Taraschkewitsch zu richten, den wir als Vater des modernen Weißrussisch anerkennen, seit er 1918 seine Schulgrammatik herausbrachte. Darin beschreibt er das gute, klassische Weißrussisch. So sollten intelligente, moderne, demokratische Weißrussen sprechen und schreiben. So sollten auch unsere Politiker und Lehrer sprechen und schreiben. So, und nicht auf Russisch oder, was womöglich noch schlimmer ist, in dieser halbrussischen Mischsprache Narkamauka.

Liebe Freunde, die Aussichten sind gut. Die weißrussische Intelligenz liebt ihre Sprache und schreibt ihre Bücher in der klassischen Sprache. Auch unsere Landsleute in der Diaspora lieben das klassische Weißrussisch. Nur Lukaschenko und seine Spezis verhindern, dass die klassische Sprache den Status bekommt, den sie verdient: den der Landessprache, der einzigen offiziellen Sprache Weißrusslands.

Und, liebe Freunde, lasst euch nicht von der Tatsache verwirren, dass alle Weißrussen einander verstehen, ungeachtet dessen, welche Sprache sie sprechen oder schreiben. Auch dass sogar Russen unsere Sprache ohne viel Mühe verstehen können, tut nichts zur Sache. Es geht darum: Wir Weißrussen sind ein Volk. Und ein Volk verdient seine eigene Sprache. Eine einzige, ganze Sprache, und nicht zwei halbe wie zum Beispiel die Norweger. Oder wollen wir vielleicht, dass Weißrussland wie Norwegen wird? Niemals! Und darum sagen wir: Es lebe das einzigartige, klassische Weißrussisch!

¶ *Talaka* – ehrenamtliche Gemeinschaftsarbeit für die Nachbarschaft. Keine kommunistische Erfindung, sondern eine alte Tradition.

KAPITEL 17

Ein friedliches Land und seine Nachbarn

›Kleinsteinisch‹

Es war einmal ein grünes, fruchtbares Land – wir wollen es Kleinstein nennen. Dieses Land hatte eine wohlhabende, kultivierte Bevölkerung, die von einem rechtschaffenen Herzog regiert wurde, der den ebenso rechtschaffenen Namen Heinrich trug. Die Kleinsteiner kümmerten sich um ihre eigenen Angelegenheiten, bemühten sich um friedlichen Kontakt mit ihren Nachbarländern und führten ein ruhiges und zufriedenes Dasein.

Auffällig waren die Sprachkenntnisse der Kleinsteiner. Untereinander sprachen sie Kleinsteinisch. Außerhalb ihres kleinen Landes kamen sie damit jedoch nicht weit. In einem ihrer Nachbarländer gab es ein paar Leute, die ebenfalls Kleinsteinisch sprachen, aber der Rest der Welt wusste kaum, dass es diese Sprache überhaupt gab.

Die Kleinsteiner hatten für dieses Problem eine praktische Lösung gefunden. Schulkinder erhielten in den ersten Jahren den Unterricht in ihrer eigenen Sprache: nicht nur Lesen und Schreiben, auch Rechnen, Naturkunde und Heimatgeschichte. Sobald sie sich dieses Grundwissen angeeignet hatten, hörten die Lehrer auf, Kleinsteinisch zu sprechen. Größere Kinder unterrichteten sie in allen Fächern auf Ostländisch. Die Sprache dieses Nachbarlandes war eine der größten Sprachen im weiten Umkreis, und außerdem war sie Kleinsteinisch sehr ähnlich, so dass die Kinder keine Probleme damit hatten.

Hierbei hätte man es belassen können. Aber die westlichen Nachbarn von Kleinstein sprachen eine andere große Sprache, die auch in der restlichen Welt von vielen Menschen verstanden wurde. Die Kleinsteiner fanden es daher sinnvoll, den Unterricht in den weiterführenden Schulen auf Westländisch abzuhalten. Natürlich wurden die Kinder damit nicht einfach ins kalte Wasser geworfen: Auf der Grundschule hatten sie bereits Unterricht in Westländisch bekommen, auch das westländische Fernsehen erfreute sich großer Beliebtheit.

Dies alles führte dazu, dass die meisten Kleinsteiner mindestens dreisprachig aufwuchsen. Mit ihren Landsleuten sprachen sie Kleinsteinisch, was sich heimelig und vertraut anfühlte. Auch im Radio hörten sie überwiegend Kleinsteinisch, aber die meisten Zeitungen erschienen auf Ostländisch, während die kleinsteinischen Gesetzestexte auf Westländisch notiert waren. Mit Fremden sprachen sie mühelos Ost- oder Westländisch, je nachdem, was gerade passte. Dies erleichterte ihnen den Handel und eröffnete ihnen den Zugang zu einer großen Auswahl an Büchern, denn Kleinsteinisch bot für die Verlage keinen sonderlich großen Markt. In der Schule lernten die Einwohner übrigens auch noch Globisch, eine Sprache, mit der man fast überall auf der Welt zurechtkam (wobei ihre Kenntnisse sich meist auf das Schulglobisch beschränkten).

Und so lebten die Kleinsteiner glücklich bis ans Ende ihrer Tage.

Und die Moral von der Geschicht: Sollte nicht jedes europäische Land eine Art Kleinstein werden? Ein Land, das seine eigene Sprache pflegt und erhält, aber nicht halsstarrig verteidigt, sondern sich auch gern in anderen Sprachen verständigt? Wo Kinder schon in der Grundschule eine zweite Sprache nicht nur lernen, sondern auch in ihr unterrichtet werden? Und wo in der Sekundarstufe eine weitere Sprache viel Aufmerksamkeit erhält? Wäre es nicht nützlich, wenn jeder neben seinem eigenen Kleinsteinisch wirklich gut Globisch, eine Nachbarsprache oder eine andere Sprache lernen würde?

Übrigens: Kleinstein entspringt keinem Märchen, sondern es gibt das Land wirklich. Und es ist ziemlich genau so, wie es eben beschrieben wurde. Auch sein Name bedeutet tatsächlich ›kleine Burg‹: Luxemburg. Oder, wie die Bewohner auf Luxemburgisch sagen: Lëtzebuerg.

¶ *Fappeln* – im Gespräch fortwährend abschweifen. Wie sind wir die ganze Zeit ohne dieses Wort ausgekommen?

KAPITEL 18

Eine ganz normale Regionalsprache

Westfriesisch

Manche Klischees hört man so oft, dass man geneigt ist, sie zu glauben.

Friesisch ist kein Dialekt, sondern eine Sprache.

Das wird in den Niederlanden gern gesagt. Vergleichbare Klischees sind: »Ein Mensch nutzt nur zehn Prozent seiner Gehirnkapazitäten« und »Geld allein macht nicht glücklich«.

Friesisch ist kein Dialekt, sondern eine Sprache.

Der Mensch nutzt sein Gehirn bis in den hintersten Winkel, denn Organe, die überflüssig geworden sind, schrumpfen im Lauf der Evolution.

Friesisch ist kein Dialekt, sondern eine Sprache.

Menschen mit wenig Geld sind erwiesenermaßen weniger glücklich als Menschen mit ausreichend Geld.

Friesisch ist kein Dialekt, sondern eine Sprache.

Auch das ist eine Behauptung ohne Hand und Fuß. Seit Jahren ist es in der Sprachwissenschaft allgemein bekannt, dass diese Grenze nicht so einfach zu ziehen ist. Dennoch berufen sich die niederländischen Friesen auf eine ganze Reihe von Argumenten, warum ihr Friesisch mit mehr Recht eine vollwertige Sprache sei als andere Regionalsprachen.

Erstes Argument: das Alter – »Schon seit tausend Jahren gibt es Altfriesisch!«, sagen die Befürworter. Und damit haben sie vollkommen recht. Genau wie Altsächsisch, die Wurzel des Niedersächsischen (zu dem auch einige nordostniederländische Dialekte zählen) und die Schwestern Altwest- sowie Altostniederfränkisch, aus denen sich Niederländisch und Limburgisch entwickelt haben – auch diese bestehen bereits eine gefühlte Ewigkeit. Sprachen können übrigens auch jung sein: Die karibische Kreolsprache Papiamento gibt es noch keine vierhundert Jahre, Esperanto erst seit 1887.

Zweitens: die Unverständlichkeit für Dritte – Durch seine besonderen Laute ist Friesisch für andere Niederländer schwierig zu verstehen, zumindest während der ersten paar Tage oder Wochen. Ähnlich verhält es sich mit dem Antwerpener Flämisch oder dem Limburger Dialekt des südlichsten Zipfels der Niederlande. All diese Sprachen haben zudem hunderte ›eigene‹ Wörter, die man erst lernen muss. Das ist mit unserem Kiezdeutsch auch nicht anders. Als Argument für den Status einer Sprache ist Unverständlichkeit also nicht zu gebrauchen (sonst wäre wohl jede Eckkneipe zur Sperrstunde mehrsprachig). Tschechisch und Slowakisch unterscheiden sich wenig, werden aber seit Jahrhunderten als zwei verschiedene Sprachen gesehen – sogar als sie in der Tschechoslowakei zusammenwohnten.

Drittens: das Verstehen der Sprecher untereinander – Die Sprecher des Friesischen haben untereinander keine Verständnisschwierigkeiten, auch wenn die Festlandbewohner finden, dass die Leute von den Inseln Schiermonnikoog und Terschelling nicht dazugehören. Auch ist der Ort Hindeloopen ein Problemfall. Aber selbst ich, der ich aus Südlimburg stamme, verstehe Stammesbrüder und -schwestern aus anderen Ecken derselben Provinz ohne Schwierigkeiten. Wenn Friesisch eine Sprache ist, dann ist es Limburgisch gemäß dieser Logik auch, trotz der Unterschiede von Ort zu Ort. Allerdings stellt sich die Frage, ob dieses Argument eigentlich stichhaltig ist. Venezianer, Sardinier und Sizilianer können sich keinen Reim auf die Regionalsprache der jeweils anderen machen. Ist das Standarditalienisch von Dante und Eco deshalb keine eigene Sprache?

Viertens: die Regeln – Friesisch hatte noch vor Deutsch und Niederländisch eine einheitliche Rechtschreibung: Friesisch 1879, Niederländisch 1883, der sogenannte Urduden erschien 1880. Bravo! Und die heutigen Friesen füllen mit Eifer und Hingabe ganze Bücher mit Vokabeln und grammatikalischen Regeln. Hurra! Aber in Hinblick auf die Frage, ob Friesisch eine Sprache ist, ist das piepegal. Wenn Menschen sprechen, tun sie das *immer*, indem sie Wörter mit Hilfe von Regeln aneinanderreihen. Ob diese Wörter und Regeln in irgendeinem Buch stehen, ist völlig irrelevant – erst recht, ob die Sprecher eine verbindliche Rechtschreibung miteinander vereinbart haben. Bis vor ein paar hundert Jahren konnte sich nahezu keine Sprache auf etwas Derartiges berufen, und tausende von Sprachen sind noch immer ohne Nachschlagewerke quicklebendig.

Fünftens: die Schreibtradition – Im Mittelalter war Friesisch die Verwaltungssprache der Provinzen Friesland und Groningen. Im 17. Jahrhundert war der friesische Schriftsteller Gysbert Japiks sehr aktiv, und seit dem 19. Jahrhundert wird wieder viel in dieser Sprache herausgegeben. Als ob das etwas Besonderes wäre: Im Spätmittelalter schrieb die Hanse alles auf Niederdeutsch, von Gelderland im Westen bis in Ostpreußen. In den Niederlanden des 15. Jahrhunderts verwendeten Obrigkeiten überall ihre eigene Regionalsprache als Schriftsprache. Im 17. Jahrhundert wurden in Limburg Gerichtsprotokolle in der Regionalsprache verfasst, und Anfang des 18. Jahrhunderts erschien ein Lobgesang auf die Maastrichter Mundart – natürlich in der Maastrichter Mundart. Seit dem 19. Jahrhundert haben Regionalautoren mehr Papier vollgeschrieben, als ein Mensch in seinem ganzen Leben lesen kann. Außerdem: Schreiben *registriert* eine Sprache, es *erschafft* sie nicht. Auf Finnisch zu schreiben ist erst seit dem 19. Jahrhundert üblich, auf Romanes bis heute nicht. Sind das etwa keine Sprachen? Na aber hallo!

Sechstens: eine breite Verwendung – Friesisch wird vor allem im informellen, alltäglichen Leben gesprochen. Aber manche wollen mehr und wenden diese Sprache auch im Gemeinderat, in der Zeitung, auf der Kanzel oder andernorts an. Ist das ein Argument? Bis in die 80er Jahre wurde auch Surmiran, das gut zweitausend Menschen in der südöstlichen Schweiz beherrschen, in vielen formellen Bereichen gesprochen und geschrieben. Und obwohl es natürlich auch eine Sprache ist, wird es gerne als eine Variante des Rätoromanischen gesehen. Umgekehrt wurde Baskisch bis 1965 fast nur im Alltag verwendet. Dennoch ist es beim besten Willen nicht möglich, es lediglich als eine Variantenform zu sehen, ganz einfach weil es keiner anderen Sprache ähnelt.

Siebtens: die Anerkennung – Die Niederlande haben 1992 in der *Europäischen Charta der Regional- oder Minderheitensprachen* fünf Minderheitensprachen anerkannt. Friesisch erhielt dabei den schicksten Ehrentitel mit den meisten Privilegien: »Anerkannt nach Teil 3«. Herzlichen Glückwunsch, *fan herte lokwinske!* Die gleiche Ehre wurde in Deutschland Dänisch, Saterfriesisch, Nordfriesisch, Ober- und Niedersorbisch, Romanes und der Regionalsprache Niederdeutsch zuteil. Niedersächsisch und Limburgisch müssen sich mit einer Teil-2-Anerkennung begnügen und erhalten weniger

Unterstützung für den aktiven Erhalt. Dennoch ist auch hier ein Glückwunsch angebracht. Andere Sprachen, auch Bairisch, sind bisher leer ausgegangen. Und Belgien hat die Charta erst gar nicht unterzeichnet, um keine bereits unruhig schlafenden Hunde zu wecken.

Anerkennung, Abweisung … Es hat alles nichts zu bedeuten. Die meisten Politiker kennen sich mit Sprache nicht sonderlich gut aus. Das macht nichts, denn das ist auch nicht ihre Aufgabe. Nur schade, dass sie es sind, die die Entscheidungen treffen. Zum Beispiel, dass Jiddisch wohl in den Niederlanden anerkannt wird, wo es nur noch von einer Hand voll Menschen gesprochen wird, während es in Belgien mehr gesprochen wird, aber nicht anerkannt ist.

Das alles will keineswegs heißen, dass Westfriesisch keine eigenständige Sprache wäre. Natürlich ist es das. Eine ziemlich schöne Sprache mit einer ziemlich reichen Geschichte, die eine erfolgreiche Zukunft haben möge. Genau wie die anderen friesischen Sprachen (siehe Kapitel 54), das melodiöse Limburgisch, das knarzige Niedersächsisch, das zünftige Bairisch, das vielseitige Flämisch, das weltgewandte Wienerisch, das weiche Fränkisch, das bodenständige Ripuarisch oder die Berliner Schnauze.

➤ Zwei deutsche Wörter kommen ursprünglich aus dem Friesischen: ›Schauer(mann)‹ (Hafenarbeiter) über das Niederländische, ›Siel‹ über das Niederdeutsche.

¶ *Tafalle* – besser sein als erwartet, oder auch nur weniger schlimm. *Ôffalle* – schlimmer sein als erwartet, oder auch nur weniger gut.

KAPITEL 19

Sie wehrt sich

Schwedisch

1967: Der Höhepunkt der Hippie-Ära. Das junge Amerika feiert den *Summer of Love*. Die Beatles singen mit *Lucy in the Sky with Diamonds* ein Loblied auf LSD. Was beinahe ebenso schockierend ist: In Schweden ruft ein leitender Beamter zum Duzen auf. Bror Rexed (53), der neue Generaldirektor des *Medicinalstyrelse* (Landesgesundheitsamt), kündigt an, dass er sämtliche Mitarbeiter mit dem Vornamen anreden und duzen wird, und bittet sie, es ihm gleichzutun. Und er setzt sich durch. Passenderweise bedeutet sein Vorname ›Bror‹ auch noch ›Bruder‹. Mehr Gleichheit geht gar nicht.

Seit dem 3. Juli 1967 ist Rexeds Name (ironischerweise vor allem sein Nachname) mit der Du-Reform verbunden. *Du* ist im Schwedischen dasselbe wie im Deutschen, wie »tu« im Französischen und wie »thou« im Englischen (Letzteres liegt aber schon das ein oder andere Jahrhundert zurück). Nicht, dass er dies ganz allein vollbracht hätte. Es hatte bereits Anzeichen für eine Kehrtwende in der Gesellschaft gegeben, und kurze Zeit später bestätigte Premierminister Olof Palme den neuen Trend: Seit seinem Amtsantritt 1969 war er mit den Journalisten öffentlich per du. Dennoch markiert Rexeds Ankündigung bis heute für die Schweden den symbolischen Wendepunkt.

Und den brauchte das Land dringend, denn die Regeln, die bis dahin gegolten hatten, waren überaus kompliziert.

Die formellste Anredeform war dreiteilig: Sie begann mit *herr* oder *fru*, dann musste die gesellschaftliche Stellung genannt werden (zum Beispiel Doktor, Graf oder Leutnant) und schließlich der Nachname. Ohne seinen Aufruf hätte Rexed von all seinen Mitarbeitern also korrekterweise mit »*herr generaldirektör Rexed*« angesprochen werden müssen. Und das nicht nur am Anfang eines Satzes, sondern auch da, wo wir einfach ›Sie‹ sagen würden: »Möchte Herr Generaldirektor Rexed vielleicht einen Keks?«

Bei einer weniger hochgestellten Person konnte die Anrede *herr* oder *fru* wegfallen: »Würde Buchhalter Persson heute Nachmittag die Rechnungen verschicken?« Eine andere Variante war der ausschließliche Gebrauch des Nachnamens. Zum Beispiel konnte ein Chef seinen Angestellten so anreden: »Hatte Almquist ein angenehmes Wochenende?« Im Umgang mit Bediensteten wurde statt des Nachnamens der Vorname verwendet: »Hat Agatha das Nachtgeschirr bereits geleert?« Und in der Unterschicht und auf dem Land waren die Ansprechformen einfach ›er‹ und, weniger häufig, ›sie‹: »Wann wird sie die Rüben ziehen?«. Die dritte Person wurde bis ins 19. Jahrhundert hinein auch im Deutschen verwendet, aber als Höflichkeitsform.

All diese Feinheiten – es gab noch viele mehr, wie zum Beispiel ›Chef‹ oder die Anrede älterer Frauen mit dem Wort ›Mutter‹ plus dem Vornamen: »Gelüstet es Mutter Brigitta nach einem Spaziergang?« – mussten peinlich genau eingehalten werden. Fettnäpfchen standen überall herum, Höhergestellte konnten sich leicht gekränkt fühlen. Man musste

Olof Palme – der ›Du-Premierminister‹ – 1975, flankiert von sozialdemokratischen Genossen aus Deutschland und Österreich.

ständig auf dem Laufenden bleiben, wer seine Stellung oder seinen Rang gewechselt hatte, damit man bloß nicht den soeben beförderten Kapitän aus Versehen mit »Leutnant« ansprach! (Wenn es damals doch schon LinkedIn gegeben hätte …)

Unkompliziert war es nur unter Ehegatten und Geliebten: Sie konnten sich einfach duzen. Freunde durften dies auch, aber nicht, bevor sie sich auf einen sogenannten *du*-Trunk getroffen hatten. Ansonsten wurden nur die Kinder geduzt, und natürlich die Leute, vor denen man gar keinen Respekt hatte.

Kein Wunder, dass die Schweden bereits eine Zeitlang nach Alternativen gesucht hatten. Zu Beginn des 20. Jahrhunderts fand das Wörtchen *ni*, was eigentlich ›ihr‹ heißt, für eine Weile Anklang als formeller Singular, gleichbedeutend mit der Höflichkeitsform ›Sie‹, früher auch ›Ihr‹ oder ›Er‹, im Deutschen. Aber weil seine Verwendung vermuten ließ, dass der Angesprochene keinen Titel hatte, wurde es als nicht respektvoll genug empfunden. Eine andere Strategie war das vollständige Vermeiden von Ansprechformen, indem man sperrige Formulierungen wie »Wäre ein Tänzchen erlaubt?« statt »Möchten Sie tanzen?« zu Hilfe nahm. Das war jedoch sehr umständlich und galt bald sogar als unhöflich.

Als die Revolution schließlich kam, kam sie schnell. Anfang der 60er Jahre herrschte noch Zurückhaltung, doch schon am Ende des Jahrzehnts wurde selbst der Premierminister geduzt. Nur das Königshaus war davon ausgenommen.

Und heute? – Das alte System wünscht sich niemand mehr zurück. Aber *dua*, das Duzen, verliert zugunsten des Siezens, *nia*, etwas an Bedeutung. Die informellere und die formellere Variante des Personalpronomens haben sich mittlerweile zu Symbolen für entgegengesetzte Gesellschaftsbilder entwickelt. Progressive Schweden wollen von *ni* nichts wissen. Es weise auf die »Rückkehr der Klassengesellschaft« hin, schreibt das sozialdemokratische Gemeinderatsmitglied Britta Sethson in ihrem Blog *Nyabrittas*. Ihrer Ansicht nach wird es in den Läden einzig und allein vorgeschrieben, »um das Personal bis ins Rückenmark spüren zu lassen, dass sie eben etwas minderwertig sind«.

Konservative Schweden hingegen haben genug vom *du*. Für die Autorin Lena Holfve ist das ganze Geduze ein Zeichen für übertriebenen Egalitarismus. Und ein Blogger mit dem Pseudonym Bencio de Uppsala spricht sich für eine *ni*-Reform aus: »In Ländern, die noch Spuren der Zivilisation aufweisen, gibt es fast immer die Möglichkeit, den Grad der Intimität mit der Wortwahl auszudrücken.« (Die Briten werden sich geschmeichelt fühlen.) Die Knigge-Beraterin Magdalena Ribbing empfiehlt, die Ansprechform ganz zu vermeiden, um niemanden vor den Kopf zu stoßen. Wie sich herausgestellt hat, ist diese Lösung jedoch nicht haltbar.

Wie wird sich in Schweden die Form der persönlichen Anrede weiterentwickeln? Niemand weiß es, aber jeder kann es selbst beobachten. Auch hierzulande wird man weiterhin bei IKEA konsequent mit ›du‹ angesprochen. Sollte sich das einmal ändern, kann man davon ausgehen, dass sich in Schweden das *ni* wieder durchgesetzt hat.

Die zweite Person Singular ist nicht das einzige Fürwort, um das sich in Schweden ein ideologischer Streit entbrannt hat. Die meisten europäischen Sprachen unterscheiden in der dritten Person eine weibliche und eine männliche Form; auf Schwedisch sind dies *hon* für ›sie‹ und *han* für ›er‹. Traditionell war die männliche Form immer der Standard (wie in ›der Leser‹, ›der Käufer‹), in vielen Sprachen wird heute jedoch nach geschlechtergerechten Alternativen gesucht. Im Deutschen werden neben der männlichen Form, mit der nach wie vor ›alle‹ gemeint sind, verschiedene Varianten verwendet (›SchülerInnen‹, ›Schülerinnen und Schüler‹, ›Schüler*innen‹, Schüler/-innen‹), oder es wird auf geschlechtsneutrale Formulierungen ausgewichen (›Lernende‹). Die Schweden, jedenfalls manche von ihnen, haben noch eins draufgesetzt: Sie haben ein nagelneues Pronomen eingeführt, *hen*, das ›er oder sie‹ bedeutet. Dabei haben sie sich anscheinend von den finnischen Nachbarn inspirieren lassen, die ein einziges Pronomen für die dritte Person Singular haben: *hän*. Dass *hen* im Schwedischen tatsächlich immer mehr benutzt wird, ist bemerkenswert, da Pronomina sehr widerstandsfähig gegen konstruierte oder spontane Änderungen sind. Die radikaleren Anhänger der Geschlechtergleichheit sind sogar dafür, *han* und *hon* abzuschaffen und ganz auf *hen* umzusteigen. Ob das durchgedrückt wird, ist fraglich, aber der gemäßigtere Vorschlag könnte sich durchsetzen. In zehn bis zwanzig Jahren wird man sich vielleicht an die *hen*-Reform als ein weiteres wichtiges Kapitel in der Geschichte der schwedischen Sozial- und Sprachpolitik erinnern, neben Bror Rexeds *du*.

➢ ›Moped‹ ist ein sogenanntes Kofferwort schwedischer Herkunft, das aus *motor* und *pedaler* zusammengesetzt wurde. Auch ›Knäckebrot‹, ›Ren‹, ›Nickel‹ und ›Ombudsmann‹ kommen aus dem Schwedischen.

¶ *Lagom* – genau richtig, weder zu viel noch zu wenig, im erwünschten Maß. Wörtlich ›gemäß den Gesetzen‹.

KAPITEL 20

Vier Länder und mehr als ein Verein

Katalanisch

Was ist die Sprache von Marelien? – Marelisch wahrscheinlich. Und wo wird Gatzländisch gesprochen? – Natürlich in Gatzland.

Diese beiden Sprachen und Länder gibt es nicht. Aber die Beispiele zeigen, wie sehr Länder und Sprachgebiete miteinander verwoben sind, jedenfalls in unseren Köpfen. Wir nehmen automatisch an, dass sie ein und dasselbe sind. Auf den anderen Kontinenten ist dies weniger selbstverständlich, aber in Europa haben Sprachen und Länder oft denselben Namen. In Finnland spricht man Finnisch, in Bulgarien Bulgarisch, in Portugal Portugiesisch. Gut, Ausnahmen bilden Belgien, Österreich und die Schweiz.

Betrachten wir eine detaillierte Sprachenkarte Europas jedoch etwas genauer, sehen wir ein anderes Bild. Wo die politische Karte einfarbige Blöcke zeigt, ergeben die Sprachen an manchen Stellen eher ein vielfarbiges Mosaik mit fransigen Rändern und hier und da einer Hand voll Konfetti.

Katalanisch zum Beispiel. Wo wird es gesprochen? – Genau, in Katalanien. Nein, doch nicht: in Katalonien, oder auch *Catalunya*, wie seine Einwohner sagen. Das Gebiet ist eine autonome Region Spaniens.

In ganz Katalonien? – Nein! Ein von unbeugsamen Galloromanern bevölkertes Gebiet in Nordwestkatalonien, Val d'Arán, hört nicht auf, Okzitanisch zu sprechen. Im südlichen Frankreich ist Okzitanisch viel verbreiteter, allerdings erkennt Frankreich diese Sprache nicht an, denn laut Verfassung ist nun mal Französisch die *langue de la république,* die Landessprache, und soll es auch bleiben. Die Katalanen wissen jedoch aus historischer Erfahrung, wie unschön es ist, wenn die eigene Sprache nicht anerkannt wird, und haben diesen Fehler nicht selbst noch einmal gemacht: Okzitanisch hat hier einen offiziellen Status und wird Aranesisch genannt.

Wird Katalanisch nur in Katalonien gesprochen? – Nein, das auch nicht. Die Sprache schwappt an allen Seiten über die Gebietsgrenzen. An der Südseite ist auch die Region Valencia größtenteils katalanischsprachig, obwohl man es dort aus irgendeinem Grund lieber ›Valencianisch‹ nennt. Auf der Westseite wird *català* in einem Streifen der Region Aragon und einer kleinen Ecke Murcias gesprochen. Jenseits der spanischen Nordgrenze ist es die Mundart des französischen Departements ›Östliche Pyrenäen‹. 2007 wurde dort sogar eine *Charte en faveur du Catalan* konzipiert, eine Charta zur Förderung des Katalanischen – die regionalen Autoritäten sind weniger streng als ihre Oberen in Paris. Ebenfalls nördlich der Landesgrenze ist Katalanisch sogar die einzige Amtssprache des kleinen Fürstentums Andorra. (Also wenn ich Katalonien wäre, würde ich Andorra bestechen, damit es sich um eine EU-Mitgliedschaft bemüht und Katalanisch einen offiziellen Status in Europa bekommt.) Dann sind da noch die Balearen, der spanische Archipel, berühmt für Mallorca und die Partyinsel Ibiza; auch dort erklingt Katalanisch. Noch weiter draußen liegt die italienische Insel Sardinien, wo in der Stadt Alghero seit über sechshundert Jahren Katalanisch gesprochen wird, heute noch von etwa zehntausend Menschen. (Der frühere Parteiführer der italienischen kommunistischen Partei, Enrico Berlinguer, war ein Sardinier mit einem katalanischen Nachnamen.)

Kurzum, Katalanisch mit seinen etwa 11,5 Millionen Sprechern ist in fünf spanischen Regionen und drei anderen Ländern zu Hause. Und selbstverständlich in sämtlichen spanischen und den anderen europäischen Fußballstadien, wenn der Stolz Kataloniens spielt: FC Barcelona, auch Barça genannt. Der *Futbol club* ist wichtiger Träger der katalonischen Identität, wie auch sein Slogan zeigt: *Més que un club* – ›Mehr als ein Verein‹.

Sind Katalonien und Katalanisch eine Ausnahme in Europa? Eine Nation ist doch eine Gruppe von Menschen, die miteinander eine Kultur teilt, oder etwa nicht? Und wenn es etwas gibt, das eine Kultur definiert, dann ist es ihre Sprache, also werden wir ansonsten in Europa doch wohl auf Länder und Sprachen treffen, die eins zu eins aneinandergekoppelt sind, anders als in Spanien. Wie ist es zum Beispiel mit Italien und Italienisch?

Nun, auch Italien ist eine Wundertüte. Nicht nur wird Italienisch in Teilen der Schweiz, Sloweniens, Kroatiens und Frankreichs, in San Marino und in Vatikanstadt gesprochen, in Italien gibt es auch einige Minderheiten, die seit Jahr und Tag eine andere Sprache sprechen. Manche von ihnen leben in Grenzgebieten: Okzitanisch sprechende Gruppen in der Nähe des okzitanischsprachigen Teils Frankreichs, Arpitanisch-Sprecher angrenzend an die Arpitanisch sprechenden Regionen Frankreichs und der Schweiz, Deutschsprachige nahe Österreich und der Schweiz, Slowenisch nahe Slowenien, Korsisch auf Sardinien, das unweit der französischen Insel Korsika liegt. Es gibt aber auch (uralte) Minderheiten, die nicht in der Nähe einer Grenze angesiedelt sind. Griechisch wurde in Süditalien bereits Jahrhunderte vor Christus gesprochen, und an der Spitze und der Ferse des Stiefels gibt es einige Gemeinschaften, die bis heute unbeirrt beim Griko, ihrem Dialekt dieser alten Sprache, geblieben sind. Ebenfalls in der Stiefelspitze liegt das Dorf Guardia Piemontese, wo seit dem 12. Jahrhundert Okzitanisch gesprochen wird. Etwas über dem Fußgelenk ist bei einigen tausend Menschen immer noch ein kroatischer Dialekt im Gebrauch. In etwa fünfzig süditalienischen Bergdörfern ist seit dem Mittelalter Albanisch die Umgangssprache. In Apulien sprechen zwei Dörfer Arpitanisch, das ansonsten ausschließlich rund um den Montblanc gesprochen wird. Und dann gibt es natürlich noch Alghero mit seinem Katalanisch. Ganz zu schweigen von einheimischen Regionalsprachen wie Friaulisch, Sardinisch und Ladinisch oder gar von den verschiedenen italienischen Dialekten.

Das katalanischsprachige Gebiet stimmt also nicht mit Katalonien überein, das italienischsprachige nicht mit Italien … Ja, gibt es denn überhaupt ein Land in Europa, in dem die politischen und die sprachlichen Grenzen gleich verlaufen? – Jawohl, es gibt eins: Island. Isländisch ist die einzige Sprache auf Island, und seine Einwohner sind die einzigen Menschen der Welt, deren Muttersprache Isländisch ist. In ganz Europa gibt es kein anderes Land, dessen Sprache nur dort gesprochen wird, und das auch noch einheitlich von allen Einwohnern.

- ›Paella‹ ist ein katalanisches Gericht sowie Wort. Die ›Aubergine‹ hat eine weite Reise hinter sich, von Sanskrit über Persisch und Arabisch bis zu Katalanisch, dann über Französisch schließlich zum Deutschen.

KAPITEL 21

Vier Sprachen, aber null guter Wille

Serbokroatisch

Eine Sprache ist ein Dialekt mit einer Armee. Wenn dieses Klischee irgendwo passt, dann zum ehemaligen Jugoslawien. Dieses Land hatte eine Armee und eine dominante Sprache: Serbokroatisch, die Muttersprache von drei Vierteln der Bevölkerung.

Zwischen 1991 und 2008 zerfiel Jugoslawien in sieben Teile, jeder mit einer eigenen Armee. In Slowenien, Mazedonien und dem Kosovo sprach die Mehrheit jeweils Slowenisch, Mazedonisch oder Albanisch. Es lag auf der Hand, diese Sprachen zu den Amtssprachen zu ernennen. Aber auch alle vier anderen Länder machten ihre eigenen Sprachen geltend: Kroatien Kroatisch, Serbien Serbisch, Montenegro Montenegrisch und Bosnien-Herzegowina Bosnisch (wobei hier die ethnischen Kroaten dazu neigen, Kroatisch zu sprechen, und die ethnischen Serben Serbisch). Damit war Serbokroatisch offiziell abgeschafft – und die Streithammel hatten doch noch ein gemeinsames Ziel erreicht.

Zugegeben, Serbokroatisch war immer ein wenig künstlich. Mitte des 19. Jahrhunderts beschloss eine kleine Gruppe von Literaten, aus den ziemlich unterschiedlichen südslawischen Regionalsprachen, die sie bis dahin gesprochen hatten, eine Standardsprache zu basteln. Da es keine Spracharmee gab, beschränkte sich der Einsatz der neuen Mischsprache zunächst auf die Literatur. Erst mit der Gründung Jugoslawiens 1918 begann das Projekt endlich Früchte zu tragen.

Deutschen Muttersprachlern mag dieses bewusste Erschaffen einer neuen Sprache komisch vorkommen. Dennoch sind die meisten europäischen Sprachen auf die gleiche Weise entstanden. Auch Deutsch war anfänglich, im Mittelalter, nichts anderes als eine Sammlung von Regionalsprachen. Ab dem 16. Jahrhundert erschufen Gelehrte und Buchdrucker verschiedene Schriftsprachen, die zunächst von niemandem gesprochen wurden: niederdeutsche und oberdeutsche Druckersprachen sowie das Ostmitteldeutsch aus Luthers Bibelübersetzung. Das Sprechen folgte dann immer mehr der Schrift.

Deutsch und Serbokroatisch haben also beide einen weiten Weg zurückgelegt, nur dass Deutsch sich einige hundert Jahre eher aufmachte. Und das war auch gut so, es hatte schließlich eine längere Strecke zurückzulegen: Sprecher des Niederdeutschen und des Tirolerischen konnten sich nun mal schwieriger verstehen als die Sprecher der verschiedenen serbokroatischen Dialekte.

Man könnte also annehmen, dass mit dem Auseinanderbrechen Jugoslawiens auch die Landessprache wieder in ihre alten Dialekte zerfiel – stimmt's?

Falsch gedacht. Die alten Dialekte sind zwar noch immer quicklebendig, die neuen Sprachen damit aber bei weitem nicht deckungsgleich. Der wichtigste Dialekt des ehemaligen Jugoslawien, Štokavisch, wird sogar in allen vier neuen Ländern häufig gesprochen, in Kroatien, Serbien, Montenegro und Bosnien-Herzegowina, während die anderen beiden wichtigen Dialekte ausschließlich in Kroatien vorkommen. Soweit es in den serbokroatischen Gebieten eine Sprachendiversität gibt, ist diese also vor allem in Kroatien anzutreffen. Die anderen drei Länder sind in dieser Hinsicht weniger originell.

Aber das macht gar nichts. Wenn ein Volk eine eigene Sprache haben möchte, um sich von den Nachbarn zu unterscheiden, kann es diese selbst gestalten. Die Serben haben unter den vieren schon mal ein Alleinstellungsmerkmal, da sie seit jeher die kyrillische Schrift verwenden. Für die Nationalisten unter ihnen ist dies zu einer grundsätzlichen Angelegenheit geworden, denn die Kroaten halten sich an die lateinische Schrift, während die anderen beiden Länder in ihrer Schriftwahl recht flexibel sind.

Auch Aussprache, Wortschatz, Grammatik und alle erdenklichen weiteren Unterschiede werden von den vier Völkern im Gefecht um Einzigartigkeit in den Ring geworfen. Während die Kroaten beispielsweise meist *Europa* sagen, sprechen die Serben eher von *Evropa*. (Das ist an sich nichts Weltbewegendes; allein im niederländischen Sprachgebiet gibt es vier verschiedene Aussprachevarianten der ersten beiden Buchstaben des Wortes ›Europa‹.) Oder: Die Serben nennen eine Tomate *paradajz* (›Paradies‹), die Kroaten sprechen von *rajčica*, was eine Ableitung von *raj* ist und ebenfalls ›Paradies‹ bedeutet. Einen Deutschen wird dies alles kaum überraschen: Im Südosten unseres Sprachgebiets werden Tomaten auch Paradaiser, Paradeis(er), Paradeisäpfel, Paradiesäpfel oder sogar Liebesäpfel genannt. Und dort, im Paradies, fließt bekanntlich: auf Montenegrisch und Bosnisch *mlijeko*, für manche Kroaten *mliko*, für manche Serben *mleko* – Milch, genau. Und Honig natürlich.

Zum ›Mädchen‹ sagen die Bosnier *djevojka*, manche Kroaten *divojka* und manche Serben *devojka*, während in Montenegro eher *đevojka* gesagt wird – finde die Unterschiede. So werden auch im deutschen Sprachraum die Varianten Mädchen, Mädle, Mädel, Mädla, Madl, Mäke, Mädche und Meitli verwendet. Bosnier, Kroaten, Montenegriner und Serben sind sich darüber einig, dass sie lieber ›er begann, dass er sang‹ sagen als ›er fing an zu singen‹. Da diese Konstruktion aber aus dem Balkan stammt, versuchen die Kroaten sie sich nun abzugewöhnen. Denn von Kroatien aus gesehen beginnt der Balkan in Bosnien.

Wer seine nationalistisch gefärbte Brille zu Hause gelassen hat, kann diese Machenschaften als das sehen, was sie sind: künstliche, politische Flickereien. Genau wie Schweizer, Österreicher und Deutsche einander mit ein wenig gutem Willen verstehen können, können dies auch Serben, Montenegriner, Bosnier und Kroaten untereinander. Nur: Wenn die eigenen Verwandten von der Armee des anderen massakriert worden sind, ist guter Wille eher selten.

Ein Dialekt ist also eine Sprache mit *einer* Armee. Vor langer Zeit passte diese Beschreibung zum Serbokroatischen. Heute ist es ein Dialekt mit vier Armeen – und daher auch vier Sprachen.

➤ Das Wort *Krawatte* lässt sich vom serbokroatischen Wort für ›Kroate‹ herleiten. Die wissenschaftliche Einheit *Tesla* wurde nach dem serbischen Erfinder Nikola Tesla benannt.

¶ *Merak* – Freude, die man durch einfache Tätigkeiten erfährt, zum Beispiel indem man Zeit mit Freunden verbringt.

KAPITEL 22

Vom Pfeil-und-Bogen-Dialekt zur Handysprache

Schweizerdeutsch

Ich frage jetzt einfach mal ganz ungeniert: Warum spricht man in der Schweiz so komisch Deutsch?

»Mir rede gar nid komisch«, höre ich Schweizer Leser einwerfen. »Mir hie ir Dütschwyz rede Schwyzerdütsch. Und bi üüs redt me o no angeri Sprache: Italiänisch, Französisch und die Romantsch!« Und recht haben sie. Also will ich mal lieber die Zensur der Höflichkeit und Allgemeinbildung anwenden und meine Frage etwas respektvoller formulieren: Warum sprechen die deutschsprachigen Schweizer fast alle, fast immer und fast überall ein ganz anderes Deutsch, als sie schreiben? Das ist doch bemerkenswert, oder? Und auch ein wenig außergewöhnlich. Jedenfalls ist es unüblich für das 21. Jahrhundert. Die Schweizer tun nämlich heute das, was noch vor etwa zweihundert Jahren eigentlich im gesamten deutschen Sprachgebiet gang und gäbe war. Die Hochsprache diente damals hauptsächlich als Schriftsprache. Gesprochen wurde sie nur bei offiziellen Anlässen und wenn man sich mit Deutschsprachigen aus anderen Gebieten unterhielt.

Die alltägliche Umgangssprache hingegen war von Region zu Region unterschiedlich: Bairisch in Bayern und Österreich, Niederdeutsch im Norden, abgesehen von Berlin, Rheinisch im Rheinland – und in der Schweiz eben Schweizerdeutsch. Oder fein sprachwissenschaftlich gesagt: Alemannisch, eine Gruppe von Dialekten, die auch in großen Teilen Baden-Württembergs und im Elsass gesprochen wurden und immer noch werden. Die Schweiz tanzte damals in keiner Hinsicht aus der Reihe.

Wenn überhaupt etwas außergewöhnlich war am Deutsch der Schweiz, dann die große Verschiedenheit im eigenen Land und die erstaunliche Unverständlichkeit für die Außenwelt. Bei genauerer Betrachtung erscheinen diese Aspekte allerdings auch wieder nicht so ungewöhnlich. In Berggebieten gibt es weltweit überdurchschnittlich viele Sprachvarianten. Und da die Schweiz geographisch weit entfernt von Luthers Sachsen liegt, dem hochdeutschen Epizentrum, ist es nicht verwunderlich, dass diese beiden Sprachen ebenfalls weit voneinander entfernt sind.

Gut, das wäre geklärt: Die Schweiz war im 19. Jahrhundert kein Sonderfall. Heute ist sie das aber sehr wohl. Was hat sich geändert und vor allem: wieso?

In einem Wort zusammengefasst: Weltkriege. Ohne den Ersten und den Zweiten Weltkrieg wäre die sprachliche Situation in der Deutschschweiz heute der Österreichs viel ähnlicher, mit einem eidgenössisch eingefärbten Hochdeutsch als Umgangssprache des öffentlichen Lebens. Um den Zusammenhang zwischen diesen Kriegen und dem Schweizerdeutsch zu verdeutlichen, müssen wir ein bisschen weiter zurückgehen. Im 19. Jahrhundert geschah nämlich in der Schweiz genau das, was im restlichen deutschen Sprachgebiet vonstattenging: Der Dialektgebrauch nahm ab, die Standardsprache wurde stärker. Liebhaber der Regionalsprache befürchteten den baldigen und restlosen Untergang von allem, was nicht Hochdeutsch war. Um zu retten, was gerettet werden konnte, begannen sie, sogenannte Idiotiken zusammenzustellen, lange Listen regionaltypischer Wörter. Dialektverschmäher sahen zwar die gleiche Entwicklung voraus, aber anstatt sie zu bedauern, bejubelten sie sie als Fortschritt. Damals herrschte noch stärker als heute die irrtümliche Auffassung, dass Dialekte ›verderbte‹, ›abgesunkene‹ oder ›verarmte‹ Sprachvarianten seien. Dies zeigt sich auch im folgenden Zitat des Basler Pfarrers und Pädagogen Johannes Linder von 1844: »Ein Dialekt, der so zurückgekommen ist, dass seine religiösen Urkunden und seine bürgerlichen Gesetze in demselben längst nicht mehr vorhanden sind (…), ein Dialekt, in dem man nie predigt und selten öffentliche Reden hält, kann in seiner Verarmung dem Volke wenig allgemeinen Nutzen schaffen. Wie würde ein kriegerisches Volk sich lächerlich machen, das heutzutage noch Schild, Bogen und Pfeil beibehalten wollte, um sich durch eine nationale Bewaffnung von anderen Völkern zu unterscheiden.« Anders formuliert: Die moderne Zeit erforderte, dass Wilhelm Tell aufrüstete – militärisch und sprachlich.

Gegen Ende des 19. und zu Beginn des 20. Jahrhunderts gerieten die Dialekte in den Städten aufgrund der großen Einwandererströme aus Deutschland noch weiter in Bedrängnis. In Zürich und Basel bestand die Bevölkerung 1914 zu etwa einem Drittel aus Neuankömmlingen. Nicht nur Prediger, öffentliche Redner und die Verfasser religiöser Urkunden und bürgerlicher Gesetze drückten sich nun konsequent auf Hochdeutsch aus, Gleiches galt auch für einfacheres Gaststätten- und Ladenpersonal.

Der Erste Weltkrieg wurde zum Wendepunkt. Die meisten Deutschen zogen zurück in ihre Heimat, vor allem aber verspürten die Schweizer, insbesondere die deutschsprachige Mehrheit, mehr denn je das Bedürfnis, die Eigenheit ihres neutralen Landes gegen den großen militaristischen Nachbarn zu betonen. Die Sprache war ein naheliegendes Mittel dafür.

Nach dem Ersten Weltkrieg stieg das Bedürfnis, so anders wie möglich, so einzigartig wie möglich, kurz: so schweizerisch wie möglich zu sein, nur noch weiter. Anfang der zwanziger Jahre gerieten in Italien die Faschisten an die Macht und beanspruchten alle italienischsprachigen Gebiete, auch die in der südlichen Schweiz. Nach 1933 wollte das nationalsozialistische Deutschland alle deutschsprachigen Gebiete »heim ins Reich« holen. Österreich wurde ab 1934 faschistisch regiert und schloss sich 1938 Deutschland an. Unter den großen Nachbarländern war Ende der dreißiger Jahre Frankreich das einzige, von dem keine Bedrohung ausging.

Die Schweiz beschloss daher, ihre militärische Verteidigung um das zu ergänzen, was unter der Bezeichnung ›Geistige Landesverteidigung‹ bekannt wurde. Darin wurde nicht nur Wert auf nationale kulturelle Bräuche und soziale Werte gelegt, sondern auch auf die sprachliche Eigenheit des Landes. 1938, fast 150 Jahre, nachdem die Schweiz offiziell dreisprachig geworden war, wurde das Graubündner Rätoromanisch als vierte Landessprache anerkannt. Der italienischsprachige Kanton Ticino betonte seinen *elvetismo*: seinen Schweizer Charakter, seine Verurteilung des Faschismus und seine eigene regionale Variante des Italienischen. Schweizerdeutsch wurde das Symbol des Antifaschismus schlechthin. Es stand für das moralisch gute, unschuldige, nicht aggressive Deutsch. Schweizerdeutsch zu sprechen war ein Akt Geistiger Landesverteidigung.

Dadurch stieg nicht nur der Status der Dialekte, es führte außerdem dazu, dass die Unterschiede zwischen ihnen geringer wurden: Wer sich auf Schweizerdeutsch mit Landsleuten aus anderen Tälern oder Kantonen verständigen wollte, konnte sich besser ein wenig anpassen, indem er die markantesten Wörter und Laute vermied. Wer es besonders gut meinte, sprach sich sogar dafür aus, die Mundarten unter dem Namen Alemannisch zu einer selbständigen, einheitlichen Schriftsprache auszubauen; dieser Aufruf stieß jedoch auf wenig Resonanz. Die am weitesten verbreitete Einstellung ist im Titel einer Artikelsammlung treffend zusammengefasst, die der Deutschschweizerische Sprachverein 1938 herausbrachte: *Schweizerdeutsch und Hochdeutsch – jedes an seinem Ort.*

Die Geistige Landesverteidigung sollte auch nach dem Krieg noch lange Zeit viel Unterstützung erfahren. Erst im Lauf der sechziger Jahre begann ein Teil der Schweizer, sie als altmodisch oder konservativ anzusehen. Dennoch nahm der Gebrauch des Schweizerdeutschen selbst da nicht ab, man konnte dadurch schließlich auf der Welle zweier neuer, miteinander verbundener Trends mitreiten: Der Sprachgebrauch wurde informeller, und in ganz Westeuropa wuchs die Beliebtheit von Regionalsprachen. Auf diese Weise haben also die Schweizer ihr eigenes Deutsch in den vergangenen Jahrzehnten mit noch größerer Hingabe gepflegt als vorher.

Mehr noch: Sogar als Schriftsprache hat sich Schweizerdeutsch in den letzten Jahren immer stärker etabliert. Das hängt mit einem weiteren Sprachtrend zusammen, nämlich der Zunahme von ›geschriebener Umgangssprache‹ auf Twitter, Facebook und anderen digitalen Medien. Vor allem Jugendliche schreiben dort so, wie sie reden. Das tun sie in anderen Ländern zwar auch, aber in der Schweiz hat dies zur Folge, dass Schweizerdeutsch erstmals im großen Rahmen geschrieben und gelesen wird, was durchaus eine Besonderheit darstellt. Damit sei nicht gesagt, dass Schweizerdeutsch nun eine ›richtige‹ Schriftsprache geworden wäre – sowieso ist aus den Dialekten noch keine Standardsprache hervorgegangen –, aber ein Schritt in diese Richtung ist es auf jeden Fall.

»Warum sprechen die deutschsprachigen Schweizer fast alle, fast immer und fast überall ein ganz anderes Deutsch, als sie schreiben?«, fragte ich eingangs. Die jüngste Generation Schweizer würde diese Frage wohl eher umkehren: »Warum schreiben wir ein ganz anderes Deutsch, als wir sprechen? Und sollten wir dies so beibehalten?« – Persönlich erscheint es mir von Vorteil, Teil eines großen Sprachgebiets zu sein. Aber ich bin kein Schweizer. Es könnte gut sein, dass immer mehr Schweizer die Nachteile als schwerer wiegend empfinden als die Vorteile. Und wenn sich einmal eine Mehrheit für diesen Standpunkt bilden sollte, dann könnte die Schweizer Referendumstradition durchaus für eine sprachliche Revolution sorgen.

➤ Bekannte Lehnwörter sind ›Mü(e)sli‹, ›Rösti‹ und der dazugehörige ›Röstigraben‹.

¶ Lehnenswert ist das Wort *Hundsverlochete*, wörtlich ›Hundebeerdigung‹, das Verscharren eines Hundes. Im übertragenen Sinn bezeichnet es eine private Zusammenkunft, wie ein Treffen oder eine Party, zu der hinzugehen es sich nicht lohnt.

TEIL IV

HÖREN UND SEHEN

Schrift und Aussprache

Anders als Deutsch schreiben viele Sprachen (Polnisch, Tschechisch) ihre Wörter auf wunderbar systematische Weise – obwohl einige dieser Systeme (Schottisch-Gälisch zum Beispiel) ein wenig verrückt sind. So grotesk sie für andere scheinen mögen, jede Sprache hat ihre Rechtschreibregeln, die es uns ermöglichen, sie zu identifizieren – es sei denn, sie wird kaum niedergeschrieben, so wie viele Regionalsprachen (Limburgisch). Sogar die kyrillische Schrift ist keine so unüberwindbare Hürde, wie Sie vielleicht befürchten. Richtig knifflig wird es erst, wenn die Schrift beim geringsten Anlass ausgetauscht wird (Aserbaidschanisch). Was das Sprechen anbelangt: Manche Menschen scheinen zu schnell zu reden (Spanisch), anderen hört man an, wie bei ihnen zu Hause das Wetter ist (keltische Sprachen), und manche verwenden Dialekte, die selbst ihren Nachbarn Verständnisschwierigkeiten bereiten (Slowenisch).

KAPITEL 23

›Háček!‹ – ›Gesundheit!‹

Tschechisch

Wie notiert man einen Nieslaut? – Diese Frage ist für die Tschechen wichtig, denn ihr Name beginnt mit einem Niesen. Und es ist eine knifflige Frage, wie sich zeigt, denn der ›tsch‹-Klang wird in den europäischen Sprachen auf immerhin 18 verschiedene Arten geschrieben: *c*, *ċ*, *ç*, *ĉ*, *č*, *ch*, *çh*, *ci*, *cs*, *cz*, *tch*, *tj*, *tš*, *tsch*, *tsi*, *tsj*, *tx* und sogar *k*.

Warum also dieser Überfluss an verschiedenen Schreibungen? – Als man im Mittelalter begann, die europäischen Sprachen zu notieren, nahm man die klassischen Schreibtraditionen als Ausgangspunkt: die lateinische in Westeuropa, die griechische in Osteuropa. Aber ein Alphabet, das sich für die eine Sprache eignet, muss nicht unbedingt für die andere passen. Jede Sprache hat ihre eigenen Klänge, und die können nicht immer mit einem bereits bestehenden Buchstaben wiedergegeben werden.

Für dieses Problem gibt es fünf Lösungen.

Lösung 1: Man kann sich mit dem bereits vorhandenen Alphabet behelfen. In den ältesten tschechischen Texten wurde ›tsch‹ mit *c* notiert. Ebendieses *c* konnte aber auch für die Klänge ›ts‹ und ›k‹ stehen. Das war folglich nicht so praktisch.

Lösung 2, der absolute Neubeginn, ist die radikalste. Im 9. Jahrhundert entwarfen die slawischen Schreiber ein maßgeschneidertes Alphabet für ihre Sprache: Glagolitisch (siehe auch Seite 147 und 312), aus dem später einmal die kyrillische Schrift hervorgehen würde. Da in den slawischen Sprachen der ›tsch‹-Klang häufig vorkommt, bekam er einen eigenen Buchstaben. Ein großer Nachteil dieser Lösung, jedenfalls in der heutigen Zeit, ist die große Barriere in der Kommunikation mit Sprechern anderer Sprachen. Wer kann schon auf Anhieb den Namen *Чехия* entziffern? (Es ist die russische Schreibweise für ›Tschechia‹.)

Die anderen Lösungen verwenden das lateinische Alphabet, jedoch auf neue, kreative Weise. Lösung 3 zum Beispiel verbindet Buchstaben mit einem neuen Klang. Im heutigen Tschechisch gibt es ein *c*, das aber nicht wie ›s‹ oder ›k‹ ausgesprochen wird, wie es in vielen anderen europäischen Sprachen üblich ist – für diese Klänge verwendet das Tschechische vernünftigerweise das *s* und das *k*. Das *c* steht für den ›z‹-Klang. Den Zar schreibt man also *car*, und an der tschechischen Küste hofft man, von einem *cunami* verschont zu bleiben.

Lösung 4 ist die Paarbildung: Man verbinde zwei oder mehr Buchstaben, um mit ihnen einen Klang wiederzugeben. Das moderne Tschechisch kennt nur eine einzige derartige Kombination, nämlich *ch*. Es klingt ähnlich wie unser ›ch‹ in ›ach‹.

Bis ins frühe 15. Jahrhundert verwendete das Tschechische viel mehr solcher Buchstabenkombinationen als heute. Aber als Jan Hus, der vor allem als christlicher Reformator bekannt wurde, nebenbei die tschechische Rechtschreibung reformierte, wählte er Lösung 5: besondere Zeichen über den

Die tschechische Rechtschreibung ist nicht mehr so puristisch wie früher. Auf die Dauer werden wir es mit einem *Snobordový Klub* zu tun haben.

Buchstaben, die auch diakritische Zeichen genannt werden. Ohne sie hätte Tschechisch heute keine Vokale mit Akut (´) wie *á* und *ý* und auch keine besonderen Konsonanten wie *ř*, *š* und *ž*. Deren Häkchen heißt Hatschek oder, tschechisch, *háček*.

Dieses System, das im Lauf der Jahrhunderte noch etwas weiterentwickelt wurde, hat in Osteuropa Schule gemacht.

Vier andere slawische Sprachen (Slowakisch, Slowenisch, Serbokroatisch und Sorbisch) und die beiden baltischen Sprachen (Lettisch und Litauisch) zeigen allesamt tschechische Einflüsse. Auch das System, das Sprachwissenschaftler verwenden, um kyrillische Texte ins lateinische Alphabet zu übertragen, orientiert sich am tschechischen Beispiel.

Der Name der Tschechen (*Češi*, ausgesprochen wie ›Tscheschi‹) beginnt mit einem Niesen. Und seit Jan Hus hat Tschechisch prustend – *hepči!* (›Hatschi!‹) – sein Alphabet über viele slawische und baltische Länder verbreitet. Von Lettland bis Bosnien sind sämtliche modernen Texte infiziert – mit Akzenten und Hačeks.

➤ Das bekannteste tschechische Lehnwort ist ›Roboter‹. Geprägt hat es 1920 Karel Čapek auf der Grundlage eines Worts für ›Sklave‹. ›Semtex‹ ist ebenfalls tschechisch und setzt sich zusammen aus den ersten Teilen der Wörter ›Semtín‹ (die Stadt, in der es erstmals hergestellt wurde) und ›explosiv‹.

¶ *Přiotrávit* – beinahe vergiften.

KAPITEL 24

Szczęsny, Pszkit und Korzeniowski

Polnisch

Fremdländische Namen sind oft schwierig auszusprechen und zu merken. Das gilt insbesondere für Nachnamen, die dazu neigen, länger zu sein als Vornamen. Und da alle Namen in den meisten Teilen der Welt fremdländisch sind, ist dies ein weit verbreitetes Problem.

Als Niederländer fand ich die meisten deutschen Namen auf Anhieb nicht allzu schwer, höchstens etwas wunderlich: Wieso ›von und zu‹ Soundso? Wieso WeiB? (Es dauerte ein bisschen, bis ich das ß vom B unterscheiden konnte.) Und wie sollte ›Fuchs‹ klingen – Fuch-s, oder doch Fusch? (Ah, Fuks … Wieso das denn bitte?) Mit englischen Namen tat ich mich viel schwerer. Musste ich *Lloyd* und *Fforde* mit einem Stottern aussprechen? Was sollte ich mit dem *w* und dem *h* in *Wright* anstellen? Und der Name meines Helden P. G. Wodehouse, so stellte sich heraus, musste so ausgesprochen werden, als habe er ein zweites ›o‹, was umso überraschender war, als Präsident Roosevelt sich anhörte, als habe er eins weniger.

Selbstverständlich haben die Deutschen und die Briten das gleiche Problem mit unseren niederländischen Namen: Schreurs, IJsseldijk, Koeman, Gullit (ist schwerer, als es aussieht) und natürlich Cruijff. Und gemeinsam können Sie und ich uns den Kopf zerbrechen über Namen aus anderen Teilen Europas, wie Deshaies, Tejada, Etxeberria, Anagnostopoulos und Øvergård (das waren Französisch, Spanisch, Baskisch, Griechisch und Norwegisch).

Aber von allen für uns kniffligen europäischen Familiennamen fordern die polnischen uns wohl am meisten heraus. Warum? Ist die polnische Sprache schwieriger auszusprechen als andere? Hat sie eine launischere Rechtschreibung? Oder haben Polen einfach abgefahrenere Namen? – Die Antwort hat mit nichts von alledem zu tun.

Sicher, es ist nicht leicht für deutsche oder niederländische Zungen, sich um bestimmte polnische Klänge herum zu drapieren. Polnisch hat nasale Klänge wie Französisch (*un bon vin blanc*), eine große Vorliebe für Konsonantenanhäufungen wie die anderen slawischen Sprachen (siehe Strzelecki, Ćmikiewicz, Szczęsny) und ein verblüffendes Aufgebot sich nur leicht voneinander unterscheidender ›sch‹-, ›ch‹- und ›dsch‹-Klänge, wie … also, wie man sie sonst eher selten findet. Und doch macht keine dieser Eigenschaften die Aussprache des Polnischen außergewöhnlich schwierig. Seine Rechtschreibung ist nicht nur weit davon entfernt, unregelmäßig zu sein, sie ist sogar beispielhaft in ihrer Konsequenz. Jeder polnische Name wird so ausgesprochen, wie er geschrieben wird. Da gibt es keine Cholmondeleys oder Maughams, die Ihnen ein Beinchen stellen. Und was abgefahrene Namen angeht: Viele polnische Nachnamen haben eine ähnliche Herkunftsgeschichte wie ihre deutschen oder niederländischen Gegenstücke.

Der häufigste polnische Nachname ist Nowak, was für das

Gleiche steht wie Neumann auf Deutsch, Nijman auf Niederländisch, Newman auf Englisch, Novello auf Italienisch und so weiter. Der zweithäufigste ist Kowalski, eine Ableitung des Wortes für ›Schmied‹. Ein Name, der in Europa noch weiter verbreitet ist als Neumann, von Portugal bis Russland, von Britannien bis Griechenland. Zu den anderen Top-20-Namen gehören Kamiński (Stein), Zieliński (Grün), Szymański (Simons), Kozłowski (Bock), Jankowski (Janssen) und Krawczyk (Schneider).

Schmidteinander

Schmidt, der zweithäufigste deutsche Nachname (wenn wir seine unterschiedlichen Schreibweisen mitzählen, sogar der häufigste), ist nicht nur im deutschen Sprachgebiet ein Dauerbrenner. Namen mit der gleichen Bedeutung gibt es in ganz Europa. Der rumänische Bildhauer Ion Schmidt-Faur, der passenderweise viel mit Metall gearbeitet hat, setzte noch eins obendrauf, denn sein Name bedeutet wörtlich ›Jan Schmidt-Schmidt‹. Die nachfolgende Liste europäischer Schmidts stellt nur eine Auswahl dar:

Latein – Faber (dieser Name kommt heute in vielen Ländern vor)
Deutsch – Schmidt, Schmid, Schmitt, Schmitz
Niederländisch – Smit, Smid, Smits, Desmet, Smeets
Englisch – Smith
Französisch – Lefèvre, Lefebvre
Skandinavisch – Smed
Spanisch – Herrero, Ferrero
Portugiesisch – Ferreira
Friesisch – Smedema
Italienisch – Ferrari, Ferraro, Ferrelli
Schottisch-Gälisch – MacGowan

Rumänisch – Faur
Bretonisch – Goff
Polnisch – Kowal, Kowalski
Griechisch – Siderakis
Tschechisch – Kovař
Estnisch – Sepp
Slowenisch – Kovač
Finnisch – Seppänen
Ukrainisch – Kovalenko
Lettisch – Kalējs
Ungarisch – Kovács
Litauisch – Kalvis
Russisch – Koeznetsov
Georgisch – Mchedlidze
Armenisch – Darbinyan
Türkisch – Demirci

Was macht es also so schwierig für uns, mit den polnischen Nachnamen warm zu werden? – Der Hauptgrund ist, dass die polnische Rechtschreibung, obwohl sie konsequent ist, einer ganz eigenen Logik folgt. Nehmen wir den scheinbar unverfänglichen Namen Lech Walesa. Zunächst mal wird er international falsch geschrieben, denn auf Polnisch ist es Lech Wałęsa, mit einem schräg durchgestrichenen l und einem Schwänzchen unter dem e. Wenn Sie den Namen noch nie gehört hätten, würden Sie Lech wahrscheinlich aussprechen wie den Nebenfluss der Donau, und Walesa/Wałęsa wie Wa-le-sa. Wenn Sie ihn schon mal in den Nachrichten gehört haben, sagen Sie wahrscheinlich eher etwas wie ›Uaa-uäähn-ßa‹, was zumindest in die richtige Richtung geht. Das ›ch‹ in Lech klingt jedoch eher wie unser ›ch‹ in ›Loch‹, aber eben nicht ganz, und das ę in Wałęsa wird nicht wie ›ähn‹ ausgesprochen, sondern eher wie das erste *i* in *lingerie* (französische Aussprache). Das *ch* hat also keine genaue Entsprechung im Deutschen, das *ł* ist wie das englische w, und das *ę* ist für uns ungewohnt.

Wenn so ein einfacher Name wie Walesa schon für Überraschungen sorgt, wie soll es dann erst mit solchen gehen, die uns schon auf Anhieb rätselhaft erscheinen? Zum Beispiel mit dem des AS-Roma-Torhüters Wojciech Szczesny (oder korrekt Szczęsny)? Da wir aus unseren früheren Fehlern gelernt haben, wissen wir nun, dass *ch* ähnlich wie in ›Loch‹ klingt und *ę* wie in *lingerie*. Aber es gibt noch neue Herausforderungen. Das *c* ist kein ›z‹ oder etwas in der Art, sondern sollte in Verbindung mit dem *i* gesehen und mehr oder weniger wie ein entspanntes ›tsch‹ ausgesprochen werden (ungefähr wie die gleiche Buchstabenkombination, *ci*, im Italienischen). Die ersten beiden Buchstaben des Nachnamens, *sz*, entsprechen normalerweise unserem ›sch‹, während die nächsten beiden Buchstaben, *cz*, für uns eigentlich wie ›tsch‹ klingen – und doch ist es anders als *ci*, denn bei *cz* ist die Zunge hohler, und die Lippen sind runder. Der Name Szczęsny beginnt also mit ›schtsch‹, was für die meisten von uns nahezu unaussprechlich ist, auf Polnisch jedoch ganz normal. Eine große polnische Stadt heißt Szczecin (deutscher Name: Stettin), und der Nachname eines erfolgreichen polnischen Mittelstreckenläufers fügt der Konsonantengruppe sogar noch einen weiteren hinzu: Adam Kszczot. Ja, die Lautkombination ›schtsch‹ ist in den slawischen Sprachen sogar so normal, dass das kyrillische Alphabet einen eigenen Buchstaben dafür hat: щ.

Polnisch hält noch weitere Komplikationen bereit. Es verfügt über zwei verschiedene Formen eines dsch-artigen Lauts, von denen der eine *dź* geschrieben wird, der andere *dż* oder *rz*. (Die polnische Aussprache kann von ihrer Rechtschreibung abgeleitet werden, andersherum gilt dies jedoch nicht.) Neben *ę* gibt es noch einen anderen Nasallaut, das *ą*, das ausgesprochen wird wie das *o* in ›Song‹, nur nasaler. Es gibt zwei Arten, den ›nj‹-Klang (von *Canyon* und *Señor*) zu schreiben: *ń* und *ni*. Viele dieser Rechtschreibregeln gibt es in keiner anderen slawischen oder sonstigen Landessprache; es ist also einfach eine Tatsache, dass es für andere wirklich schwierig ist, polnische Wörter richtig auszusprechen. Für die meisten polnischen Wörter gilt, dass wir auch niemals in diese Verlegenheit kommen werden. Namen sind allerdings etwas anderes: Schließlich leben in Deutschland über zwei Millionen Polen.

Für Polen ist es nichts Neues, dass andere mit der Aussprache ihrer Namen zu kämpfen haben. Darum haben einige von ihnen sie kurzerhand umgestaltet. Herr Schimanski war früher ein Szymański, Herr Wischnewski ein Wisniewski. Und der Schriftsteller Józef Teodor Nałęcz Konrad Korzeniowski benutzte einfach eine anglisierte Form seines unauffälligsten Mittelnamens als Nachnamen. Wir kennen ihn als Joseph Conrad.

➤ Das meistverwendete polnische Lehnwort ist zweifelsohne ›dalli‹, das von *dalej*, ›weiter‹, kommt. Auch die ›Gurke‹ entstammt dem Polnischen.

¶ *Kilkanaście* – wörtlich ›mehrere-zehn‹ – eine nicht genau festgelegte Zahl zwischen elf und neunzehn.

KAPITEL 25

Word Watchers: Gehaltvolle Nachrichten

Schottisch-Gälisch

Schottisch-Gälisch ist eine gefährdete Sprache, aber Schottlands Nutzer der sozialen Medien – Facebook, WhatsApp, Twitter und so weiter – tragen dazu bei, dass ihre Sprache in der modernen Welt weiterlebt. Ihre Modernisierung gilt insbesondere den ausgewiesenen Kuriositäten der gälischen Rechtschreibung, was keine schlechte Sache ist, könnte man meinen. Aber viele Hüter der alten Sitten sehen wenig Heil in diesen Entwicklungen. George McLennan, der umfassend über Schottisch-Gälisch geschrieben hat, beschwert sich über diese »nachlässige Weise, mit der Rechtschreibung umzugehen«, und hält es für möglich, dass die Textnachrichten-Kultur »negative Auswirkungen auf die Sprache« hat. Die gälische Rechtschreibung mag komplex sein, so argumentiert er, aber ihr liegt ein sinnvolles System zugrunde.

Damit hat er nicht ganz unrecht. Tatsächlich gibt es eine gewisse Logik. Aber ich würde sagen, dass die gälische Rechtschreibung große Schwächen aufweist. Sie ist verschwenderisch, obskur und überholt. ›Verschwenderisch‹ klingt in diesem Zusammenhang vielleicht etwas sonderbar, daher möchte ich das gern erklären.

Viele Sprachen haben mehr Laute, als sich Buchstaben in ihrem Alphabet befinden. Genauer gesagt: bedeutungsunterscheidende Laute – Phoneme, um den technischen Begriff zu verwenden. (Die Phoneme einer Sprache sind die kleinsten Einheiten ihrer Sprachlaute, die die Bedeutung eines Wortes bestimmen, unabhängig von der Schreibung und der dialekt- oder personengefärbten Aussprache. So bestehen beispielsweise die beiden deutschen Wörter ›Feld‹ und ›fällt‹ beide aus den Phonemen /f/, /ɛ/, /l/ und /t/.)

Hochdeutsch besitzt ungefähr 40 Phoneme, je nachdem, wie man zählt, davon etwa gleich viele Vokale wie Konsonanten, während das deutsche Alphabet bekanntlich nur 26 Buchstaben umfasst (hinzu kommen noch ä, ö, ü und ß). Die 20 Schriftzeichen für Konsonanten entsprechen nicht genau den Phonemen: Die Buchstaben c, q, v, x und z fügen keine Klänge hinzu, die nicht bereits von anderen Buchstaben oder Buchstabenkombinationen repräsentiert werden (ts/k, k, f/w, ks und ts). (Andere Sprachen, wie Tschechisch, Albanisch und Portugiesisch, haben diese Buchstaben, oder zumindest einige von ihnen, besser genutzt, um verschiedene Laute schriftlich wiederzugeben.) Damit bleiben also 15 nützliche Buchstaben für Konsonanten übrig. Von den etwa 20 Phonemen, die mit diesen 15 nicht exakt abgedeckt sind, müssen sich drei mit Buchstabenkombinationen behelfen: ng, sch, ch. Das s steht für zwei Phoneme: Es ist stimmlos wie in ›Haus‹ oder stimmhaft wie in ›Häuser‹.

Gälisch wiederum hat 30 Konsonantenphoneme. Die alten Schotten, die Erfinder der heute gültigen Rechtschreibung, hätten also gut daran getan, alle 21 Konsonanten des verfügbaren Alphabets zu nutzen und sich gute Lösungen für die Darstellung der restlichen neun zu überlegen. Stattdessen entledigten sie sich der Buchstaben *j*, *k*, *q*, *v*, *w*, *x*, *y* und *z* und hatten daher nur noch 13 übrig. Also ich nenne das verschwenderisch. Und diese Maßnahme stellte sie vor eine atemberaubende Herausforderung: Wie gibt man 30 verschiedene Konsonantenphoneme mit nur 13 Buchstaben wieder?

Eine Möglichkeit, den Mangel auszugleichen, war die maximale Ausbeutung des Buchstaben *h*, ein Konsonant, der für sich selbst stehend kaum auftaucht, jedoch oft eingesetzt wird, um die Aussprache des vorangehenden Konsonanten zu verändern. Wenn Gälisch sämtliche 21 verfügbaren Buchstaben für Konsonanten genutzt hätte, dann wären schon allein mit dieser Methode mehr als genügend Kombinationen zustande gekommen, um die Phoneme aller Konsonanten notieren zu können. Mit nur 13 ist das jedoch unmöglich.

Und das ist noch nicht das Ende der Verschwendungssucht. Verschiedene Buchstabenkombinationen, wie *bh* und *mh*, repräsentieren denselben Laut, in diesem Fall ›w‹. Die Kombination *fh* ist sogar stumm, und *lh*, *nh* und *rh* gibt es überhaupt nicht. Der Buchstabe *h* hätte also ruhig ein wenig mehr eingefordert werden können.

Verfechter der alten Sitten könnten mit gewissem Recht argumentieren, dass diese offensichtliche Willkür mit einer grammatikalischen Konsequenz einhergeht. Wie im Walisischen ändern sich gälische Konsonanten unter bestimmten grammatikalischen Umständen häufig, und im Gälischen zeigen sich viele dieser Veränderungen in einem zugefügten *h*. Nehmen wir das Wort *meud* (›Größe‹, ›Menge‹): *Mheud* ist eine Variante, und in dieser Form wird der Anfangslaut ›m‹ zum klingenden ›w‹. Warum aber schreiben sie dann nicht *weud*, wenn sie es doch so aussprechen? Immerhin haben zwei andere keltische Sprachen, Manx-Gälisch und

Walisisch, dem ›w‹-Laut einen eigenen Buchstaben gegeben, und es hat ihnen nicht geschadet.

Der Einsatz des Buchstaben *h* ist jedoch nicht die einzige Art, mit der Schottisch-Gälisch den Mangel an Konsonanten ausgleicht. Viele seiner Konsonantenlaute tauchen nur auf, wenn ihr Nachbarvokal hell ist, oder ›schlank‹, wie man für Gälisch sagt (vorn im Mund artikuliert: *e* oder *i*), während andere nur in Kombination mit dunklen, ›breiten‹ Nachbarn auftauchen (hinten im Mund artikuliert: *a*, *o* und *u*).* Dazu ersann man noch eine Rechtschreibregel: Jeder Konsonant und jede Konsonantengruppe, außer am Wortanfang oder -ende, muss entweder von zwei schlanken oder von zwei breiten Vokalen umgeben sein. Je nachdem wird der Konsonant dadurch schlank oder breit ausgesprochen (außer er gehört zur kleinen Gruppe der Konsonanten, die zu allem passen und von denen es nur eine Version gibt). Damit wurde die Knappheit an Konsonantenbuchstaben weitgehend gelöst: *d*, *l*, *ch*, *dh* und viele andere Konsonanten können je zwei verschiedene Laute darstellen, und die Nachbarvokale zeigen, welcher hier der richtige ist.

Aber diese Lösung hat ihren Preis: Sie halst der Sprache eine große Anzahl stummer Vokale auf. Nehmen wir das Wort für ›Metall‹, das aus dem Englischen übernommen wurde und ungefähr wie ›mettelt‹ klingt. Wenn das *t* auf die ›breite‹ Art ausgesprochen wird (nämlich wie ›t‹ statt wie ›tsch‹, was die ›schlanke‹ Art wäre), müssen zwei *a* hinzugefügt werden: *meatailt*. Das ist einer der Gründe, warum Gä-

---

* Der Grund für diese Wechselbeziehungen ist, dass bestimmte Zungenbewegungen weniger Aufwand erfordern als andere. So erklärt sich auch, warum die Römer irgendwann die Aussprache des *c* verändert haben. Das Wort *circus* zum Beispiel wurde zuerst ›kirkus‹ ausgesprochen, aber das ›k‹ vorm ›i‹ wurde ein ›s‹, und später im Deutschen ein ›ts‹: ›Zirkus‹.

lisch auf dem Papier oft so lang wird. (Zugegeben, moderne Lehnwörter verhalten sich nicht immer entsprechend der Regel. Das Wort für ›Fernsehen‹ klingt wie sein englisches Äquivalent, *television*, und wird *teilebhisean* geschrieben. Es sollte, da auf das *t* ein ›schlanker‹ Vokal folgt, wie *chelevision* ausgesprochen werden, wird es aber nicht.)

Und es gibt noch eine Kehrseite. Wie Deutsch hat Gälisch etliche Diphthonge (Vokalpaare, die einen bedeutungsunterscheidenden Laut bilden). Deutsch besitzt unter anderem ›au‹, ›ei‹ und ›äu‹, Gälisch *ao*, *ai* und *eu*. Infolgedessen ist es oftmals nicht klar, ob ein Vokal als Teil eines Diphthongs oder als Wandler eines benachbarten Konsonanten gelesen werden muss. *Meatailt* ist so ein typischer Fall: Sind *ea* und *ai* hier Diphthonge, oder stehen sie für das *e* und *i*, denen *a* zugefügt wurden, um das *t* zu verbreitern? Und dann haben wir noch nicht einmal den sonderbaren Umstand bedacht, dass manche Vokalpaare überhaupt keine Diphthonge sind. Die Kombination *ei* beispielsweise ist völlig überflüssig: Man hätte auch einfach *e* schreiben können.

Es kommt sogar noch schlimmer. Auf der einen Seite sind verschiedene Konsonanten ziemlich inkonsequent: Der Buchstabe *d* will gelegentlich wie ›k‹ ausgesprochen werden; das *n* besteht bisweilen darauf, wie ein englisches ›r‹ zu klingen; das *s* fordert an manchen Stellen die Aussprache ›st‹. Andere Konsonanten wiederum sind stumm. Sie waren es früher nicht, aber sie heute auszusprechen wäre ebenso albern, wie im Deutschen die beiden *h* in ›Rhythmus‹ oder das *w* in ›Pankow‹ auszusprechen. Mehr noch: Viele dieser stummen Konsonanten werden von ein oder zwei stummen Vokalen begleitet, weil sie der Breit-oder-schlank-Regel folgen müssen – ob stumm oder nicht. Und als ob das noch nicht genug wäre, werden stumme Buchstaben in Wörter eingefügt, die anderen Ursprungs sind. Ein solches Wort ist das englische *quay*. Es wird ausgesprochen wie ›kie‹, daher läge die Schreibung *ci* für Gälisch auf der Hand. Aber es wurde entschieden, dass die korrekte Schreibung *cidhe* sei. Wahrscheinlich, weil es älter und keltischer aussieht. Und manchmal wird sogar die Rechtschreibung geändert, um die altmodische Aussprache durchscheinen zu lassen. Das Wort für ›Fuß‹ (das Maß, nicht der Körperteil) wurde zum Beispiel erst *troidh* geschrieben, aber man änderte es in *troigh*, weil es vor langer Zeit einmal mit *g* ausgesprochen wurde; es wird jedoch nach wie vor *troi* (wie ›treu‹) ausgesprochen.

Die Rechtschreibung des schottischen Gälisch – ein logisches System? Verglichen mit Englisch: Ja, aber das ist keine große Leistung. Das alte ›System‹ hat sein Mindesthaltbarkeitsdatum weit überschritten. Wenn wir wollen, dass Schottisch-Gälisch überlebt – und wer will das nicht? –, sind wir gut beraten, wenn wir die jungen Leute berücksichtigen, die es *heute* nutzen. Auf Gälisch: *an-diugh*. Oder, wie Facebook-, WhatsApp- und Twitter-User es schreiben würden: *n ju*.

➤ ›Clan‹ und ›Plaid‹ sind beide schottisch-gälische Lehnwörter, und natürlich auch ›Whisky‹ (vom gälischen *uisce beatha*).

❡ *Bourach* – Ein typisch schottisches Durcheinander; man wäre fast versucht, es als Bezeichnung für die gälische Sprache zu sehen.

KAPITEL 26

Von A bis Я gut informiert

Sprachen in kyrillischer Schrift

Nur wenige Menschen befassen sich heutzutage noch mit Altgriechisch, trotzdem kennen die meisten von uns ein paar Buchstaben des griechischen Alphabets. Wenn Sie auf irgendeine Weise mit wissenschaftlichen Texten in Kontakt gekommen sind, werden Sie mehrere kennen, denn ihre Terminologie ist mit griechischen Buchstaben gespickt. Das bekannteste Beispiel ist natürlich π (Pi), die mathematische Konstante, die das Verhältnis zwischen Durchmesser und Umfang eines Kreises wiedergibt. Aber das ist nur die Mini-Spitze des Eisbergs. Es gibt μ (My), was für das metrische Präfix *Mikro* steht, wie in μm für Mikrometer, das ist ein Millionstel Meter. Statistiker benutzen den χ^2-(Chi-Quadrat-)Test, wenn sie die Signifikanz von Korrelationen berechnen. Jede respektable Formel enthält mindestens ein Δ (Delta) für ›Änderung‹ oder ein Σ (Sigma) für ›Summe‹. Der Großbuchstabe Ω (Omega) ist das Universalsymbol für Ohm, die Einheit für elektrischen Widerstand. Und so gehen die Beispiele weiter, vom unauffälligen Γ (Gamma) bis hin zum chinesisch anmutenden Ξ (Xi). Von den 24 Buchstaben des griechischen Alphabets wird einzig das Omikron kaum verwendet, weil es sowohl unserem lateinischen ›O‹ als auch der Null gleicht wie ein Ei dem anderen. Alle anderen findet man ab und zu auf den Seiten von Büchern oder Zeitschriften der Mathematik und Naturwissenschaften.

Aber nützt dieses Wissen außerhalb der akademischen Welt irgendetwas? – Teilweise schon. Es erleichtert Ihnen zum Beispiel Ihren Griechenland-Urlaub: Straßenschilder und Namen von Haltestellen und Bahnhöfen sind nicht mehr ganz so entmutigend, wenn Sie wissen, dass ein Δ ein D ist und ein Σ ein S. Auch in Russland können diese Kenntnisse durchaus hilfreich sein, sind doch hier – anders als in Griechenland, das vom Tourismus abhängig ist – ›bi-alphabetische‹ Schilder eher eine Seltenheit.

Aber das russische Alphabet ist kyrillisch, oder nicht? – Ja, das stimmt. Jedoch sind 24 seiner Buchstaben von griechischen Großbuchstaben abgeleitet. Wenn Sie also schon einige griechische kennen, ist das sicherlich von Vorteil. Und die Hälfte davon sind auch noch kinderleicht, wie die folgende Liste zeigen wird. (Die Buchstaben stehen hier in einer Reihenfolge, die auf dem lateinischen Alphabet basiert; die gebräuchlichen Transkriptionen in lateinischen Lettern sind angefügt.)

А (A): stimmt mit dem griechischen A überein.

Е (JE): stimmt mit dem griechischen E überein, einer von vier kyrillischen Vokalen, denen ein ›j‹-Klang vorangeht.

Ф (F): stimmt mit dem griechischen Φ überein.

Г (G): stimmt mit dem griechischen Γ überein.

К (K): stimmt fast mit dem griechischen K überein.

М (M): stimmt mit dem griechischen M überein.

О (O): stimmt mit dem griechischen O überein.

П (P): stimmt mit dem griechischen Π überein.

Р (R): stimmt mit dem griechischen P überein.

Т (T): stimmt mit dem griechischen T überein.
Х (CH): stimmt mit dem griechischen X überein.
У (U): ist dem griechischen Y ziemlich ähnlich.

Die andere Hälfte der vom Griechischen abgeleiteten kyrillischen Buchstaben hat einige Überraschungen in petto:

В (W): dieselbe Form wie im Griechischen, aber wie ›w‹ ausgesprochen (wie im heutigen Neugriechisch).

Б (B): vom griechischen B abgeleitet, derselbe Klang wie im Altgriechischen, d. h. ›b‹.

С (S/SS): vom griechischen Σ (*s*) abgeleitet, wobei die Rechtseinbuchtung in eine Sichel oder ein ›lunares Sigma‹ umgewandelt wurde.

Д (D): vom griechischen Δ abgeleitet, um zwei Füßchen ergänzt; in manchen Schrifttypen ist das Д oben spitz zulaufend wie im Griechischen.

Ё (JO): derselbe Ursprung wie E, zugefügte Punkte (die aber oft weggelassen werden).

Э (E): derselbe Ursprung wie E; im alten Kyrillisch war es Є.

Н (N): *nicht* vom griechischen H abgeleitet, sondern vom N.

Л (L): vom griechischen Λ abgeleitet. Wie Д erscheint es manchmal in einer spitzen Form, die der klassischen ähnlicher ist.

И (I): vom griechischen H abgeleitet; es klang in klassischen Zeiten wie das ›e‹ in ›echt‹, änderte sich aber später zu ›i‹ wie in ›wie‹.

Й (J): derselbe Ursprung wie И; das konsonantisch gebrauchte I (wie unser J oder das zweite ›i‹ in ›Familie‹).

З (S): vom griechischen Z (Zeta) abgeleitet, es sieht ein wenig aus wie ein altmodisches lateinisches z, wird aber leicht mit Э verwechselt; Aussprache wie unser stimmhaftes s.

Ю (JU): von einem griechischen I in Kombination mit O abgeleitet (historisch gesehen eine sehr reduzierte Beschreibung).

Insgesamt hat das kyrillische Alphabet 33 Buchstaben – genauer gesagt, seine russische Variante; andere Sprachen haben leicht abweichende Reihen. Das griechische Alphabet kann dabei helfen, dass wir uns 24 von ihnen merken, wie wir oben gesehen haben. Damit bleiben noch neun übrig, die in drei Gruppen aufgeteilt werden können. Es hilft nichts: Man muss sie einfach auswendig lernen.

1. Gruppe: *jery* und die *jers*

Ы (Y): genannt *jery*, dieser Buchstabe wird üblicherweise mit Y transkribiert (in seiner Vokalrolle), er steht aber eigentlich für einen Laut zwischen i und ü. Seine Aussprache ist eine berüchtigte harte Nuss für westeuropäische Lernende des Russischen.

Ь ('): um gut Russisch sprechen zu können, muss man lernen, wann und wie dieses ›Weichheitszeichen‹ ausgesprochen wird; Touristen können es ignorieren, ohne sich in Fettnäpfchen oder andere Gefahren zu begeben.

Ъ: das ›Härtezeichen‹ ist sogar noch weniger bedeutend und wird meist weggelassen, wenn Russisch ins lateinische Alphabet transkribiert wird. Die Weichheits- und Härtezeichen werden zusammen *jers* genannt.

2. Gruppe: Zischlaute

Jetzt wird es richtig slawisch. Die meisten dieser Buchstaben sind vom glagolitischen Alphabet hergeleitet (s. S. 129, 312).

Ц (Z): wie in ›zu‹. Im Tschechischen und Ungarischen wird es *c* geschrieben, im Englischen gibt es keinen eigenen Buchstaben (›ts‹).

Ч (TSCH): wie in ›tschüs‹.
Ж (SCH): stimmhaftes ›sch‹, klingt wie das zweite g in ›Garage‹.
Ш (SCH): stimmlos wie in ›Busch‹.
Щ (SCHTSCH): trotz der Transkription mit sieben Schriftzeichen klingt es im modernen Russisch wie ein langes ›sch‹ (›Wischschwamm‹).

3. Gruppe: das ›gespiegelte R‹
Я (JA): obwohl mindestens zwei kyrillische Buchstaben (Э und Ю) irgendwann durch eine Spiegelung entstanden sind, ist Я kein gespiegeltes R, sondern hat sich aus dem älteren Ѧ entwickelt, dem letzten Buchstaben des russischen Alphabets.

Das war's auch schon. Und zwar nicht nur für Großbuchstaben, denn die gute Nachricht ist, dass so gut wie alle kyrillischen Kleinbuchstaben einfach verkleinerte Ausgaben der großen sind. Sogar Ausnahmen davon sind ein Kinderspiel: Das kleine A ist ein a, das kleine E ein e, mit oder ohne Punkte. (Wir sind uns dessen nicht bewusst, aber lateinische Buchstaben sind in dieser Hinsicht viel schwieriger: Siehe D und d, G und g, R und r.)

Aber es gibt auch schlechte Nachrichten: Kyrillische *Kursivbuchstaben* sind eine Herausforderung, und die Schreibschrift ist schwieriger als unsere lateinische. Am vertracktesten ist das *d*. Es hat folgende Formen:
Standard-Großbuchstabe Д, Kleinbuchstabe д (aber es gibt spitzere Varianten)
kursiver Großbuchstabe *Д*
kursiver Kleinbuchstabe *∂* (ähnlich wie *δ*, das jedoch eine Variante des б ist)
Großbuchstabe in Schreibschrift: 𝒟
Kleinbuchstabe in Schreibschrift: ℊ

Zum Glück steht die Mehrheit der geschriebenen Wörter, die Sie in Russland lesen werden, in der Standardschrift. Beinahe alle Schilder, auf denen Омск, Санкт-Петербург, Эрмитаж oder Екатеринбург steht, werden Sie jetzt lesen können. Und sogar nützliche Wörter wie паспорт, аэропорт, туалет, метро, музей, театр, киоск, ресторан, меню, чизбургер und суши können Sie jetzt verstehen.

Sie werden also das größte Land der Welt viel unbeschwerter bereisen können, wenn Sie nur 33 Buchstaben lernen, von denen die meisten bei näherer Betrachtung gar nicht so schwer sind. Ein schöner Lohn für ein kleines bisschen Mühe, würde ich sagen.

➤ Siehe für russische Lehnwörter und potentielle Lehnwörter Kapitel 47 über Russisch.

KAPITEL 27

Die Sprache beim rechten Namen nennen

Auf Spurensuche

Seit dem Fall der Mauer und der Erweiterung der EU werden Reisepässe, Gebrauchsanweisungen, Etiketten und Lebensmittelverpackungen mit Texten in allen möglichen Sprachen überflutet. Die Namen der verschiedenen Sprachen werden nicht immer genannt, was für den Sprachenfreund eine interessante Herausforderung sein kann – und manchmal auch eine knifflige. Nehmen wir einen Satz wie *Ööbik võib laulda terve öö ehast koiduni* – was in aller Welt könnte das sein?

Der erste Anhaltspunkt ist klar: Der Text ist in lateinischer Schrift notiert. Das schließt schon mal mindestens zehn europäische Sprachen aus. Es kann nicht Griechisch sein, dessen Alphabet uns bekannt ist. Armenisch lässt sich ebenfalls ausschließen, wie wir an anderer Stelle in diesem Buch am Kapitelnamen Հայերեն բաղակտուց erkennen, Georgisch ist es auch nicht mit seinen charakteristischen verschnörkelten Schriftzeichen. Und es ist keine der Sprachen, die in kyrillischer Schrift gefasst werden. Diese haben wir im letzten Kapitel besprochen, sie wird nicht nur für Russisch, sondern auch für Bulgarisch, Mazedonisch, Ukrainisch, Ossetisch, Serbokroatisch (jedenfalls teilweise) und Weißrussisch verwendet.

Die meisten europäischen Sprachen nutzen das lateinische Alphabet. Aber auch sie verraten Ihnen ihre Identität, wenn Sie wissen, worauf Sie achten müssen. Sie alle haben besondere Zeichen, Akzente (diakritische Zeichen) oder Buchstabenkombinationen. Um verschiedene geschriebene Sprachen voneinander unterscheiden zu können, sollte die untenstehende Liste eindeutiger Anhaltspunkte ausreichen – jedenfalls solange Sie sich nicht mit solchen Raritäten wie Sorbisch oder Samisch konfrontiert sehen.

Die folgenden unverwechselbaren Schrift- und diakritischen Zeichen sind einzigartig, oder zumindest einzigartig genug, und kommen jeweils nur in einer bestimmten Sprache vor.

þ, ›Thorn‹ – Isländisch.

ß – Deutsch (nicht von den Schweizern verwendet, die es durch ss ersetzen).

ı, *İ*, das kleine *i* ohne Punkt und das große *I* mit Punkt – Türkisch (obwohl Irisch gelegentlich seine *i* ohne Punkt schreibt).

¡ ¿, auf dem Kopf stehende Frage- und Ausrufezeichen (*¡Viva España!*, *¿Por qué?*) – unverkennbar Spanisch.

Ein Doppelpunkt mitten im Wort (wie in *S:t* für den Namen eines Heiligen) – normalerweise Schwedisch (manchmal Finnisch, aber das sieht eh ganz anders aus).

å, *ä* – Der häufige Gebrauch von *å* und *ä* ist ebenfalls Schwedisch.

œ (*o* und *e* zusammengeschmolzen) – Französisch, wie in *œnologie* (Weinkunde).

Striche, mit denen Buchstaben durchgestrichen sind oder die sich auf oder unter ihnen befinden, sind diakritische Zeichen, die Sie einfach nicht übersehen können.

đ – einzigartig für Serbokroatisch (sofern es im lateinischen Alphabet steht).

ħ – ausschließlich maltesisch (ebenso wie die punktierten Buchstaben *ċ* und *ġ*).

ł – nur im Polnischen (und Sorbischen, was wir hier aber ignorieren).

ē, *ī* – typisch für Litauisch, das auch die Cedille an unerwartete Stellen setzt: *ķ*, *ļ*, *ņ*, und sogar über das kleine *g*: *ģ*.

Manche eher bekannten Symbole, wie der Punkt (*i*), der Akut (*é*), der Zirkumflex (*ê*), die Tilde (*ñ*) und der ›skandinavische Ring‹ (*å*), tauchen gelegentlich auch an weniger bekannten Stellen auf.

ė – Litauisch ist die einzige Sprache, die einen Punkt auf das *e* setzt.

ŵ – Das gibt es nur im Walisischen. Ebenfalls einzigartig für *Cymraeg* sind Wörter, die mit einem doppelten *f* oder *d* anfangen.

ĉ, *ĝ*, *ĥ*, *ĵ* , *ŝ* – typisch für die Kunstsprache Esperanto.

ã – Wenn Sie eine Tilde über dem *a* sehen, haben Sie es mit Portugiesisch zu tun.

ĺ – Slowakisch ist die einzige europäische Sprache, die einen Akut auf das *l* setzt. Nicht zu verwechseln mit dem Großbuchstaben *i* mit einem Akut, wie in *Íslenska* (Isländisch für ›Isländisch‹).

ů – Der Buchstabe *u* mit einem ›skandinavischen Ring‹ kann nur tschechisch sein. Klar, dass die Tschechen ihn lieber ›tschechischen Ring‹ nennen würden.

Dann gibt es noch einige weniger vertraute Zeichen.

l·l – Ein Punkt auf der Mittellinie zwischen zwei l ist katalanisch.

ă, ț – Eine Schlaufe über dem *a* ist typisch rumänisch, auch ein Komma unter dem *t*. Nennen Sie es nicht ›Cedille‹, wenn Sie in Hörweite eines Rumänen sind. Hier ist eine Cedille: *façade*. Etwas völlig anderes, nicht wahr?

ő, ű – *o* oder *u* mit ″ darüber, einer Mischung aus dem ›deutschen‹ Umlaut und dem ›französischen‹ Akut, ist ein todsicheres Wahrzeichen für Ungarisch.

į, ų – Manche Sprachen versehen bestimmte Vokale gern mit einem Schwänzchen. Von diesen sind *į* und *ų* exklusiv litauisch, ebenso *ė*.

Englisch ist die einzige europäische Sprache ohne diakritische Zeichen, mit Ausnahme gelegentlicher Lehnwörter, und selbst dort werden sie oft weggelassen.

Andere Sprachen sind gut erkennbar dank häufiger Buchstabenkombinationen, die nie, oder zumindest selten, anderswo auftreten.

zz – Wenn Sie ein doppeltes *z* zwischen zwei Vokalen sehen, lesen Sie wahrscheinlich gerade Italienisch (*ragazzi*). Wenn dann auch noch einige Wörter auf einen Vokal mit Gravis enden (*à, ì, ò*), ist es ganz bestimmt Italienisch (*caffè*).

ij – Gut möglich, dass es sich um Niederländisch handelt, vor allem wenn es vor einem Konsonanten steht, obwohl das auch Lettisch sein könnte. Aber im Fall eines doppelten Großbuchstaben ist der Fall klar: *IJsselmeer*.

c'h – Das kann nur Bretonisch sein, das übrigens auch das ›spanische‹ *ñ* hat.

çh – Ein hundertprozentiges Zeichen für Manx.

Während die folgenden an merkwürdigen Buchstabenmustern erkannt werden können.

Folgt auf das *q* nicht wie sonst ein *u* und taucht der Buchstabe *ë* oft auf? Dann ist es Albanisch. Siehe auch den Landesnamen, *Shqipëria*.

Steht der Zirkumflex nur auf den Buchstaben *a*, *e*, *o* und *u*, aber nicht auf *i*, *y* oder *w*? Damit wären wir beim Friesisch der niederländischen Provinz Friesland – oder, auf Friesisch, Fryslân.

Beginnen viele Wörter mitten im Satz mit einem Großbuchstaben, und kommt das *ë* häufig vor? In dem Fall lesen Sie gerade Luxemburgisch.

Wenn die Buchstaben *ð* und *ø* beide vorkommen, dann in Färöisch.

Wenn *å* und *ø* verwendet werden und es Doppelkonsonanten am Wortende gibt, ist das Norwegisch. Keine doppelten Schlusskonsonanten? Dänisch.

Tauchen die Kombinationen *tx* und *tz* regelmäßig auf, und kein einziges Wort beginnt auf *r*, dann ist das Baskisch.

Wenn sowohl das doppelte *ä* als auch das doppelte *y* vorhanden sind, muss es Finnisch sein: *älykkyysosamäärä* (›IQ‹).

Wenn manche Wörter einen Gravis auf dem letzten Buchstaben haben (*daventà*) und viele Buchstaben auf s enden, kann es nichts anderes sein als Rätoromanisch.

Ist der zweite Buchstabe eines Worts oft ein *h* und folgt auf ein *b*, *d* oder *m*, ist es eine der beiden gälischen Sprachen. Wenn die Akzente Akute sind (´), ist es Irisch-Gälisch, sind sie Gravis (`), ist es Schottisch-Gälisch.

Und dann gibt es noch eine Sprache, deren Erkennungsmerkmale nicht weniger als drei Schritte erfordern. (1) Wenn der Text wenige Haken aufweist, wie z. B. *č*, *š* und *ž*, und (2) die Kombination *lj* häufig vorkommt, aber (3) der Buchstabe *đ* nicht, dann – und nur dann – ist es Slowenisch.

Das bringt uns wieder auf die Sprache, die uns zu Beginn dieses Kapitels so ratlos gemacht hat. Wo in aller Welt – genauer gesagt, wo in Europa – könnten die Worte *Ööbik võib laulda terve öö ehast koiduni* einen Sinn ergeben? Das *ö* sieht vertraut teutonisch aus, aber das *õ* riecht nach Portugiesisch. Wenn Sie den Text ansonsten einer Verwandtschaft zum Finnischen verdächtigen, sind Sie nah dran, da dies die große Schwester unserer geheimnisvollen Sprache ist, der einzigen Sprache unseres Kontinents, in der õ und ö beide auftreten können. Es ist Estnisch. Und um das letzte Geheimnis zu lüften: *Ööbik võib laulda terve öö ehast koiduni* bedeutet: ›Die Nachtigall kann von Sonnenuntergang bis Sonnenaufgang die ganze Nacht singen.‹ Wenn das nicht aus einer EU-Verordnung stammt.

¶ ›Stärke‹ ist ein verwirrendes Wort. Wir sollten die Stärke in unserem Essen künftig mit dem estnischen Wort *Tärklis* benennen. Dass es deutsch aussieht, ist kein Zufall: Das estnische *tärklis* ist aus dem Baltendeutsch entlehnt, *Stärklis* war dort das Wort für ›Stärke‹.

KAPITEL 28

Das iberische Maschinengewehr

Spanisch

Spanisch ist wie ein Gewehrfeuer. Die Wörter bestehen aus Kugeln, die Sätze sind Schusskadenzen, und Gespräche klingen wie Scharmützel.

Sie finden, das klingt respektlos? – Nicht doch, immerhin sagt es jemand, der die Sprache kennt und liebt. Ja, die Spanier sagen es sogar selbst. In einem Artikel mit dem Titel *Metralletas parlantes*, ›Sprechende Maschinengewehre‹, schrieb 2011 die Madrider Zeitung *Público* (die inzwischen nur noch digital erscheint, was aber nicht diesem Artikel zuzuschreiben ist, sondern dem allgemeinen Schwund gedruckter Zeitungen und Bücher): »Wenn wir Spanisch sprechen, feuern wir Phoneme* aus unserem Mund wie Kugeln aus dem Lauf eines Maschinengewehrs.«

Leider hat sich der Journalist etwas in der Wiedergabe der betreffenden wissenschaftlichen Untersuchung geirrt – Lin-

* Zu Phonemen siehe Kapitel 25.

guistik und Zeitungen gehen halt nicht immer eine glückliche Verbindung ein. Was der Sprachforscher François Pellegrino und seine Kollegen eigentlich gesagt hatten, war, dass die Spanier ihre Silben (und nicht ihre Phoneme) schneller ausstoßen als die Sprecher anderer Sprachen. Die Metapher war passend, wenn auch leicht übertrieben: Pellegrinos Team stellte fest, dass Spanier durchschnittlich 7,82 Silben pro Sekunde aussprechen, gegenüber 6,17 bei Sprechern des Englischen und 5,97 bei Deutschen. Automatische Waffen wie Uzis und Kalaschnikows feuern etwa 10 Kugeln pro Sekunde.

Warum rattern die Spanier also so? Haben sie es eilig? – Das wäre eine Art, es auszudrücken. Im Vergleich zu anderen Sprachen, zum Beispiel Englisch (und Deutsch in geringerem Maße), benötigt Spanisch mehr Silben für die gleiche Mitteilung. Im Spanischen bestehen die allermeisten Wörter aus zwei oder mehr Silben, während Englisch von kurzen Wörtern nur so wimmelt: *pequeño/small* (›klein‹), *puente/bridge* (›Brücke‹), *fanfarronear/boast* (›prahlen‹) und so weiter. Umgekehrt hat kaum ein englisches Wort mehr Silben als sein spanisches Äquivalent. Der Vergleich ist trotzdem nicht ganz fair, denn Englisch benötigt oft mehrere Wörter, wo Spanisch mit einem einzigen auskommt (*saldré/I will go out*: ›ich werde ausgehen‹). Dennoch braucht Spanisch insgesamt mehr Silben: laut oben genannter Untersuchung fast anderthalb Mal so viel wie Englisch und gut 15 % mehr als seine verwandten romanischen Sprachen Französisch und Italienisch.

Die erforderliche Menge an Silben, um eine Nachricht zu überbringen, ist an sich noch kein Grund, sich so furchtbar zu beeilen. Es gibt durchaus eine andere Strategie: sich Zeit nehmen. Diese Strategie wird auch auf Spanisch angewendet, aber nicht in Europa, sondern in Amerika. Von den Vereinigten Staaten im Norden bis hin zu Feuerland im Süden spricht man Spanisch um einiges langsamer als in Spanien. Das ist für uns Anderssprachige eine große Erleichterung. Hätte ich die Wahl, würde ich mir für eine Unterhaltung lieber einen Peruaner als einen Spanier aussuchen. Der Unterschied im Tempo zwischen dem Spanisch der Alten und der Neuen Welt ist so groß, dass Lateinamerikaner, die nach Spanien ziehen, zunächst ein Sprachproblem haben. Das liegt unter anderem am abweichenden Akzent und am unterschiedlichen Wortschatz, das mörderische Sprechtempo ist allerdings das größte Problem. Das Bild der ›sprechenden Maschinengewehre‹ gilt demnach nur für die Spanier – und damit für eine kleine Minderheit aller Spanisch-Muttersprachler auf der Welt, nämlich zehn Prozent. Pellegrino erwähnt das zwar nicht explizit in seinem Artikel, aber er kann nur die Spanier meinen.

Wenn die Spanier also so schnell ihre Silben abfeuern, besteht dann nicht die Gefahr der Unverständlichkeit? Und was verstehen wir eigentlich unter ›schnell sprechen‹: Eine ungewöhnlich große Menge von Klängen innerhalb eines bestimmten Zeitraums? – Das ist doch eigentlich gar nicht so extrem. Spanische Silben sind sogar vergleichsweise kurz: Sie enthalten durchschnittlich nur 2,1 Phoneme, das ist wenig im Vergleich zu Englisch (2,7), Deutsch (2,8) und Niederländisch (3,0). Das bedeutet, dass alle Sprecher des Deutschen, Englischen und genauso Spanischen 16 bis 17 Phoneme pro Sekunde aussprechen, die Spanier sogar noch am wenigsten. So gesehen sprechen sie nicht besonders schnell, und die Verständlichkeit ist auch gewährleistet.

Trotzdem *klingt* Spanisch schneller als diese anderen Sprachen, und das rührt zum größten Teil daher, dass die Spanier so viele Silben in eine Sekunde quetschen. Die Silben bestimmen, wie wir das Tempo einer Sprache erfahren, nicht die Zahl der Phoneme. Wenn Sie den Klang eines Gewehrs imitieren möchten, sagen Sie auch nicht »klacks-klacks-klacks-klacks«, das wären viele Phoneme und wenige Silben pro Sekunde, und es klänge eher nach einer Spiegelreflexkamera; passender wäre eine rasche Folge kurzer Silben wie »rätätätätät«.

Dass Spanisch knatternder klingt als germanische Sprachen wie Englisch, Deutsch und Niederländisch, hat einen weiteren Grund. Sogar dann, wenn die Silben sehr kurz sind und sehr schnell gesprochen werden (»Hast du mal einen Augenblick Zeit?«), klingen die germanischen Sprachen noch immer nicht wie ein Maschinengewehr. Dass dies beim Spanischen so ist (*¿Tendrías un momento?*), liegt an einer anderen Eigenschaft: Alle Silben haben die gleiche Länge. Oder besser gesagt, wir erfahren die Silben als gleich lang – genaue Messungen ergeben, dass dies nicht ganz stimmt. Aber durch den (scheinbar) gleichmäßigen Rhythmus ähnelt die Sprache einem Gewehrfeuer. Maschinengewehre haben schließlich auch einen ziemlich gleichmäßigen Rhythmus.

Das gilt nicht für Deutsch, Englisch und Niederländisch. In diesen Sprachen bekommen die betonten Silben nämlich mehr Zeit als die unbetonten. Letztere haben es dabei oft nicht leicht, voll zur Geltung zu kommen. Die oben formulierte Frage klingt in einem informellen Gespräch etwa so: »Hasmanaungblick Zeit?« Kein Stakkato-Rhythmus, nur hier und da ein zischendes Geräusch mit etwas Gemurmel dazwischen.

Um weiteren möglichen Missverständnissen entgegenzuwirken: Auch Niederländisch, Deutsch und Englisch liebe ich sehr.

➢ ›Kork(en)‹ kommt über das Niederländische aus dem Spanischen, ›Gitarre‹ und ›Moskito‹ direkt von dort. Wörter wie ›Schokolade‹, ›Tomate‹ und ›Avocado‹ entstammen ursprünglich dem Nahuatl, sind jedoch über Spanisch zu uns gekommen.

¶ *Tíos* – Onkel und Tante(n) als Paar oder Gruppe. Ebenso gibt es im Spanischen *reyes* für den König und die Königin zusammen.

KAPITEL 29

Bergeweise Dialekte

Slowenisch

Ob sie nun vom baltischen Hafen Kaliningrad (Königsberg) oder von Wladiwostok am Japanischen Meer stammen, die Sprache der Russen ist überall recht ähnlich. In Polen gilt das Gleiche: Nord-, Süd-, Ost- und Westpolen können mühelos miteinander plaudern. Sogar Menschen, die verschiedene slawische Sprachen sprechen, verstehen sich meist. Bulgaren sprechen mit Mazedoniern, Tschechen mit Slowaken, Russen mit Weißrussen und Ukrainern. Und bei all ihren politischen Differenzen gibt es keine großen Sprachbarrieren zwischen Kroaten, Bosniern, Serben und Montenegrinern. Eigentlich könnte sich die slawischsprachige Welt, wie der bedeutende slowakische Gelehrte Ján Kollár bereits im 19. Jahrhundert vorgeschlagen hat, auf nur vier Standardsprachen einigen, ohne dass sich ihre Einwohner sonderlich anstrengen müssten: Russisch, Polnisch, Tschechoslowakisch und eine Sprache, die Jugoslawisch oder Südslawisch heißen könnte.

Es gibt aber eine Sprache, die nicht so leicht in Kollárs Schema passen würde: Slowenisch. Zugegeben, sie wird von einer nur sehr kleinen Nation gesprochen. Das gesamte Sprachgebiet würde knapp 18-mal in Deutschland hineinpassen, und die Bevölkerung ist mit etwas über zwei Millionen in etwa so groß wie die Thüringens. Und dennoch können, wenn Slowenen ihre örtlichen Dialekte sprechen, ihre eigenen Landsleute sich keinen Reim darauf machen, was sie sagen. Stellen Sie sich also vor, wie diese Dialekte erst Menschen anderer Nationen verwirren würden, die Kollár mit in den Topf der ›Südslawen‹ geworfen hat, wie zum Beispiel die Bulgaren.

Wie kann das sein? Wieso erstreckt sich Russisch ohne so etwas wie Dialektunterschiede über ca. 6.500 Kilometer von West nach Ost, während das slowenische Sprachgebiet, das nur gut 300 Kilometer breit ist, ein Sammelsurium regionaler Unterschiede darstellt? Was wiederum die Frage aufwirft: Wie entstehen Dialekte überhaupt?

Ein Denkmodell, oder besser gesagt ein gedankenloses Modell, besagt, dass Dialekte verpfuschte Versionen der Standardsprachen sind. Dies zeigt sich zum Beispiel in der Ansicht, dass Platt verarmtes und falsches Deutsch sei. Das mag auf Anhieb so scheinen, aber in Wahrheit ist es andersherum: Zuerst kommen die Dialekte, denn sie liegen so gut wie jeder Standardsprache zugrunde; Standardsprachen sind allesamt Kunstprodukte. Es würde also eher der Wahrheit entsprechen, zu behaupten, *sie* seien ›verdorbene‹ oder ›unnatürliche‹ Dialekte. Denn jede andere Variante einer Sprache, ob regional oder nicht, entwickelt sich weitgehend spontan und wird hauptsächlich vom Grad der Isolation und vom Kontakt mit anderen Sprachen beeinflusst.

Der Kontakt ist von diesen beiden Faktoren der offensichtlichere, allerdings auch der weniger maßgebliche. Wenn Menschen häufig mit Sprechern (oder Schreibern) einer anderen Sprache kommunizieren, werden sie Wörter entlehnen, die sie nützlich finden; entweder um Ideen auszudrücken, die sich in der anderen Sprache leichter ausdrücken lassen, oder um ihre Umgebung zu beeindrucken. Wenn diese Menschen, die häufig Kontakt mit mehr als einer Sprache haben, noch Kinder sind, wachsen sie vielleicht zweisprachig auf, was einen wechselseitigen Einfluss des Wortschatzes, der Grammatik und der Aussprache ihrer Sprachen bewirken kann. Diese beiden Arten des Kontakts erklären, warum Deutsch Lehnwörter aus dem Französischen, Slawischen, Jiddischen, Italienischen, Englischen, Skandinavischen, Lateinischen, Griechischen, Niederländischen, Hindi und vielen anderen Sprachen hat.

Erklärt dies die Vielfalt slowenischer Dialekte? – Ja, in gewisser Weise schon. Das Gebiet der slowenischen Länder – Slowenien und die umgebenden Regionen mit der gleichen Sprache – mag klein sein, aber sie grenzen an nicht weniger als vier andere Sprachen, von denen drei nicht zur selben Sprachfamilie gehören: Italienisch im Westen (romanisch), Deutsch im Norden (germanisch) und Ungarisch im Osten (finno-ugrisch). Nur Kroatisch im Süden ist eine verwandte slawische Sprache. Die slowenischen Dialekte, die in und nahe Italien gesprochen werden, sind vom Italienischen beeinflusst, die in und nahe Österreich gesprochenen vom Deutschen und so weiter. Das macht es für die Slowenen aus anderen Gegenden schwieriger, diesen Dialekten zu folgen.

Aber Sprachen entwickeln sich ständig weiter, mit oder ohne Kontakt. Das ist der Grund dafür, dass jede Generation Erwachsener denkt, die Jugend von heute könne nicht mehr ordentlich reden oder schreiben. Großeltern und ihren Enkeln fällt, obwohl sie reibungslos miteinander kommunizieren, vieles auf, was sie an der Wortwahl, der Aussprache und sogar am Satzbau des anderen merkwürdig finden. Das gilt für Slowenien genauso wie für Deutschland.

In diesen Zeiten der schier unbegrenzten Mobilität, der Massenmedien und der Telekommunikation sickert zum Beispiel jede dauerhafte Änderung des Hochdeutschen von den großen Ballungszentren durch das ganze Sprachgebiet bis an die See und in die Alpen. Früher war das anders, denn die Menschen verbrachten üblicherweise ihr gesamtes Leben in ein oder zwei Dörfern, und Reisen führten sie nicht weiter als bis zum nächsten Marktflecken. Gelegenheiten, mit jemandem von außerhalb zu sprechen, waren so selten, dass solche Begegnungen wohl keinerlei Einfluss auf den Dialekt hatten. Sprachwandel war ein sehr lokaler Prozess – spontan und willkürlich.

Mit genügend Zeit und Isolation werden sich die Sprachen jeder Gemeinschaft gravierend von denen ihrer Nachbarn entfernen. Je länger die Zeit und je weitreichender die Isolation, desto mehr Eigenheiten kommen hinzu: Einzigartige Wörter, eine spezielle Grammatik und eine ganz eigene Aussprache. Das erklärt, warum britisches Englisch sich so vom amerikanischen Englisch unterscheidet, obwohl Großbritannien viel kleiner ist. Immerhin haben britische Dialekte viele Jahrhunderte länger Zeit gehabt, auseinanderzuwachsen. Und das taten sie, bis um 1900 ein Wendepunkt erreicht war, nach dem sie langsam begannen, einen Teil ihrer Unterscheidungsmerkmale wieder zu verlieren.

Wie auch in Großbritannien, und vielleicht sogar mehr als dort, hatten Dialekte in Slowenien ausgiebig Gelegenheit, sich zu entwickeln. Die Slowenen hatten sich in diesem Gebiet im 6. Jahrhundert niedergelassen, und ein Großteil ihrer neuen Heimat war bergig genug, die Leute davon abzuhalten, einander in den benachbarten Tälern zu besuchen, geschweige denn in weiter entfernten Tälern. Über viele Jahrhunderte gehörte das kleine Land friedvollen, stabilen, multikulturellen Reichen an, wie denen der Karolinger und der Habsburger. Während Staats- und religiöse Angelegenheiten sowie urbane Geschäftstätigkeiten in verschiedenen Fremdsprachen geregelt wurden, lebten die slowenischen Bauern ihren unaufgeregten Alltag in Slowenien, molken ihre Kühe, holten die Ernte ein und entwickelten ihre Dialekte gemächlich weiter. Sollte einer von ihnen so ehrgeizig oder tollkühn gewesen sein, davon zu träumen, der Grammatik und Aussprache der nationalen Elite nachzueifern, dann hat er wahrscheinlich bald gemerkt, dass dies praktisch unmöglich war, da Schreiber und Eliten sich vor der Mitte des 19. Jahrhunderts höchst selten auf Slowenisch mitgeteilt haben.

Die anderen slawischen Sprachen sahen sich ganz anderen Umständen ausgesetzt. Russisch, Ukrainisch, Weißrussisch und Polnisch wurden immer in überwiegend flachen Ländern gesprochen, und ihre Geschichten sind ein Strudel aus Eroberungen, Siegen und Niederlagen, Ein- und Auswanderungen sowie anderen Ereignissen, die Bevölkerungen entwurzelten und vermischten und deren Dialekte dabei einebneten. In geringerem Maße trifft dies ebenfalls auf Tschechisch und Slowakisch zu.

Wie Slowenien sind auch einige der slawischen Gebiete im Süden – dem Rest des früheren Jugoslawiens und Bulgarien – recht bergig, was auch der Grund dafür ist, warum die Dialektverschiedenheit dort ausgeprägter ist als in den weiter nördlich gelegenen slawischen Sprachen. In anderer Hinsicht unterscheiden diese südslawischen Regionen sich jedoch von den slowenischen. Zum einen gab es dort bereits eine längere und gefestigtere Tradition des Schreibens in der Mundart. Zum anderen war ihr politisches Schicksal ein anderes. Im Gegensatz zu Slowenien waren die meisten Balkanländer von den näher rückenden Ottomanen niedergewalzt worden, und nach Jahrhunderten der Besatzung wurden dort schließlich Unabhängigkeitskriege ausgefochten. All diese Turbulenzen führten zu einer stärkeren Vermischung der Bevölkerung, als es in Slowenien der Fall war, welches sich aus den Gemetzeln meist heraushalten konnte. Je mehr sich Bevölkerungsgruppen vermischen, desto weniger unterscheiden sich ihre Dialekte.

Solche Vermischungen sind natürlich im heutigen Slowenien alltäglich geworden. Das Land ist inzwischen EU-Mitglied mit einer modernen Wirtschaft, und die Menschen pendeln routinemäßig über größere Abstände, als ihre Vorfahren in ihrem ganzen Leben zurückgelegt haben. Slowenische Dialekte werden immer homogener. Bald werden sie so homogenisiert sein wie die Milch aus dem Supermarkt. Tatsächlich formt sich gerade ein ›milchiges‹ umgangssprachliches Slowenisch zu einer zweiten Standardsprache. Die eine, die als ›heutiges Standardslowenisch‹ bekannt ist, ist im Wesentlichen mit der geschriebenen Sprache gleichzusetzen, die Aussprache folgt fein säuberlich der Schreibung, und einige alte Eigenheiten, die in vielen Dialekten verschwunden sind, bleiben hier erhalten. Die andere, sich neu entwickelnde Standardsprache basiert hingegen auf dem modernen Dialekt der Hauptstadt Ljubljana. Ihre Gegner missbilligen ihre nachlässige Aussprache (nicht alle Silben werden ausgesprochen, und Lauttönung oder Wortmelodie werden als nicht so wichtig empfunden) und beklagen, dass ihre Grammatik teils falsch ist (bestimmte Endungen werden nicht mehr verwendet). Aber aus heutigen Fehlern entstehen gern morgige Regeln, und es wäre nicht überraschend, wenn die Sprecher im ganzen Land von ihren regionalen Dialekten und dem heutigen Standardslowenisch zur neuen Variante übergehen würden.

Außer natürlich, es gelänge den slowenischen kulturellen Eliten, untereinander weiterhin im heutigen Standardslowenisch zu kommunizieren. In diesem Fall gäbe es ein höchst ungewöhnliches Phänomen: Ein Land, in dem der einzige Dialekt ein Merkmal der Oberschicht ist.

➢ Slowenisch hat der Welt ein Wort geschenkt: ›Karst‹, ein geologischer Begriff für eine Landschaft, die voller Krater und vom Wasser geformter Höhlen ist. Die slowenische Form lautete übrigens *kras*, wurde in deutschen Mündern in ›Karst‹ umgemünzt und eroberte dann die internationale Geographiewelt.

¶ *Vrtíčkar* – eigentlich ein Hobbygärtner mit einem Schrebergarten, aber das Wort deutet überdies an, dass die betreffende Person mehr Interesse daran hat, mit anderen *Vrtíčkars* Bier zu trinken, als zu gärtnern. Wir könnten damit allgemein auf Menschen verweisen, die ihr Hobby als Tarnung für die Freude an der Geselligkeit betreiben.

KAPITEL 30

Keltisches Klima

Keltische Sprachen

Angenommen, es werden zwei neue Sprachen entdeckt. Eine im Norden Grönlands, die andere in Frankreich. Die nördliche Sprache klingt weich, melodiös und fröhlich, die südliche hart, grob und rau. Überrascht Sie das? Wenn ja, outen Sie sich damit als Anhänger der Klimatheorie, die im 17. und 18. Jahrhundert in Mode war. »Die gemäßigten, milderen Himmelsstriche [sind] für die Bildung schöner Sprachen am günstigsten«, schrieb der deutsche Romantiker August Wilhelm Schlegel, und auch, dass die nordischen rauen Kehllaute in direktem Zusammenhang mit strenger Kälte und schroffen Felsen stehen – das wusste damals jedes Kind.

(Die Theorie konnte übrigens nach Belieben als Beweis für die Überlegenheit des Nordens oder des Südens dienen. So war der französische Philosoph Montesquieu der Ansicht, dass Südländer, deren Gewebefasern unter dem Wärmeeinfluss erschlafften, weniger Mut, Kraft und Tatendrang besaßen.)

Wer sich mit der Klimatheorie beschäftigt, dem fällt auf, dass immer nur die Nord-Süd-Achse eine Rolle spielt. Nach dem Motto: Warm oder kalt, das ist hier die Frage. Schade, dass Schlegel nicht auch die keltischen Sprachen näher betrachtet hat. Denn dann wäre ihm aufgefallen, dass nicht nur die Temperatur Einfluss ausüben kann, sondern auch der Niederschlag.

Sie wären da skeptisch? Dann sehen Sie sich mal die keltischen Gebiete an: Irland, wo die dunkelsten, nassesten Regionen auf der Jahresniederschlagskarte sauber mit der *Gaeltacht* übereinstimmen, dort, wo noch Irisch-Gälisch gesprochen wird. Die Bretagne, eine der regenreichsten Zonen Frankreichs und gewiss die unwirtlichste. Und Wales, wo Gummistiefel ebenso unverzichtbar sind wie Handschuhe in Sibirien. Ach so, Sie wenden ein, dass in Cornwall und auf der Isle of Man ein weniger matschiges Klima herrscht? Das stimmt. Kornisch und Manx sind nicht umsonst ausgestorben.

Und dann gibt es noch Schottland. Wer im Herbst über die *highlands* und die *islands* reist und zwischen den Regengüssen die Regenbögen zählt, der weiß: Hier, und nur hier, kann Schottisch-Gälisch gedeihen – die Sprache, in der ein einziges Wort, *uisge*, die drei Hauptbestandteile des Lebens in sich vereint: Regen, Wasser und Whisky.

KAPITEL 31

Zigarette, Tsigarette, Цигаретте oder تسیگارت

Aserbaidschanisch

Ich bekomme von ›The Police‹ gute Laune, meine Frau von ›Pearl Jam‹. Ich erinnere mich an den ›Sechs-Millionen-Dollar-Mann‹ aus den siebziger Jahren, sie sich an das ›A-Team‹ aus den Achtzigern. Kurzum, es verläuft eine Generationenkluft durch unsere Beziehung.

Eine Sache, in der wir uns einig sind, ist die niederländische Rechtschreibung. Aber das ist eigentlich reiner Zufall. Unsere Großeltern schrieben noch *heeten* (›heißen‹) und *koopen* (›kaufen‹). Meine Eltern lernten bereits *heten* und *kopen*, aber noch *cigaret* (›Zigarette‹) und *vacantie* (›Ferien‹). Die Eltern meiner Frau und wir beide (*1965 und *1977) wuchsen mit *sigaret* und *vakantie* auf, und auch mit *pannekoek* (›Pfannkuchen‹) und *paddestoel* (›Pilz‹). Unsere älteste Nichte (*1995) lernte in der Schule jedoch *pannenkoek*, und all unsere jüngeren Nichten und Neffen schreiben auch in *paddenstoel* das Zwischen-*n*. Wir sind also eine durch Rechtschreibreformen zerrissene Familie.

All diese Änderungen haben in der niederländischsprachigen Welt viel Aufruhr verursacht. Aber wenn Menschen aus Aserbaidschan davon hörten, wären sie wahrscheinlich nicht sonderlich beeindruckt. Wahrscheinlich würden sie eher fragen, ob das schon alles sei – hier ein Buchstabe mehr, da einer weniger, ab und zu ein anderer – ja und?

Und wirklich, das bewegte 20. Jahrhundert, das Aserbaidschan erlebt hat, hat die Schreibweise der Landessprache weitaus kräftiger durchgerüttelt.

Jahrhundertelang schrieben die Aserbaidschaner ihre aserbaidschanische Sprache in arabischen Buchstaben. Das war damals in ihrem – islamitischen – Teil der Welt selbstverständlich, und es blieb auch einfach so, nachdem Aserbaidschan im 19. Jahrhundert vom Russischen Reich einverleibt worden war. Es änderte sich erst nach der Oktoberrevolution von 1917. Als die Wogen sich geglättet hatten und man sich wieder Gedanken über so etwas wie Rechtschreibung machen konnte, gingen die Aserbaidschaner langsam, in den Jahren zwischen 1923 und 1929, zum lateinischen Alphabet über. Daran mussten sie sich erst einmal gewöhnen. Aber nur kurz, denn schon 1938 folgte ein weiterer Wechsel, diesmal zu Kyrillisch und im stalinistischen Stil: rigoros also. Nach 1991, dem Jahr, in dem die Sowjetunion auseinanderfiel und Aserbaidschan unabhängig wurde, war die lateinische Schrift wieder dran. Um die Verwirrung vollständig zu machen, wählte man nun eine etwas andere Rechtschreibung als die der letzten ›lateinischen Periode‹, also der zwanziger und dreißiger Jahre.

Nicht, dass jeder mit seiner Zeit gegangen wäre. Ältere Menschen in Aserbaidschan schreiben bis heute auf Kyrillisch. Und die Sprecher des Aserbaidschanischen im Iran, viele Millionen an der Zahl, haben sich von all diesen schriftlichen Neuerungen sowieso nicht beeindrucken lassen. Sie haben während der ganzen Zeit das arabische Alphabet beibehalten, wie es im Iran auch für andere Sprachen üblich ist.

Die Niederländer müssen schmunzeln, wenn in einem Fotoalbum vom Anfang des letzten Jahrhunderts *zoo* statt *zo* (›so‹) steht, und den Deutschen kommen die Tränen, wenn sie in einem alten Text »Ich ſah, daß der Elephant Waſſer tranck« lesen. »Soll das schon alles sein?«, fragt der Aserbaidschaner da. Wenn er um die 40 Jahre alt ist, kann er sowohl die Briefe seiner Großeltern als auch die seiner Kinder kaum entziffern.

¶ *Qala*, ›Schloss‹ (das große). Erstens hat das Wort ›Schloss‹ zwei Bedeutungen, was verwirrend ist. Und zweitens braucht Deutsch mehr Scrabblewörter mit ›q‹ ohne ›u‹ als nur ›Qat‹ und ›Qi‹.

KAPITEL 32

Eine Gratissprache dazu

Limburgisch

Als ich klein war, redete der Fernseher anders als meine Eltern, doch verstehen konnte ich beide. Als ich dann in die Schule kam, wurde dort nicht die Sprache gesprochen, die ich von zu Hause kannte, sondern ich wurde genötigt, so zu reden wie meine Zauber- und Märchenhelden aus dem Kinderfernsehen. Ich kann mich nicht daran erinnern, dass mir das sonderlich schwerfiel. Ich tat es einfach.

Wie ist das möglich? Wie konnte ich einfach so Holländisch lernen, in einer Umgebung, in der ich fast ausschließlich den limburgischen Dialekt hörte – in der Familie, im Dorf, bei der Verwandtschaft? Ich habe offen gestanden keine Ahnung. Wenn ich Holländisch reden musste, tat ich es, bestimmt nicht fehlerfrei, aber umso unbefangener, genau wie meine Schwester, genau wie meine Freunde.

Was dabei vielleicht half, war mein fehlendes Bewusstsein des Begriffs ›Sprache‹. Holländisch war keine andere Sprache, sondern eine andere Art zu sprechen. Woraus diese Unterschiede bestanden, interessierte uns nicht wirklich. Auch erfüllte Limburgisch uns weder mit Stolz noch mit Scham, genauso wenig wie die Schwerkraft oder ein kleiner Regenschauer. Dass man mal so und dann wieder anders redete, dass Gegenstände von oben nach unten fielen, dass man ab und zu mal nassgeregnet wurde: Es war einfach so.

Meine holländischen Mitschüler verstanden *Limburgs*, denn das war auf dem Schulhof die Amtssprache. Wenn man sich unter vier Augen mit einem von ihnen unterhielt, geschah das auf Holländisch. Nicht aus Höflichkeit, nicht um anzugeben – das tat man einfach so, es war selbstredend.

Schreiben lernten wir mit der für alle Kinder des Landes üblichen Fibel, die auf Standardniederländisch verfasst war. Ich glaube nicht, dass ich jemals dachte: »Hä? Heißt das nicht *baum* statt *boom*, *roas* statt *roos*, *vösch* statt *vis*?« (›Baum‹, ›Rose‹, ›Fisch‹.) Denn schreiben tat man eben auf Holländisch – jeder wusste das, auch ich. Nur reden konnte man auf unterschiedliche Weise.

Und zwar nicht nur auf zwei Arten, sondern auf ganz viele. Auf Maastrichts, so wie Frau Zedler, die zwei Häuser weiter wohnte und mit einem Deutschen verheiratet war, der kein Holländisch sprach (wohl aber eine Art Maastrichts), auf Maaskants, so wie meine Mutter mit ihrem gerollten *r*, oder auf Valkenburgs, wie mein Vater es sprach – es vielmehr versuchte zu sprechen, denn aufgrund seiner Jugend in der Stadt Enschede war Limburgisch für ihn nicht die Erstsprache. Oder auf Margratens, so wie meine Klassenkameraden.

Mir war das alles herzlich egal. Wie sich diese Dinge zueinander verhielten, darüber dachte ich nicht groß nach. Was machte es für einen Unterschied, ob jemand nun *goaje, guje, bruje, brüje* oder *gooien* (›werfen‹) sagte, *glaat, gletsch, litschetig, glitschetig* oder *glad* (›glatt‹)? Ich verstand es sowieso alles.

Es wurde nur dann verwirrend, wenn Leute plötzlich anders sprachen als sonst immer. Wenn sich herausstellte, dass der Lehrer oder der Herr Pfarrer privat plötzlich einfach so Limburgisch konnten. Oder wenn wir als Familie wegen holländischen Besuchs plötzlich Holländisch reden mussten, nicht nur mit den Gästen, sondern auch untereinander. Das war fast unmöglich.

Der unbekümmerte Gedanke, oder eher die Gedankenlosigkeit, dass Schwerkraft, Regenschauer und Sprache einfach so sind, wie sie sind, verlor sich schließlich in der Schule, denn da wurden einem all diese Dinge erklärt. Im Physikunterricht erfuhr man von Newton, der einen Apfel fallen sah. In Erdkunde lernte man, dass Wasser aus dem Meer verdampft und daraus Regenwolken entstehen. Und im Holländisch-, Entschuldigung, Niederländischunterricht musste man anfangen, sich darüber Gedanken zu machen, was genau man sagte, und warum genau auf diese Art und Weise und nicht irgendwie anders, und wie man das dann schrieb. Man entdeckte, dass hinter dem Niederländischen ein System steckte, eine Basisstruktur, die einen bis dato nie beschäftigt hatte.

Und wenn diese eine Redeweise ein System hatte, hatte die andere das bestimmt auch. Das schien jedenfalls logisch, und es stimmt auch, aber das habe ich erst Jahre später für mich entdeckt, als ich damit anfing, fremde Sprachen zu lernen, jede mit ihren eigenen Regeln. Erst in dem Moment entdeckte ich die Logik meiner Muttersprache. Zum Beispiel, dass die unterschiedlichen Vokale von *ich gaon* (›ich gehe‹) und *du geis* (›du gehst‹) keine große Ausnahme sind, sondern dass sie auch in *ich slaon, du sleis* (›ich schlage, du schlägst‹) und *ich staon, du steis* (›ich stehe, du stehst‹) zu erkennen sind. Und auf eine andere Weise in *ich ät, du its* (von *äten*, ›essen‹) und *ich laup, du löps* (von *laupen*, ›laufen/gehen‹).

Als ich dann einmal mit dem Analysieren angefangen

hatte, kam ich aus dem Staunen nicht mehr raus. Wow, ich verwendete manchmal die Befehlsform im Plural, die auf Niederländisch veraltet ist! (*Kómp es hie – komt eens hier*, ›kommt mal her‹.) Huch, das limburgische Wort für ›du‹ war manchmal *de* (*de köms* – ›du kommst‹), aber anderswo *ste* (*ich haup dat-ste köms* – ›ich hoffe, dass du kommst‹)! Oh, ich unterschied klar zwischen männlichen und weiblichen Wörtern, was das Niederländische nicht (mehr) tut: *dä ouwe stal*; *die ouw schür* (›der alte Stall‹, männlich; ›die alte Scheune‹, weiblich), und so fort. (Wenn Sie jetzt sagen, dass mein Limburgisch eine Menge Ähnlichkeiten mit Ihrem Deutsch aufweist, kann ich Ihnen nur recht geben.)

So bin ich einige Zeit entgeistert durch meinen Kopf geirrt – ich hatte ja gar nicht gewusst, was ich alles wusste! Während ich angestrengt Englisch, Französisch, Deutsch und Latein lernte, kam mir einfach so eine zweite Sprache in die Arme gelaufen, gratis und ohne jegliche Mühe.

Ja, eine zweite Sprache. Denn Folgendes wurde mir sehr wohl klar: Limburgisch war mehr als nur ein bisschen anders reden. Es hatte ein eigenes und sogar ziemlich kompliziertes System mit eigener Grammatik, eigener Aussprache und – früher mehr als heutzutage – eigenem Wortschatz. Ich war also immer schon zweisprachig gewesen.

Inzwischen weiß ich allerdings, dass das nichts Besonderes ist. Immerhin gilt es auch für einen Großteil aller Flamen, Südniederländer, Ostniederländer, Nordniederländer und Niederländer mit Migrationshintergrund. – Ich habe inzwischen auch mehr Verständnis dafür, dass einheimische *West*niederländer manchmal etwas krampfhaft betonen, man solle in diesem unserem Land gefälligst Niederländisch sprechen. Es ist das Einzige, was sie können.

Die limburgische Fassung dieses Kapitels können Sie sich anhören: auf bit.ly/sjapiter25.

¶ *Protschen* – Bezeichnung für (dick-)flüssige Substanzen, die mit viel Kraftaufwand aus einer kleinen Öffnung zu bekommen sind. Beispiele: Zahnpasta aus einer Tube, Brotteig zwischen den Fingern der knetenden Person, Saft aus einer reifen Frucht.

TEIL V

DAS GANZE DRUM UND DRAN

Sprachen und ihr Wortschatz

Wörter sind die kleinsten Einheiten einer Sprache, die für sich selbst stehen können und dabei eine Bedeutung haben. Allerdings unterliegt ihre Bedeutung einem ständigen Wandel (Portugiesisch); in einigen Teilen der Welt ist dies auch bei Namen von Menschen und Orten der Fall (Lettland). Für die Sprecher des Sorbischen ist der unscheinbare bestimmte Artikel ein Zankapfel, während Zahlwörter die harten Nüsse der Bretonen sind. Was Substantive betrifft, haben die Italiener eine große Auswahl an Maßen und Gewichten zur Verfügung, und die Samen nehmen es ganz genau, wenn sie den Schnee beschreiben.

KAPITEL 33

Export/Import

Griechisch

Wo wären wir ohne Altgriechisch? Wie würden wir über Wissenschaft und Kultur sprechen, wenn wir Wörter wie *Dermatologie*, *Atom*, *Alphabet* und *Metapher* nicht hätten? Natürlich könnten wir, statt diese Substantive zu entlehnen, es wie die Isländer halten und ständig Wörter der Marke Eigenbau wie ›Hautkunde‹, ›absoluter Kern‹, ›Buchstabenreihe‹ und ›Sinnbild‹ benutzen. Aber sogar Insulaner-Isländisch konnte Griechisch nicht vollkommen widerstehen und enthält heute Wörter griechischer Abstammung wie *xenon*, *lýra* und *arkitekt*. Es kann wohl mit Sicherheit behauptet werden, dass die Sprache von Homer, Platon und Sophokles sich in jede einzelne europäische Sprache eingewoben und sie bereichert hat.

Daher könnte man vermuten, dass sich die moderne Athener Sprache direkt bis zur Sprache der alten Stadt zurückverfolgen lässt, so wie man einem Fluss bis zu seiner Quelle nachgehen kann. Aber nicht alle Wörter des heutigen Griechisch sind so griechisch, wie sie scheinen. Sie zeigen, oder vielmehr verbergen, was man verschiedene Stufen des Griechischseins nennen könnte.

Von den neugriechischen Wörtern, die eine Heimat in anderen europäischen Sprachen gefunden haben (die sogenannten Internationalismen), sind viele so griechisch, wie es nur geht. Es gab sie bereits auf Altgriechisch, dann wurden sie von den Römern entlehnt und wieder später von anderen europäischen Sprachen. *Prógnōsis* zum Beispiel bedeutet seit dem Zeitalter der Klassik ›Vorherwissen, Voraussage‹ (außer dass es im Neugriechischen das Schluss-*s* nicht mehr gibt). *Philosophía* war und ist die ›Philosophie‹, von den Vorsokratikern bis hin zu den Postmodernisten, *Dēmokratía* war schon immer die ›Demokratie‹. Wörter wie diese sind die wahren sprachlichen Erbstücke.

Manche anderen Wörter des griechischen Wortschatzes haben jedoch seit ihrer Entstehung eine grundlegende Bedeutungsänderung erfahren. Das altgriechische *plásma* zum Beispiel, das ursprünglich so etwas bedeutete wie ›etwas, das geformt ist‹ und Möglichkeiten offenließ für ›Figur‹, ›Bild‹ oder ›Nachahmung‹ (und später noch einige mehr, zum Beispiel ›Geschöpf‹ und sogar ›schöne Frau‹). Es war nie ›Plasma‹ im modernen biologischen oder chemischen Sinn gemeint – diese Begriffe tauchten erst im 19. und 20. Jahrhundert auf. Ähnlich hat sich aus dem griechischen *prísma* (wörtlich ›etwas Gesägtes‹) der optische Begriff *Prisma* entwickelt, jedoch erst in modernen Zeiten, obwohl Euklid das Wort bereits als geometrischen Ausdruck eingeführt hatte. Und *Programm* kann auf das griechische *prógramma* zurückgeführt werden, das eine ›schriftliche öffentliche Mitteilung oder Verordnung‹ war. Heutzutage steht *Programm* für eine ganze Menge an Begriffen, von ›Zeitplan‹ oder ›Sendung‹ bis ›Computeranwendung‹. Während in vielen Fällen der ursprüngliche Gehalt solcher Wörter erhalten geblieben ist, hat Neugriechisch auch ihre modernen Bedeutungen übernommen – Lehnbedeutungen, wie Sprachwissenschaftler sa-

Lesbía ist ein weiteres griechisches Wort, das seine heutige Bedeutung durchs Lehnen erhalten hat – als die viktorianischen Briten die Gedichte Sapphos von Lesbos als erotisch einstuften. Dieses Gemälde, ›Sappho und Alcaeus‹, ist von Sir Lawrence Alma-Tadema (dessen Muttersprache übrigens Westfriesisch war).

gen. Auf der Skala des Griechischseins punkten diese Wörter somit niedriger als *prógnōsis*, *philosophía*, *demokratía* und ähnliche Fälle, die in Form und Inhalt nahezu unverändert fortbestehen.

Wir haben hier also zwei unterschiedliche Stufen auf der Skala des Griechischseins: Die ›Erbstücke‹, die von ihrem internationalen Erfolg unbeeindruckt geblieben sind, und die Wörter, die sich neue, international gültige Bedeutungen angeeignet haben, was sie ein kleines bisschen weniger authentisch macht. Dazu kommt noch eine dritte und sehr bekannte Kategorie: im Ausland gebildete Wortzusammensetzungen. Viele davon entstanden im 19. Jahrhundert, als abendländische Wissenschaftler sich von den beiden klassischen Sprachen inspirieren ließen, um Unmengen neuer Wortschöpfungen zu prägen, die bis heute in Gebrauch sind:

Pharmakologie, Empathie, Ontogenese, Android, hypoderm, Idiolekt, Ichthyophobie und viele weitere.

Diese zusammengesetzten Wörter bestehen aus Bausteinen, die leicht ineinander gesetzt werden können. Wenn *Ichthyophobie* die Angst vor Fischen ist (wörtlich ›Fischfurcht‹) und *Pharmakologie* die Wissenschaft der Medikamente, dann leuchtet es jedem ein, dass *Ichthyologie* die Lehre von den Fischen und *Pharmakophobie* die Angst vor Medikamenten sein muss. Während die Komponenten dieser Wörter griechischen Ursprungs sind, sind die Wörter selbst ganz klar ungriechisch. Und doch hat Neugriechisch sie mit offenen Armen aufgenommen, da sie beide nützlich und klar verständlich sind. Die Griechen nennen die Wissenschaft der Medikamente *pharmakología,* und das Gerät, mit dem das Innenleben eines Patienten abgehört werden kann, ist ein *stēthoskópio.** Sie behandeln diese Wörter, als seien sie auf ihrem eigenen griechischen Mist gewachsen, was die meisten Menschen vermutlich auch glauben. Aber es ist nicht abwegig zu sagen, dass sie im Griechischen Lehnwörter sind, wenngleich griechischen Ursprungs.

In manchen Fällen hat der Prozess zu kuriosen Doppelgängern geführt, von denen der eine einen höheren Grad des Griechischseins hat als der andere. Der wissenschaftliche Internationalismus *phonetisch* zum Beispiel stammt von dem griechischen Wort *phōnē*, ›Stimme, Laut‹, ab (*Telefon* heißt demnach wörtlich ›weit-Stimme‹) und bedeutet ›sich auf die Laute der gesprochenen Sprache beziehend‹. In der griechi-

* Neugriechisch ist hier nach den gleichen Regeln wie Altgriechisch transkribiert. Das ist keine übliche Methode, da die Aussprache mehrerer neugriechischer Buchstaben sich ziemlich von der altgriechischen unterscheidet, aber es gibt die Kontinuität in der Schriftsprache wieder.

schen Form *phōnētikós* hat es die gleiche wissenschaftliche Tragweite, aber dieses Adjektiv existiert auch im ursprünglichen griechischen Sinne von ›Stimme‹ oder ›stimmlich‹, wie in ›Stimmbänder‹ (*phōnētikés chordés*). Ein anderes Beispiel ist *osteopátheia*, Griechisch für ›Osteopathie‹. Von seinen Wortteilen ausgehend, müsste das Wort eigentlich ›knochenleidend‹ oder ›Knochenkrankheit‹ bedeuten, und so benutzen es die Neugriechen tatsächlich. Ein Wort kann also sowohl ein Leiden als auch eine Art der Behandlung bezeichnen.

Gibt es Stufen des Griechischseins jenseits der drei bisher beschriebenen: der Erbstücke, der Lehnbedeutungen und der direkt verständlichen Rück-Importe? – Ja, es gibt eine kleine vierte Stufe: Rück-Importe von geringerer Qualität. *Utopie* ist so ein Beispiel. Das Wort wurde in England von Thomas More geprägt und war eindeutig von den griechischen Wörtern *ou*, ›nicht‹, und *topos*, ›Ort‹, inspiriert. Kein Grieche hätte je solch ein Wort gebildet, aber die Griechen haben *utopia* (oder *outopía*) trotzdem in ihren Wortschatz aufgenommen. Es ist ein bisschen wie mit dem ›Made-in-Japan‹-Wort *Walkman*: Die Komposition fühlt sich nicht englisch an, aber das hindert niemanden daran, es zu benutzen.

Ebenso verwenden die Griechen, wenn es um die Hauptregister der männlichen Stimme geht, die importierten Begriffe: *mpásos* (›bassos‹ ausgesprochen), *barýtonos* und *tenóros*. Das stimmt eigentlich so nicht ganz, da *barýtonos* wörtlich ›schwerer, tiefer Ton‹ bedeutet – was die Stimme mit dem tiefsten Tonumfang besser umschreiben würde als *mpásos*, was vom lateinischen Wort *bassus* kommt und einfach ›tief‹ bedeutet. Seltsam ist auch das oben bereits erwähnte Wort *stēthoskópio*. Wir sagen ›Stethoskop‹, ohne dabei nachzudenken, aber Griechen fragen sich bestimmt manchmal, warum dieses Arztinstrument ›Brustkorb-*Seher*‹ genannt wird, wenn es doch zum Hören gedacht ist.

Nicht, dass die Griechen sich sonderlich um solche Komplikationen scheren würden. Es ist ihnen sehr wichtig, dass keine lebende Sprache Europas Sprachenlandschaft gründlicher beeinflusst hat als ihre. Keine merkwürdige Wortprägung oder verwirrende Doppelbedeutung kann den Stolz mindern, den sie für ihre Sprache fühlen – oder ihre *hyperēphanía*, um das (alt-)griechische Wort zu verwenden.

➤ Manche Wörter, die aus dem Altgriechischen stammen, sind alltäglicher als die hier besprochenen: ›Butter‹ und ›Schule‹ zum Beispiel. Adoptionen aus dem Neugriechischen sind ›Feta‹ und ›Ouzo‹.

¶ *Krebatomourmoúra* – wörtlich ›Bettgemurmel‹, ähnlich dem ›Bettgeflüster‹, aber mit einem Misston.

KAPITEL 34

Ankunft in Porto

Portugiesisch

Für die alten Römer bedeutete *plicare* ›zusammenfalten‹ oder ›zusammenrollen‹. Für die Katalanen, Italiener und Franzosen, die das Wort geerbt haben (*plegar*, *piegare* und *plier*), bedeutet es immer noch ›falten‹. *Plicare* ist aber auch ost- und westwärts sowie nach Übersee gereist und hat unterwegs ein Kuriositätenkabinett an Bedeutungen angesammelt.

Eine davon ist ›abreisen‹. In diesem Sinn verwenden es auch die Rumänen (*pleca*). Diese Bedeutung kommt Ihnen vielleicht zunächst spanisch vor, aber jeder, der schon mal zelten war, weiß, wovon die Rede ist. Nicht umsonst hat unser deutsches ›aufbrechen‹ eine ähnliche Doppelbedeutung: Vor der Abreise wird das Zelt zusammengefaltet, und dafür muss auf- oder abgebrochen werden, was manchmal viel Kraft erfordert. (Der Bayer wiederum sagt: »Pack ma's!«)

Einige Experten sind der Ansicht, dass die Rumänen ihre Bedeutungsverschiebung von ›falten‹ zu ›abreisen‹ den römischen Heeren zu verdanken haben, die im 2. Jahrhundert das heutige rumänische Gebiet besetzt hatten. Eine andere, überzeugendere Theorie ist, dass die ›Zusammenfalter‹ die Rumänen selbst waren, die viele Jahrhunderte lang ein überwiegend nomadisches Leben geführt haben. Und wenn jemand Ahnung vom Zelten hat, dann sind es schließlich umherziehende Hirten.

Während die Rumänen als nomadische Landratten lebten, waren auf der anderen Seite Europas die Portugiesen schon früh kundige Seefahrer. Nicht umsonst sind sowohl der Name ihres Landes als auch der ihrer zweitgrößten Stadt, Porto, vom lateinischen *portus*, ›Hafen‹, abgeleitet. Auch sie haben *plicare* vom Lateinischen geerbt (und machten *chegar* daraus, entsprechend ihrer Gewohnheit, *pl* am Wortanfang in *ch* umzuwandeln). Aber als Seefahrernation falteten und rollten sie ganz andere Dinge zusammen: vor allem Segel. Und das natürlich nicht wie die Römer dann, wenn sie aufbrachen, denn da mussten die Segel ausgerollt und gehisst werden. Nein, sie taten es dann, wenn sie an ihrem Zielort angekommen waren. Und so hat sich die Bedeutung im Portugiesischen genau in die andere Richtung entwickelt: zu ›ankommen‹. (Es gibt auch noch andere Theorien über die Bedeutungsentwicklung im Portugiesischen und Rumänischen, aber die sind weniger spannend und nicht zwingend richtiger.)

Dass das Wort für ›ankommen‹ aus der Schifffahrt stammt, ist übrigens kein Zufall. Der Wasserweg war seit jeher der gebräuchlichste, um große Abstände möglichst schnell zurückzulegen. Dieselben Katalanen, Italiener und Franzosen, die sich *plicare* für ›falten‹ bewahrt haben, benutzen auch für ›ankommen‹ einen nautischen Begriff: *arribar, arrivare, arriver*. Dieses ›arrivieren‹ bedeutet wörtlich ›an Land gehen‹, vom lateinischen ad (›an‹) und ripa (›Ufer‹). In unserem ›landen‹ ist dies ebenfalls noch vorhanden.

Und als ob ›abreisen‹ und ›ankommen‹ noch nicht genug

wären, hat eine andere europäische Sprache *plicare* mit einer Bedeutung versehen, die genau zwischen der portugiesischen und der rumänischen liegt. Auf Englisch kann *ply* nämlich nicht nur ›falten‹ bedeuten, sondern unter anderem auch ›regelmäßig auf einer bestimmten Wasserstrecke verkehren‹, ›(be)fahren‹ also. Der Weg, den *plicare* in diesem Fall zurückgelegt hat, ist etwas komplizierter. Im Lateinischen entstand mit der Vorsilbe *ad-* das Verb *applicare*, das unter anderem so etwas wie ›einen Kurs steuern‹ bedeutete. Über das Altfranzösische *apl(o)ier* verwandelte es sich in das englische *apply*. In der Bedeutung ›(be)fahren‹ verlor es seinen unbetonten Anlaut und wurde einfach zu *ply*.

Insgesamt ist *plicare* also komplizierte (*complicados*) Wege gegangen. Was impliziert (*implica*) das also? Auf diese Frage hätte ich gern eine gute Replik (*réplica*) parat. Mir fallen jedoch höchstens Beispiele ein, die dies explizieren (*explicar*): Die heute alltäglichen Begriffe *Display* und *App* stammen von *plicare* ab, wobei Applikationen (*aplicações*) sich auch auf Stoffen gut machen, nicht aber auf plissierten (*plissar*), und die Schweizer sprechen bei herausragenden (sportlichen) Leistungen von einem *Exploit*. – Die Tatsache, dass allein in diesem Absatz neun deutsche (und denglische) sowie sechs portugiesische Nachkommen von *plicare* vorkommen, spricht für sich. Zuerst implizit, jetzt auch explizit – *implícita o explicitamente*.

➢ Die meisten portugiesischen Lehnwörter stammen von den Kolonien, einschließlich ›Dodo‹, ›Banane‹ (Wörter der einheimischen Bevölkerung), ›Fetisch‹ und ›Kaste‹ (portugiesische Wörter für koloniale Phänomene). Ein Lehnwort, das direkt aus Portugal stammt, ist ›Barock‹.

¶ *Pesamenteiro* (männlich)/*pesamenteira* (weiblich) – wörtlich eine ›Kondolenz-Person‹; bezeichnet einen ungeladenen Beerdigungsbesucher, einen vermeintlich Trauernden, der nur des Essens und Trinkens wegen kommt. (Siehe dazu auch Hans Scheibners Kurzgeschichte »Die Eumeniden von Ohlsdorf«.)

KAPITEL 35

Mit der geht es voran

Sorbisch

Die Sorben (veraltet: Wenden) schämen sich dafür, dass sie Artikel verwenden: Sie glauben, dass sich so etwas nicht gehört und dass keine slawische Sprache, die etwas auf sich hält, diese komischen kleinen Wörter gebrauchen sollte.

Nicht, dass der Rest der slawischen Welt sich darüber den Kopf zerbrechen würde. Und der nichtslawische Teil erst recht nicht – viele kennen die Sorben nicht einmal und wissen daher auch nicht, dass im Südosten der ehemaligen DDR an die 50.000 Menschen wohnen, deren Muttersprache nicht Deutsch ist, sondern etwas, das eher wie Polnisch oder Tschechisch klingt.

Gerade wer klein ist, will dazugehören. Und daher möchten die Sorben gern, dass ihre kleine, vom Deutschen umzingelte Sprache so ist wie die ihrer slawischen Brudervölker. Und Tschechisch und Polnisch haben nun mal keine Artikel. Keine bestimmten Artikel (wie im Deutschen ›der‹, ›die‹ und ›das‹) und keine unbestimmten (wie ›ein‹ und ›eine‹). Das ist der offizielle Teil der Geschichte. Allerdings werden in diesen beiden Sprachen häufig die Wörter *ten*,

›dieser, diese, dieses‹, und *jeden*, ›eins‹, verwendet. Streng genommen sind es keine Artikel, denn ›eins‹ ist ein Zahlwort oder Numerale und ›jener‹ ein Demonstrativpronomen. Aber Zahlwörter und Demonstrativpronomina sind zufälligerweise genau die Art von Wörtern, die im Lauf der Zeit Artikel ausbrüten können. So ist das deutsche ›ein‹ aus ›eins‹ entstanden, und ›der‹ hatte früher dieselbe Funktion wie das heutige ›jener‹. Und dieser Prozess hat nicht nur im Deutschen stattgefunden. Der männliche Artikel *un* (›ein‹ in verschiedenen romanischen Sprachen) kommt vom lateinischen Zahlwort *unus*, ›eins‹. Der weibliche Artikel *la* (›die‹ in denselben Sprachen) kommt vom lateinischen Demonstrativpronomen *illa*, ›diese‹/›jene‹. Oft sind Artikel sogar heute noch nicht eindeutig zu erkennen. Une maison, una casa, ›ein Haus‹: Es könnte sowohl ›(irgend)ein Haus‹ als auch ›ein (einziges) Haus‹ gemeint sein, je nach Kontext und Betonung (jedenfalls im Deutschen). Genauso kann mit ›das‹ Haus auch ›dieses‹/›jenes‹ Haus gemeint sein. Kurzum: Die Grenzen sind nicht eindeutig auszumachen. Dass Polen und Tschechen so oft ›diese/r/s‹ sagen, ist in dem Zusammenhang also bemerkenswert und weist darauf hin, dass hier gerade eine Entwicklung stattfindet.

Ein Zahlwort oder Demonstrativpronomen wird nicht über Nacht zum Artikel. Das dauert mehrere Jahrhunderte, während derer die Wörter immer artikelartiger werden. Im Deutschen, Niederländischen, Englischen, Französischen und vielen anderen westeuropäischen Sprachen ist diese Entwicklung längst abgeschlossen. Im Tschechischen und Polnischen jedoch nicht: Die Wörter ›ein‹ und ›dieser‹ kommen darin, zumindest in der Umgangssprache, viel öfter vor als im – ebenfalls slawischen – Russischen, aber weniger als in den anderen genannten Sprachen. Sie können im Tschechischen oder Polnischen einfach weggelassen werden, ohne dass der Satz merkwürdig klingt. In Sprachen mit ›richtigen‹ Artikeln, wie im Deutschen, sind diese meistens unverzichtbar. Offensichtlich sind ›ein‹ und ›dieser‹ also im Tschechischen und Polnischen noch keine vollwertigen Artikel.

Gilt das auch für Sorbisch? – Das kommt darauf an. In alten Büchern, die vor Jahrhunderten übersetzt wurden, steht überall, wo im deutschen Originaltext ein bestimmter Artikel stand, *tón*, ›dieser‹. Das muss also bereits damals ganz normal geklungen haben. Und das tut es in der heutigen Umgangssprache noch immer. Mit anderen Worten: Das sorbische Demonstrativpronomen ›dieser‹ ist auf dem besten Wege, ein Artikel zu werden. Überdies sagen moderne Sorben, wenn sie das Wort ›dieser‹ wirklich als Demonstrativpronomen verwenden wollen, oft ›dieser dort‹, um darauf hinzuweisen, dass sie nicht die – häufiger verwendete – Bedeutung als Artikel meinen. Anscheinend ist das nötig.

Aber wie gesagt: Sie schämen sich dafür. Der sorbische Bildungsbürger hält Artikel in einer slawischen Sprache für unpassend. Also gehen kulturbewusste Sorben Artikeln aus dem Weg, wenn sie sich schriftlich äußern. Wenn sie ›der Lehrer‹ meinen, sagen sie *tón wučer*, aber sie schreiben *wučer*.

Lustigerweise irrt hier der sorbische Bildungsbürger. Es stimmt einfach nicht, dass slawische Sprachen keine Artikel haben. Früher war das einmal so, ja. Vor zweitausend Jahren hatte so gut wie keine europäische Sprache Artikel – nur die alten Griechen waren ihrer Zeit wieder einmal voraus. Aber seither haben die meisten Sprachen nach und nach ihre eigenen Artikel entwickelt. Zuerst die romanischen Sprachen, ihnen dicht auf den Fersen die germanischen, und schließlich auch zwei slawische: Bulgarisch und Mazedonisch. – Oder eben doch drei, mit Sorbisch. Wollen wir es schon mitzählen, oder warten wir noch ein bisschen?

So gesehen ist Sorbisch also einen Schritt weiter als Polnisch, Tschechisch und Russisch. Artikel sind ein Beweis, dass Sie mit der Zeit gehen! Artikel sind moderne Musthaves! Die Sorben sollten sich schleunigst von ihrer Scham befreien.

➤ Das Wort ›Quark‹ kommt aus dem Niedersorbischen. Obersorbisch lieferte ein weniger bekanntes Wort: ›Schlammbeißer‹ oder ›Schlammpeitzger‹. Dieser Fisch beißt nicht in den Schlamm, sondern ›pfeift‹ dort: ›Beißer‹ und ›Peitzger‹ sind hier beide von *piskor*, ›Pfeifer‹, abgeleitet.

¶ Ausnahmsweise kein potentielles Lehnwort, sondern ein Sprichwort: *Bóh je stworił Łužicu a čert je zarył brunicu.* – »Gott schuf die Lausitz, und der Teufel steckte die Braunkohle darunter.« Auch auf andere Gebiete Deutschlands anwendbar.

KAPITEL 36

Printen nach Āhene tragen

Lettisch

Der französische General Scharl de Gohl war ein großer Bewunderer von Migel de Serwantes' berühmtem Roman *Donn Kichohte.*

Schüler der Schann-d'Ahk-Schule führen Williäm Schehkspias *König Lia* auf.

So geht es natürlich nicht. Höchstens Schulanfänger oder Menschen mit Lese-Rechtschreib-Schwäche dürfen so schreiben.

Nicht so in Lettland: Dort schreiben alle in diesem Stil, es ist sogar die offiziell anerkannte Art der Rechtschreibung. Den Letten sind *Šarls de Golls* und *Migels de Servantess* samt *Dons Kihots* sehr vertraut, ebenso *Žanna d'Arka, Viljams Šekspīrs* und dessen Meisterwerk *Karalis Līrs.*

Wer sich eine lettische Zeitung anguckt, könnte meinen, Lettisch sei die Weltsprache schlechthin. Alle Namen weisen darauf hin. Sie sind auf Lettisch buchstabiert und haben lettische Endsilben: Fast ausnahmslos bekommen weibliche

Namen ein *-e* oder *-a* verpasst (Angela Merkele), männliche ein Schluss-*s*. Selbst James Jones wird zu *Džeimss Džonss*, mit Doppel-*s*, weil es sonst so aussähe, als ob der Wortstamm ›Džeim Džon‹ sei. Auch Ortsnamen bekommen diese Behandlung: Neapole, Parīze, Maskava, Minhene und Āhene (Neapel, Paris, Moskau, München, Aachen). Natürlich haben viele europäische Sprachen eigene Namen für berühmte Städte (schließlich sagen wir auch nicht Napoli, Pari, Moskwa oder Landen), auf Lettisch aber auch Leipciga, Jorka (und Ņujorka), Šarlruā, Kembridža, Ēksanprovansa und Zārbrikene (Leipzig, (New) York, Charleroi, Cambridge, Aix-en-Provence, Saarbrücken), bis hin zu noch so kleinen Orten. Man fragt sich ängstlich, unter welchem Namen obskure Ortschaften wie Querenhorst, Obergurgl und Unterhöslwang in lettischen Zeitungen wohl erscheinen mögen.

Die Letten sind mit ihrer Angewohnheit nicht allein. In Litauen, einem Nachbarland mit einer eng verwandten Sprache, haben sie ebenfalls ein Händchen dafür. Mittlerweile weniger als früher, das schon: ›Hilari Klinton‹ heißt hier inzwischen meist wie anderswo auch Hillary Clinton, und man erinnert sich nicht mehr an ›Margareta Tečer‹, sondern an Margaret Thatcher. In einer anderen Ecke Europas gibt es Leute mit dem gleichen kreativen Hobby: im albanischen Sprachgebiet. Dort sprechen Journalisten von ›Hillari Klinton‹, ›Margaret Theçer‹ und ›Xhorxh W. Bush‹.

Auch den Tschechen und den Slowaken ist diese Vorgehensweise nicht ganz fremd. Männer dürfen ihren Nachnamen behalten, aber ausländische Frauen bekommen ungebeten das gleiche Buchstabenanhängsel verpasst, das auch tschechische und slowakische Frauen schmückt, nämlich *-ová*: Hillary Rodhamová Clintonová, Margaret Thatcherová, J. K. Rowlingová. Nur international bekannte Marken wie Britney Spearsová, Jennifer Lopezová und Celine Dionová bleiben manchmal davon verschont.

Tatsächlich war im restlichen Europa lange Ähnliches üblich. Den römischen Dichter Ovidius zum Beispiel kennen wir unter dem Namen Ovid, andernorts heißt er Ovide, Ovidio, Óivid, Ovidijus, Ovidiu, Ovidije, Owidiusz oder Ovīdijs. Auch Königsnamen wurden jahrhundertelang übersetzt: Karl der Große wird – unter anderem – Charlemagne, Karel de Grote, Karl den Store, Carlos Magno, Carol cel Mare und Kaarle Suuri genannt. Selbst Normalsterbliche wie Jehan Cauvin erfuhren eine solche Behandlung. Dieser lebte im 16. Jahrhundert im nördlichen Frankreich, das offizielle Französisch machte Jean Calvin aus ihm. Der Rest Europas verwendete für seinen Vornamen die örtlich jeweils übliche Variante von Johannes (wie Jan, Giovanni, John, Johannes und Jehannes) und verwandelte seinen Nachnamen auf phantasievolle Weise: Calvino, Kalvyn, Kalwin, Calví, Calvijn, Cailvin, Kalvinas, Kalvinos.

In dem Maße, wie die Kommunikation zwischen Ländern und Völkern immer mehr zunahm, starb diese Gewohnheit nach und nach aus. Im späten 18. Jahrhundert wurden Namen wie der des amerikanischen Präsidenten George Washington bereits viel seltener den einheimischen Namensgebungen angepasst. In Deutschland erschien noch 1817 eine aus dem Englischen übersetzte Biographie, in der er ›Georg Waschington‹ genannt wurde (ein e weniger, ein c mehr); auf die Idee würde hier heutzutage niemand mehr kommen. In romanischen Gegenden findet man sich manchmal doch noch in Straßen aus dem 19. Jahrhundert wieder, die nach einem Georges, Jorge oder Giorgio Washington benannt sind. Und Osteuropa war zu jener Zeit eindeutig weniger mit der westlichen Welt verbandelt als heute, so dass auch der Nachname dieses Präsidenten dort oft noch dran glauben musste:

Džordž Vašington (Kroatisch), Jerzy Waszyngton (Polnisch). Ebenso in Albanien: Die Hauptstadt kann sich nicht nur mit einer Xhorxh-Uashington-Straße brüsten, sondern zudem noch mit einer Xhorxh-Bush-Straße. Die Litauer sind sogar noch einen Schritt weiter gegangen: Džordžas Vašingtonas, mit Suffixen. Und die Letten übertrumpfen wieder alle: Der gute Mann heißt dort Džordžs Vašingtons, wobei die nach ihm benannte Stadt Vašingtona genannt wird. Diese Ausgänge sind in der lettischen Grammatik offensichtlich unentbehrlich.

¶ *Drēgns* – ›kalt und feucht‹. Eingedeutscht: ›dregen‹, denn das *ē* stellt ein langes ›e‹ dar, und das ›s‹ ist nur ein Nominativausgang. Dregenes Wetter; ein dregener Tag. Warum nur hatten wir bisher noch kein Wort dafür?

KAPITEL 37

Mammina mia

Italienisch

Donna ist das italienische Wort für ›Frau‹ – so weit, so gut. Auf Italienisch ist Frau aber nicht gleich Frau. Oft bekommt sie ein Anhängsel aus extra Buchstaben verpasst, die aus ihr eine *donnina*, *donnetta*, *donnicina*, *donnicciola* oder *donnuccia* machen – um nur einige der bekanntesten Varianten zu nennen. Außer dass eine bestimmte Frau gemeint ist, erfahren wir, dass der Sprecher oder die Sprecherin diese Frau klein, attraktiv oder hässlich findet, sie nicht allzu ernst nimmt oder ein bestimmtes Bild von ihrem Körperbau oder Lebenswandel hat. Auf jeden Fall sind diese extra Silben mehr als reine Verzierungen.

Solch eine Vielfalt ist überraschend für diejenigen, die Italienisch für eine Art modernes Latein halten. Das ist an sich nicht so weit hergeholt, schließlich war Latein im Altertum die Sprache Italiens, und von ihr stammt es ab, keine Frage. Aber das klassische Latein, so reich es auch an Wortformen ist, war in dieser Hinsicht doch weniger üppig ausgestattet. Es hatte zwar ein Verkleinerungswort für ›Frau‹, *femella*, das von *femina* (›Frau‹) abgeleitet ist, und *dominula* für *domina*,

›Herrin‹ (aus dem das italienische *donna* hervorgegangen ist). Für jedes Wort hatte das Lateinische jedoch meist nur eine einzige solche Form, die aus einem Substantiv seine Verkleinerungsform macht; so wie im Deutschen die Endsilben ›-lein‹ und ›-chen‹ sowie, je nach Dialekt, ›-i‹, ›-erl‹, ›-li‹, ›-le‹, ›-la‹, ›je‹/›-tje‹ und ›-ke‹. Es gibt solche Diminutive, wie klassische Sprachwissenschaftler sie nennen, überall in Europa, außer in Skandinavien.

Wo in deutschen und lateinischen Wörterbüchern die Abkürzung ›dim.‹ ausreicht, müssen italienische Lexikographen noch viel weiter ausholen. *Donnicciola* beispielsweise bezeichnet oft »geistige Kleinheit«, vermeldet das berühmte Wörterbuch Tommaseo-Bellini aus dem 19. Jahrhundert, während *donnettaccia* Geringschätzung ausdrückt. Eine *donnicciuoluccia* dagegen ist eine sehr kleine Frau, ohne dass damit unbedingt etwas Negatives verbunden sein muss – manchmal aber eben doch. Diese letzteren drei Formen muten inzwischen recht verstaubt an, aber auch die heute üblicheren Formen, die oben bereits genannt wurden, *donnina*, *donnetta* und so weiter, haben jede ihre eigenen Nuancen und Gefühlswerte. Dennoch heißen sie alle einfach *diminutivi* – ein Begriff, der dieser Fülle des Italienischen nicht ganz gerecht wird.

Und damit nicht genug. Das Italienische hat nicht nur allerlei Arten von Verkleinerungswörtern, sondern auch ihr Pendant: Vergrößerungswörter oder Augmentative (*accrescitivi*) – eine Kategorie, die dem Lateinischen ganz fehlt.

Eine italienische *donnona* braucht ihre Kleider nicht bei den kleinen Größen zu suchen, während sie eine wenn auch nicht sehr elegante, aber durchaus weibliche Ausstrahlung haben kann, was sie übrigens von der *donnone* unterscheidet; eine *donnotta* hingegen kann aufgrund ihres kräftigen Körperbaus gut Overalls tragen.

Auch die meisten romanischen und einige slawische Sprachen sowie Griechisch haben die Möglichkeit, sich mit Augmentativen auszudrücken. Natürlich kann in jeder Sprache etwas oder jemand als groß bezeichnet werden. Im Deutschen wird solcherlei nicht mit nachgestellten Anhängseln (Suffixen) ausgedrückt, sondern mit vorgestellten Wortteilen (Präfixen): ›über-‹ (›Überlänge‹), ›un-‹ (›Unmenge‹), ›aber-‹ (›Abertausende‹), oder in Zusammensetzungen mit ›Riesen-‹, ›Mords-‹, ›Heiden-‹, ›Bomben-‹, ›Affen-‹ u. Ä.

Neben den Verkleinerungs- und Vergrößerungswörtern unterscheiden die Italiener außerdem noch *vezzeggiativi* und *dispregiativi*, grammatikalische Begriffe, die entweder ›Anerkennung‹ oder ›Abwertung‹ vermitteln (diese Gruppen werden auch ›Affirmative‹ und ›Pejorative‹ genannt). Das Komplizierte ist, dass sie oft nur schwer von Verkleinerungswörtern zu unterscheiden sind. Eine *donnetta* kann einfach nur klein sein, der Sprecher kann das Wort aber genauso zärtlich oder herablassend meinen. Eine *donnuccia* ist manchmal einfach etwas kurz geraten, in anderen Fällen wiederum eine ausgesprochen unangenehme Person. *Donna*-Wörter können sogar mehrere Endungen hintereinander angesetzt bekommen, von denen die eine auf ein kurzes Format hindeutet, die andere auf einen schlechten Charakter. So wie bei *donnettaccia*: Der *ett*-Teil macht sie klein und der *acci*-Teil unsympathisch. In andere Fällen herrscht höchste Alarmstufe: Von einer *donnacchera, donnaccia* oder *donnucciaccia* sollte man sich besser fernhalten – Punkt. Übrigens können Italiener aus verschiedenen Regionen verschiedene Endungen unterschiedlich auffassen, ebenso wie heutige Sprecher manches wieder anders sehen als Tommaseo und Bellini, die Lexikographen aus dem 19. Jahrhundert.

Wie auch immer, unabhängig von Region und Zeitalter: Die Italiener haben viel Spielraum bei den *donna*-Varianten.

Trotzdem fanden sie es erforderlich, noch eine weitere zu entlehnen, wahrscheinlich aus dem Spanischen: *donzella*, ›junges Mädchen‹. Und weil sie's einfach nicht lassen können, haben sie auf diese *donzella* ebenfalls wieder sämtliche Formen losgelassen: *donzelletta*, *donzellina*, *donzellona*.

Haben alle italienischen Substantive so viele Formen? – Nein, das nun auch wieder nicht. Bei den meisten Wörtern ist in der Praxis nur eine beschränkte Anzahl Ableitungen üblich. Die *donna* hat also auch für italienische Begriffe auffallend viele verschiedene Verkleinerungs-, Kose- und Abwertungsanhängsel. Man könnte sich fast fragen, ob es etwas über die Italiener aussagt, dass sie so viele Endungen brauchen, um ihre Frauen zu verniedlichen, liebzuhaben und zu verachten. Aber Vorsicht! Das ist eine gefährliche Logik. Wer aus einer Sprache solche kulturellen Erkenntnisse herauszufiltern glaubt, begibt sich auf Glatteis. Man kann sich leicht dazu hinreißen lassen, solche Zusammenhänge zu vermuten, aber es ist schwierig, sie zu beweisen, und oft stellen sie lediglich Zufälligkeiten dar. Andererseits: Wer mal am Wochenende zur besten Sendezeit eine Stunde italienisches Fernsehen schaut, zieht automatisch diese Schlussfolgerung: Wenn das Zufall sein soll, dann weiß der Zufall ziemlich genau, was er tut.

➤ Viele italienische Wörter sind unmittelbar als solche erkennbar, wie ›Spaghetti‹ und ›Libretto‹. Weniger offensichtlich sind ›Bank‹, ›Antenne‹ und ›Arsenal‹ (ein italianisiertes arabisches Wort).

¶ *Dietrologia* – wörtlich ›Dahinter-Kunde‹: die Überzeugung einiger Menschen, dass allerlei weit verbreitete Erklärungen nicht stimmen; die Neigung, Verschwörungstheorien anzuhängen.

KAPITEL 38

Schneesturm im Wasserglas

Samisch

Wie viele Wörter haben die Samen* für Schnee?

* Die Samen sind auch als Lappen bekannt, aber so wollen sie nicht genannt werden. Diese Abneigung ist nur bedingt nachvollziehbar, denn der Name ›Lappen‹ kommt aus dem Lappischen, Pardon, dem Samischen, und verweist auf die Rentierhaltung. Das scheint mir eine passende Bezeichnung zu sein, angesichts der Tatsache, dass sie diesen ehrenvollen Beruf reihenweise ausüben. Aber ›Lappen‹ erinnert sie wohl zu sehr an ein schwedisches Wort, das, in etwa wie im Deutschen, ›Lumpen, Stofffetzen‹ bedeutet. Außerdem bedeutet es auf Finnisch ›Die nach Norden verdrängte Bevölkerungsgruppe‹. Samen also. Untereinander sprechen sie Samisch, wohnen tun sie in – Samenland? Nein, in Lappland – diese Bezeichnung ist demnach für sie in Ordnung. Oder Sápmi, aber das sagt kaum einem Deutschsprachigen etwas. Jedenfalls hatte das Gebiet, in dem sie leben, nie eine eigene Staatlichkeit und ist heute zwischen den vier Staaten Norwegen, Schweden, Finnland und Russland aufgeteilt.

Eine Zeitlang wurde behauptet, dass ein anderes bekanntes arktisches Volk, die Inuit*, dutzende oder sogar hunderte Wörter für Schnee habe. Diese Legende geht auf Benjamin Lee Whorf zurück, einen begabten Linguisten mit teilweise ungewöhnlich kuriosen Ideen. Diese veröffentlichte er 1940 in der nichtwissenschaftlichen Zeitschrift *Technology Review*. Er sagte übrigens nicht dazu, welche der Inuit-Sprachen er meinte – Grönländisch? Inuktitut? Oder noch eine ganz andere? Jedenfalls wurde seine Behauptung 1991 gründlich widerlegt, und zwar von Geoffrey Pullum in dessen Buch *The Great Eskimo Vocabulary Hoax* (›Die große Eskimo-Vokabel-Fabel‹). Er untersuchte und entlarvte eine Menge vermeintlicher Eskimo-Wörter für Schnee. So stellte sich heraus, dass *igluksaq* nicht ›Schnee für den Bau eines Iglos‹ bedeutet, sondern ganz allgemein ›Baumaterial‹. Ebenso ist *saumavuq* nicht ›schneebedeckt‹, sondern ›bedeckt‹. Diese Liste lässt sich weiter fortführen. Laut Pullum nennt das Wörterbuch *Dictionary of the West Greenlandic Eskimo Language* von 1927 zwei relevante Ursprünge: *qanik* (›Schnee in der Luft‹ oder ›Schneeflocke‹) und *aput* (›Schnee am Boden‹). In einem später erschienenen Artikel identifizierte Pullum zwei weitere Begriffe dieser Sprache für Schnee: *piqsirpoq* (›Flugschnee‹) und *qimuqsuq* (›Schneewehe‹). Bis heute hat niemand irgendwelche anderen Bezeichnungen gefunden.

Na gut, denken Sie jetzt vielleicht: Völker, die im Schnee leben, haben anscheinend doch nicht mehr Schnee-Wörter als andere. Die Inuit nicht, und die Samen aller Wahrschein-

---

* Eskimos wollen sie nicht genannt werden, obwohl dieser Name gar nicht ›Rohfleischesser‹ bedeutet, wie oft behauptet wird. Und warum sollte das überhaupt eine Beleidigung sein? Filet americain oder Tartar sind doch auch Leckerbissen? Falls kühl gelagert. Und genau dabei kann ihnen keiner etwas vormachen.

lichkeit nach auch nicht. Ebenso wie wir keine dutzende Wörter für Regen haben, trotz unseres lebenslangen engen Kontakts mit diesem Phänomen. Es gibt natürlich Wortkombinationen wie ›Schlagregen‹ oder ›Nieselregen‹. Aber ganz unterschiedliche Begriffe? Ich komme nicht viel weiter als ›Wolkenbruch‹, ›Schauer‹, ›(Regen-)Guss‹, ›Platz(-regen)‹, ›Eimer‹, ›Schleusen‹ und ›Bindfäden‹.

Aber da war auch Erkki Itkonen, zu Lebzeiten ein führender Finno-Ugrist.* Dieser brachte 1989 ein vierteiliges *Inarilappisches Wörterbuch* heraus, das also Wörter der inarisamischen Sprache enthält. Darin lassen sich tatsächlich einundzwanzig Wörter für Schnee finden (siehe Kasten S. 206) und somit Gegenargumente für Pullums Gegenargumente. Nicht, dass ich dieses Wörterbuch selbst gelesen hätte – auch mein Wissensdurst hat irgendwo Grenzen –, aber Harald Haarmann hat dies anscheinend getan, ebenfalls ein angesehener Sprachwissenschaftler. Er hat Itkonens Wörterbuch diese einundzwanzig samischen Wörter für Schnee entnommen.

Genau wie die Inuit sprechen auch die Samen verschiedene Sprachen, etwa zehn, und die Sprecher dieser verschiedenen Sprachen verstehen sich untereinander nur mit Mühe, oder auch gar nicht. Die größte ist Nordsamisch mit etwa fünftausend Sprechern. Inarisamisch, die Sprache von Itko-

---

* Also ein Gelehrter der Finno-Ugristik, der Wissenschaft, die die finno-ugrischen Sprachen untersucht. Zu dieser Gruppe gehören unter anderem Finnisch, Estnisch, Samisch und Ungarisch. Es ist kein Fach, das riesige Schlagzeilen macht, aber es existiert, genau wie die Slawistik, die Hellenistik, die Keltologie, die Baltologie und die Baskologie. Erkki Itkonen war also eine Koryphäe auf seinem Gebiet. Ebenso wie sein Bruder Toivo Itkonen, sein Neffe Terho Itkonen und sein Sohn Esa Itkonen. Die Itkonens sind vermutlich die finno-ugristischste Familie der Welt.

nens Wörterbuch, wird nur von ein paar hundert Menschen in Nordfinnland gesprochen.

Ob Haarmanns Version stimmt? Bedeutet *kamadoh* wirklich ›harter Harsch im Frühjahr‹? Oder vielleicht einfach nur ›Kruste‹, egal worauf und aus welchem Material? Ist *syeyngis* wirklich ›weicher Schnee‹, oder ist es jedwede weiche Substanz, von Schlamm bis Kirschquark? Anders gefragt: Sind Itkonens Definitionen, wie Haarmann sie notiert hat, wirklich genauer als die Liste, die Pullum so gnaden- und restlos auseinanderklamüsert hat?

Wer kann uns hier weiterhelfen? Am besten ein Finno-Ugrist. Der große Itkonen weilt nicht mehr unter uns, aber über Umwege landet meine Frage bei einem anderen hervorragenden Experten, seinem Schüler Pekka Sammallahti in Oulu, Nordfinnland. Und der kann uns erst einmal beruhigen: Die einundwanzig oben genannten Begriffe beziehen sich tatsächlich ausschließlich auf Schnee. Dann wird er, wie es sich für einen Experten gehört, etwas nuancierter (ich übersetze aus dem Englischen):

»Woraus besteht ein Schnee-Wort? Es scheint ein Kontinuum zu geben. Die Kerngruppe besteht aus Begriffen, die die Beschaffenheit von Schnee beschreiben. Die zweite, etwas weniger zentrale Gruppe benennt Schneeformationen, die dritte Schnee in Bewegung, die vierte Schnee, der sich in Eis umwandelt, die fünfte Schnee, der sich in Wasser umwandelt, und die sechste unterschiedliche Oberflächen, die mit Schnee bedeckt sind.«

Aha! Aber wenn dem so ist, haben wir vielleicht doch mehrere Wörter für Regen. Denn eine *Pfütze*, *Tropfen* und vielleicht sogar *Nebel*, *Dunst* und *Tau* sind in diesem Sinne ›Regenformationen‹, das *Gießen* und der *Bach* stehen für ›Regenwasser in Bewegung‹, *Frieren* ist ein ›Übergang von Regen zu Eis‹, und *Tümpel*, *Weiher*, *See*, *Fahrwasser*, *Kanal*,

21 inarisamische Wörter für ›Schnee‹ (nach Itkonen), aus *Weltgeschichte der Sprachen* (von Harald Haarmann). Samischer Ausdruck und Bedeutungsnuancen (Eigenheiten, Beschaffenheit):

ääining auf kahlen Boden gefallener Neuschnee, der das Verfolgen von Fährten ermöglicht

ceeyvi bei starkem Wind entstandener Schnee, vom Wind hartgepeitschter Schnee; dieser ist so hart, dass das Reh keine Nahrung darunter suchen kann

cuanguj Harsch, Schneekruste

čaerga dünner harter Schnee (der Wind weht den lockeren Schnee von oben weg ab und härtet den darunter befindlichen)

čyehi harte Eisschicht gleich über dem Erdboden (im Herbst gefallener Schneeregen ist hart gefroren)

kamadoh harter Harsch im Frühjahr, dass es geradezu kracht, wenn man darauf fährt

kerni dünne Eisschicht auf dem Schnee

kolšša harte, glatte Schneefläche

lavkke auf Glatteis gefallener Schnee, wobei es so glatt ist, dass die Hufe des Rens keinen Halt finden

muovla Schnee in einem so weichen Zustand, dass der Ski bis auf den Boden einsinkt

purga wirbelnder Schnee (im Schneegestöber)

rine dicker Schnee auf dem Baum; Schnee, der sich auf den Ästen gesammelt hat

seeli Schnee, der von der Oberfläche bis auf den Grund weich ist

senjes alter, spröder, grobkörnig gewordener reiner Schnee unter dem neuen, harten Schnee

skälvi hohe, harte und abschüssige Schneewehe, die wie ein Erker oder eine Traufe z. B. am Flussufer oder um einen großen Stein herum steht

syeyngis weicher Schnee, in den das weidende Ren eine Grube gräbt

šleätta Schlackerschnee

šohma Schneebrei auf dem Eis

šolkka hartgetretener Schnee

vasme dünner Neuschnee

vocca frischgefallener Schnee, der so lose ist, dass der Wind ihn weiterbläst

Gracht, *Schlot* usw. sind Wörter für ›Oberflächen, die mit Regen bedeckt sind‹. Jede Menge regnerische Varianten der inarisamischen Schneewörter.

Oder schummle ich jetzt? *Verdampfen* sagt man doch nicht nur, wenn es um Wasser geht? Und außerdem handelt es sich hierbei doch um ein Verb und kein Substantiv? – Stimmt. Aber *verdampfen* bezog sich ursprünglich tatsächlich nur auf Wasser, erst später wurde es zu einem physikalischen Begriff. Und was die Wortarten angeht: Deutsch und Samisch können, wie die meisten Sprachen, Wörter einer bestimmten Kategorie ganz leicht in Wörter einer anderen Kategorie umbilden: *verdampfen* ist ein Verb, aber *das Verdampfen* und *die Verdampfung* sind Substantive, *verdampft* (wie in ›verdampftes Wasser‹) und *verdampfend* sind Adjektive. Mein Fazit: Ja, die Samen haben eine Menge Wörter für Schnee. Das ist allerdings nichts Ungewöhnliches. Wo für die Samen viele dieser reichhaltig benannten Objekte und Phänomene, die ihnen der Himmel schenkt, festgefroren, weiß und lichtundurchlässig sind, sind sie für uns kühl, nass und durchsichtig.

➤ Die Gruppe der samischen Sprachen hat die Welt um ein Wort bereichert: ›Tundra‹. Russisch hat für seine Verbreitung die vermittelnde Rolle übernommen.

¶ Es wäre schon sehr ehrgeizig, alle einundzwanzig Sami-Wörter für Schnee zu übernehmen, aber Skifahrer würden davon bestimmt profitieren.

KAPITEL 39

Die Sprache der Zahlen in zahlreichen Sprachen

Bretonisch

Auf Bretonisch – das ist die keltische Sprache der Bretagne – kann man prima zählen. Aber auf Bretonisch zu rechnen ist beinahe unmöglich.

Um zu zählen, braucht man keine Zahlen, nur Zahlwörter: eine lange Reihe Wörter, beginnend mit ›eins‹, ›zwei‹, und so weiter, bis man nicht mehr weiterzählen kann (wenn es nicht mehr geht, sollte man aufhören – oder doch lieber, wenn's am schönsten ist?), und dann kommt am Ende noch ›unendlich‹ (das hat die Wissenschaft festgelegt, die einfach nicht aufhören konnte, weil's so schön war). Es geht tatsächlich nicht bei ›null‹ los, denn dazu sagt eine normale, präwissenschaftliche Sprache einfach ›kein(er)‹ oder ›nichts‹. Das Wort ›null‹ kommt vom Lateinischen *nullus*, und das bedeutet: genau, ›keiner‹. Alle europäischen Sprachen haben ein Wort für ›hundert‹ und ›tausend‹, sie kommen also schon mal ziemlich weit. Das Wort ›Million‹ ist wie ›null‹ vergleichsweise jung und bedeutet wörtlich ›ein großes Tausend‹: Es setzt sich zusammen aus dem italienischen Wort für ›tausend‹, *mille*, und dem Anhängsel *-one*, was ›groß‹ bedeutet. Am Ende des 13. Jahrhunderts erhielt Marco Polos Reisetagebuch den Titel *Il Milione*; wahrscheinlich war das eine Anspielung auf die ihm nachgesagte Neigung zum Übertreiben seiner eigenen Bedeutung. (Wäre Marco Polo ein Deutscher gewesen, dann hieße die Zahl 1.000.000 jetzt womöglich ›Tausendsassa‹.) Einige Zeit darauf erhielt das Wort die genauere Bedeutung ›tausend mal tausend‹; wiederum später wurde ein weiteres Zahlwort für eine noch größere Zahl benötigt, und die Milliarde war geboren. Es folgten die Billion, die Billiarde und viele weitere Zahlwörter, in Richtung der großen Unzählbaren: der Unendlichkeit.

Aber all diese Zahlwörter, werden Sie jetzt sagen, sind doch Zahlen? Acht ist doch 8, und zwölf ist 12? Und das logische System der Zahlen, mit von rechts nach links den Einern, Zehnern, Hundertern und so weiter, ist doch fast das gleiche wie das der Zahlwörter? Schließlich sind die beiden Siebenen in 77 auch in ›siebenundsiebzig‹ eindeutig zu erkennen, und dass ›-zig‹ etwas mit ›zehn‹ zu tun hat, leuchtet ebenfalls ein. So wie die 8 und die 9 in 98, ›achtundneunzig‹ – auf Deutsch zwar in umgekehrter Reihenfolge, dennoch logisch. Für Englisch passt das sogar noch besser, da hier die meisten Zahlen in der richtigen Reihenfolge stehen: *ninety-eight*. Aber in nicht wenigen Sprachen gibt es Verwirrenderes als diesen Zahlendreher. Einige Zahlwörter klingen ganz anders, als man erwarten würde, wenn man die ihnen entsprechenden Zahlen in Ziffern dazu betrachtet.

Nehmen wir zum Beispiel Französisch mit seinem berühmt-berüchtigten ›vier-zwanzig-zehn-acht‹ (*quatre-vingt-dix-huit*) für 98. Oder Dänisch mit seinem weniger berühmten, jedoch noch krasseren ›acht-und-halbfünfs‹ (*otteoghalvfems*), dem in Gedanken sogar noch ›mal zwanzig‹ hinzugefügt werden muss: 8 + ((5 – ½) × 20), also auch 98, jedenfalls wenn Sie richtig rechnen. Und das ist noch nicht mal die bizarrste Ausnahme unter den dänischen Zahlwörtern – ein Großteil davon ist mindestens genauso umständlich.

Von allen Sprachen, in denen Zahlen und Zahlwörter nicht miteinander synchronisieren, macht Bretonisch sich selbst das Leben am schwersten. Es zählt zum Beispiel in Zwanziger-Einheiten: 45 ist nicht ›fünfundvierzig‹, sondern ›fünf-und-zwei-zwanzig‹, 77 ist – immerhin nach dem gleichen Prinzip – ›siebzehn-und-drei-zwanzig‹. Ganz konsequent wird dann allerdings doch nicht weitergemacht: 35 ist einfach ›fünf-und-dreißig‹ und 50 ›halb-hundert‹.

Es ist schon auf Deutsch nicht einfach, im Kopf siebenundsiebzig und neunundfünfzig zusammenzuzählen (einhundertsechsunddreißig). Aber unsere Zahlwörter helfen ein wenig dabei, uns die Zahlen auf Rechenebene vorzustellen. Überlegen Sie sich nur mal, wie es erst wäre, ›siebzehn-und-drei-zwanzig‹ und ›neun-und-halb-hundert‹ zu addieren – das ist die gleiche Aufgabe, nur wörtlich aus dem Bretonischen übersetzt.

Und das war immer noch nicht das abschreckendste Beispiel. Wenn Sie einmal wirklich einen Grund haben, einen Bretonen zu ärgern, lassen Sie ihn ohne Stift und Papier achtundsiebzig plus neunundfünfzig zusammenzählen. 78 ist in seiner Sprache nämlich ›drei-sechs-und-drei-zwanzig‹. Eigentlich stellen Sie ihm also die Aufgabe, (3 × 6 + 3 × 20) + (9 + ½ × 100) auszurechnen. Im Kopf, und das ohne die Unterstützung zahlenartiger Zählwörter wie ›achtzehn‹ und ›sechzig‹ – denn die fehlen ihm in seiner Sprache ja gerade. Daher kann man also auf Bretonisch prima zählen, aber kaum rechnen.

Ein Tipp für die Bretonen: Vielleicht sollten sie sich an ihren keltischen Cousins, den Walisern, ein Beispiel nehmen.

Deren Sprache – Walisisch – war ursprünglich sogar noch einen Tick komplizierter. Sehen Sie selbst: 77 = ›zwei-auf-fünfzehn-und-drei-zwanzig‹. 78 = ›zwei-neun-und-drei-zwanzig‹. 79 = vier-zwanzig-minus-eins‹. Aber irgendwann waren sie so weit, einen weisen Entschluss zu fassen: Sie verwenden diese Zahlwörter jetzt nur noch für das, wozu sie sich eignen, nämlich zum Zählen. Sobald in Wales etwas ausgerechnet wird, werden die eben genannten Zahlen ausgesprochen als ›sieben-zehn-sieben‹, ›sieben-zehn-acht‹ und ›sieben-zehn-neun‹, womit natürlich 7 × 10 + 7, 7 × 10 + 8 und 7 × 10 + 9 gemeint ist. Das ist das logischste Prinzip, das überhaupt möglich ist, noch logischer als in der zweiten Sprache von Wales, dem Englischen. Ein guter Tipp also. Aber ob die Bretonen ihn beherzigen werden? Ich würde eher nicht damit rechnen.

➤ Das bekannteste deutsche Wort mit (vermutlich) bretonischem Ursprung ist ›Miene‹ und wurde übers Französische entlehnt. Eine gesicherte bretonische Herkunft hat ›Menhir‹, ebenfalls über Französisch.

¶ *Startijenn* – ein Energiekick, den man zum Beispiel von Kaffee bekommt. Wahrscheinlich vom englischen *start* hergeleitet.

KAPITEL 40

Übersetzer zur Rechten Gottes

Jiddisch

Demütig und dienstfertig ist das Dasein der Übersetzer. Wo Schriftsteller und Autoren Ruhm einheimsen, schuften sie in der Anonymität. Und doch haben sie Macht, sprachliche Macht – übersetzte Autoren können ein Lied davon singen. Und am meisten Macht haben sie, wenn sie Gottes Wort übersetzen.

Nehmen wir das Alte Testament. Diese Texte wurden ursprünglich auf Hebräisch verfasst, das einst die Sprache des jüdischen Volks gewesen, als Umgangssprache jedoch bereits seit dem 3. Jahrhundert ausgestorben war. Wer das Alte Testament lesen will, ohne sich dafür das alte Hebräisch aneignen zu müssen, braucht also eine Übersetzung. Das galt zum Beispiel auch für deutsche Gläubige, die die Lutherbibel oder andere traditionelle Bibelübersetzungen wie die Elberfelder Bibel lasen. In dieser stehen Formulierungen wie »Er antwortete und sprach« und »Kommt her zu mir, alle ihr Mühseligen und Beladenen!«, was nicht gerade flüssiges

Deutsch ist. »Das Heilige der Heiligen« ist eine hebräische Ausdrucksweise für ›das Heiligste‹.

Es gibt Redewendungen der ›Sprache Kanaans‹, die, teils selbstironisch, besonders von Mitgliedern freier Kirchen und Pietisten verwendet werden. So bedeutet *in der Welt* ›heidnisch‹, *stille werden* beten, *der Feind* ist der Teufel. Es gibt auch sogenannte kanaanäische Dialekte, anhand derer dem Sprecher seine gemeindliche Herkunft zugeordnet werden kann. Daher wird das Abendmahl je nachdem als *Herrenmahl, Brotbrechen* oder *Tisch des Herrn* bezeichnet.

Auch reformierte Niederländer im 17. Jahrhundert wollten einen Zugang zur Bibel in ihrer eigenen Sprache erhalten. Die offizielle, vom Parlament gesponserte Übersetzung, die *Statenbijbel* (Staatenbibel), ist – mehr als Luthers Fassung – voller merkwürdiger Wörter und Satzwendungen. Und nicht nur aus unserer heutigen Sicht, sondern auch aus der ihrer Zeitgenossen. Begriffe wie *uitspansel* (›Himmelskuppel‹) und *bekennen* (›erkennen‹, im Sinne von ›beiwohnen‹) waren auch im 17. Jahrhundert schon nicht mehr angesagt. Wahrscheinlich wären sie inzwischen längst ausgestorben, wenn die *Statenbijbel* ihnen nicht das Leben gerettet hätte. Das Buch konnte diese Heldentat begehen, da sich Generationen protestantischer Niederländer dank ihrer Kirchgänge und Bibelstudien mit dieser Sprache Kanaans innig vertraut gemacht hatten.

Noch auffälliger als die oben genannten Wörter sind manche Satzkonstruktionen. *Hij sprak, zeggende* (›Er sprach, sagend‹) wäre in korrektem Niederländisch: *hij zei* (›er sagte‹). *God zag het licht, dat het goed was* (›Gott sah das Licht, dass es gut war‹): *God zag dat het licht goed was* (›Gott sah, dass das Licht gut war‹). Dieses verdrehte Niederländisch entstand, indem allzu wörtlich aus dem Hebräischen übersetzt wurde. Nur wichen diese Satzbauten offensichtlich zu stark vom normalen Niederländisch ab, denn sie wurden außerhalb der Bibel nicht übernommen. Selbst der gottesfürchtigste niederländische Protestant wird nicht sagen: »Ich hörte den Pfarrer, dass er uns eine Predigt hielt.«

Eine andere Gruppe Gläubiger, die das Alte Testament in ihrer eigenen Sprache lesen wollten, waren die mittelalterlichen Juden Mitteleuropas. Sie sprachen Jiddisch, eine Sprache, die auf deutschen Dialekten basierte, vermischt mit einer Hand voll französischer und einer ansehnlichen Menge hebräischer Wörter. (In späteren Jahrhunderten kamen noch viele slawische Wörter hinzu.) Also machten sich Übersetzer ans Werk, um das Alte Testament ins Jiddische zu übertragen. Jedenfalls in etwas, das dem Jiddischen ähnlich war. Denn wenn wir den Urhebern der *Statenbijbel* auf einer Eigensinnigkeitsskala von 1 bis 7 die Note 4 geben, dann verdienen die jiddischen Übersetzer eine 7 – mindestens. Sie müssen sich wahrlich als Übersetzer zur Rechten Gottes gesehen haben, so eigenmächtig gingen sie mit ihrer Sprache um.

Nicht, dass sie dies selbst so empfanden. Im Gegenteil, sie hätten argumentiert, dass sie sich an allerlei strenge, selbst auferlegte Regeln hielten. Und damit hätten sie recht gehabt. Aber es waren Regeln, mit denen ein heutiger Student einer Übersetzerausbildung sich eine negativ bindende Studienempfehlung eingehandelt hätte.

So hatten die Übersetzer sich überlegt, dass in dem jiddischen Text kein einziges hebräisches Wort vorkommen sollte. Daher schied zum Beispiel *meilech* (›König‹) aus, denn das kam eindeutig aus dem Hebräischen (*melech*). Sie machten *kinig* daraus, nach dem damaligen deutschen Wort *Kunig*.

Eine andere Regel, mit der die Übersetzer sich selbst das Leben schwermachten, war, dass Wörter, die im Original miteinander verwandt waren, diese Verwandtschaft in der Übersetzung ebenfalls aufweisen mussten. Das hebräische Wort für ›herrschen‹ beispielsweise war *malach*, eindeutig mit einer Verbindung zum eben genannten *melech*. Um die Verwandtschaftsbedingung zu erfüllen, übersetzten sie dieses Verb mit *kinign*, wörtlich ›königen‹. Das ist bemerkenswert, denn *kinign* war kein Jiddisch und in dieser Bedeutung und Wortform auch kein Deutsch.

Ein Wort, das sie noch ernsthafter in Verlegenheit brachte, war *akrav* (›Skorpion‹). Nördlich der Alpen kommt dieses Tier nicht vor, so dass weder Jiddisch noch Deutsch ein Wort dafür liefern konnten. Aber statt das hebräische Wort zu nehmen, wählten die Übersetzer ein deutsches Wort, *Egedechse* (heute ›Eidechse‹), das natürlich ein ganz anderes Tier bezeichnet. Sie machten also willentlich einen Übersetzungsfehler.

Die Männer gingen weit in ihrer exzentrischen Vorgehensweise. Im Alltagsjiddisch gab es zwei Wörter für ›Ding‹, nämlich *ding* und *sach*. Aber da Hebräisch hierfür nur ein einziges Wort hatte, verwendeten auch sie konsequent nur eins der beiden, nämlich *sach*. Was für Hebräisch gut genug war, war für alle gut genug, Punkt.

Sogar die jiddische Grammatik war vor ihren Schrullen nicht sicher. Statt ›die schöne Blume‹ schrieben die Übersetzer »die Blume die schöne«. Das klang auf Jiddisch äußerst merkwürdig, genauso merkwürdig wie auf Deutsch oder Niederländisch. Aber na ja, auf Hebräisch wurde das halt so gesagt. Genau so ein Fall wie ›er sprach, sagend‹ – gutes Hebräisch, schlechtes Deutsch und Niederländisch.

Alles in allem waren es ziemlich bizarre Texte, die die Übersetzer fabrizierten. Aber es waren die Texte, mit denen seither Millionen jüdischer Kinder seit frühester Jugend aufwuchsen, und außerdem die einzigen jiddischen Texte, die sie in ihrem Unterricht lasen. Mit der Konsequenz, dass sie auf die Dauer nicht mehr als merkwürdig empfunden wurden, sondern als Goldstandard für richtiges und gutes Jiddisch.

In ›gutem Jiddisch‹ sind *kinig* und *kinign* seither normale Wörter. *Ekdesch* heißt ›Skorpion‹. Das Wort *ding* ist außer Gebrauch geraten. Und die Wortstellung von *die Blume die schöne* ist inzwischen normal geworden, mit einer etwas anderen Bedeutungsnuance als das altbekannte *die schöne Blume*. Das ist das Jiddisch, das mehrere zehntausend Europäer, die es noch sprechen – vor allem in Osteuropa, aber auch eine Gemeinschaft in Antwerpen –, als korrekt ansehen.

Demütig und dienstfertig ist das Dasein der Übersetzer. Aber manchmal haben sie göttliche Gewalt und können über die Sprache von Millionen *königen*.

TEIL VI

ORDNUNG MUSS SEIN

Sprachen und ihre Grammatik

Die meisten Sprachen tragen die Bürde einer Menge grammatikalischer Regeln, aber die Päckchen sind ungerecht verteilt. Beinahe alle Sprachen haben Geschlechter, was auch zu Verwirrungen führen kann (Niederländisch), und viele haben ein Fallsystem (Romanes). Manche beugen ihre Verben bis zum Abwinken (Bulgarisch), während ein paar an Gebrechen wie Aspekten (Russisch), Mutation (Walisisch) und Ergativität (Baskisch) leiden. Aber es gibt auch eine Sprache mit einem nachahmenswerten Trick im Ärmel: Ukrainisch.

KAPITEL 41

Genderbending

Niederländisch

Schauen Sie sich mal diesen kurzen Dialog an: *Ze heeft mooie poten. – Ja, heeft-ie.* Aus dem Niederländischen übersetzt, heißt das so viel wie: »Sie hat hübsche Beine.« – »Ja, die hat er.«

Das klingt, als würden die beiden aneinander vorbeireden. Aber wenn der erstere Sprecher aus dem flämischen Teil Belgiens stammt und der letztere aus Holland, dann könnte ihr Gespräch genau so verlaufen – vorausgesetzt, die bewunderten Beine gehören nicht zu einer Person, sondern zu einem Tisch, beispielsweise.

Das ist möglich, weil Niederländisch wie Deutsch eine der vielen Sprachen ist, die klingen, »als ob den Dingen Genitalien gewachsen wären«, wie ich einmal einen Amerikaner sagen hörte. Mit anderen Worten: Jedes Substantiv hat ein Geschlecht, sogar eine Tasse Kaffee. Die hat auf Niederländisch selbst mehrere Geschlechter: Ein *kop koffie* ist männlich, ein kleines *kopje koffie* ist sächlich, und eine – meist belgische – *tas koffie* ist weiblich. Eine *tafel* (›Tisch‹) ist in Belgien weiblich, in den Niederlanden jedoch meist männlich – was unseren kleinen Dialog so verwirrend macht. Andererseits ist ein *model* (›Modell‹) auf Niederländisch wie auf Deutsch immer ein Neutrum, ob damit nun ein Jaguar XJ, Heidi Klum oder Marcus Schenkenberg gemeint ist.

Das kann allerdings nicht die einzige Erklärung für die unterschiedliche Geschlechterzuordnung im obigen Dialog sein. Auf Deutsch haben Substantive auch ein Geschlecht, und doch klingt das oben stehende Gespräch, in dem erst von ›ihr‹ und dann von ›ihm‹ die Rede ist, für deutsche Ohren merkwürdig. Denn im Deutschen nehmen wir es genau: Wenn ein Substantiv männlich ist, gehört zu ihm selbstverständlich auch das männliche Pronomen ›er‹; ist es weiblich, ›sie‹, ist es sächlich, ›es‹. Einfach, übersichtlich, konsequent. (Bis ›das Mädchen‹ auf der Bildfläche erscheint und wir auch ›sie‹ sagen können, aber nicht müssen. Solche Ausnahmen sind jedoch selten.) So war es im Niederländischen bis vor kurzem auch, vor langer Zeit sogar im Englischen. Heute kann das englische Pronomen *it* sich zwar auf so ziemlich alles beziehen, was im Singular steht und nicht atmet (bis auf einige Ausnahmen: *Fill her up* – ›Einmal volltanken, bitte‹). Aber die Sprecher des Altenglischen waren es gewohnt, sich gewissenhaft an das System zu halten, so wie wir Sprecher des Deutschen es bis heute tun, während die Sprecher des Niederländischen das lockerer sehen. Auch der Grundsatz des eindeutig zugeordneten Wortgeschlechts hat heute nicht mehr viel zu sagen. Geschlechteranarchie scheint in den Niederlanden zur Norm geworden zu sein. (Vieles, was nun folgt, gilt allerdings nicht für Belgien und die benachbarte niederländische Grenzregion.)

Wenn Sie hierzu einige Niederländer befragten, dann wären sie wahrscheinlich davon überzeugt, dass sie sich an das alte (dem Deutschen ähnliche) System halten, wenn auch mit einigen leichten Abweichungen. Sie würden vielleicht einräumen, dass sie männliche und weibliche Fotomodelle als ›er‹ und ›sie‹ bezeichnen, nicht als ›es‹. Und die Sprachbewussteren unter ihnen könnten sogar der Beobachtung zustimmen, dass viele weibliche Wörter männlich geworden sind, etwa *tafel* und *school* (›Schule‹). Aber Anarchie? Niemals!

Nun, sie hätten damit in gewisser Weise recht – wirkliche Anarchie ist es nicht. Aber es ist eine Tatsache, dass die Niederländer die alten Regeln gründlich auf den Kopf gestellt haben, vor allem in der gesprochenen Sprache; sie wurden nur von dem, was sie einst in der Schule gelernt haben, so geblendet, dass erst eine ausländische Linguistin kommen musste – die Deutsche Jenny Audring, die an diesem Buch mitgearbeitet hat –, um klarzustellen, was eigentlich los ist. Sie deckte auf, dass die niederländische Sprache nichts weniger als eine Geschlechtsumwandlung erfahren hat.

Es ist so: Der Gebrauch des Wortes ›sie‹ bleibt nur noch einer sehr kleinen Kategorie erhalten: Lebewesen, deren weiblichen Geschlechts sich der Sprecher stark bewusst ist. Das schließt alle Frauen mit ein, sowie weibliche Tiere, die der Sprecher kennt: Haustiere oder Pferde oder, falls Sie Bauer sind, Schafe, Kühe und Säue. Das könnte Ihnen durchaus bekannt vorkommen, wenn Sie Englisch sprechen.

Während im Englischen der nicht lebende Teil der Welt vom Wort *it*, ›es‹, kolonisiert wurde, hat dies im Niederländischen sein Konkurrent *hij*, ›er‹, größtenteils geschafft. Ungeachtet des traditionellen Geschlechts wird hier auf sämtliche im Singular stehende Objekte mit dem Pronomen ›er‹ verwiesen: eine Tasse Kaffee, ein Flugzeug, ein Atom, ein Planet, einfach alles. (*Kun je mij* het *mes teruggeven?* – *Ik leg* hem *hier neer.* ›Kannst du mir das Messer zurückgeben?‹ – ›Ich lege ihn hier hin.‹) Männer und alle anderen Lebewesen, die nicht eindeutig weiblich sind, werden in den gleichen Topf geworfen – dieser linguistische Sexismus schreit zum Himmel. Und was das dritte und letzte Singular-Pronomen betrifft: ›Es‹ ist der Gruppe der sogenannten Massen-Substantive zugewiesen worden, wie Butter, Schwefel und Schnee, sowie der Gruppe der abstrakten Konzepte wie Freude, Frieden und Aufmerksamkeit. (*Waarheen met* de *soep? – Zet* het *maar daar neer.* ›Wohin mit der Suppe?‹ – ›Stellen Sie es ruhig dorthin.‹)

Natürlich gibt es in jeder Sprache eine gewisse Diskrepanz zwischen dem, was auf der Straße gesprochen wird, und dem, was in den Schreinen der Lexika und Grammatikwerke aufbewahrt wird. Sprachen befinden sich in einem ständigen Zustand der Bewegung, und die sogenannten Regeln verlaufen nicht synchron mit der Aktualität. So würden Freunde des korrekten Sprachgebrauchs Ihnen Sätze wie ›Ich habe ihn gesehen gehabt‹ nicht durchgehen lassen und Sie darauf hinweisen, dass dieses ›doppelte Perfekt‹ eine Sprachverschandelung sei. In absehbarer Zeit werden derartige Konstruktionen jedoch offiziell akzeptiert sein, ohne dass sich jemand daran stört. Genauso wird es auch den Sprechern des Niederländischen mit der sich momentan wandelnden Verteilung der Wortgeschlechter ergehen.

Das ist zwar alles schön und gut, aber es ändert nichts daran, dass niederländische Schreiber sich in einer Zwickmühle befinden, denn immer, wenn sie ›er‹, ›sie‹ oder ›es‹ gebrauchen, müssen sie zwei Mal nachdenken. Als Linguist macht es mich glücklich, dass Jenny Audring analysiert hat, wie sich meine Sprache direkt vor meiner Nase verändert. Als Autor stimmt es mich jedoch weniger froh, da ich mir jetzt der beiden verschiedenen Regelsysteme des Niederländischen bewusst bin – es gibt die Gesetze der Straße und die des Wörterbuchs und der Grammatik –, und jedes Mal, wenn ich mich an den Schreibtisch setze, bin ich gezwungen, zwischen ihnen zu wählen. Schöner Mist.

➢ Deutsch hat eine Menge Wörter aus dem Niederländischen übernommen, beispielsweise ›baggern‹, ›Bö‹ und ›Brandung‹ – um nur beim Anfangsbuchstaben ›B‹ zu bleiben.

¶ *Uitwaaien* – sich entspannen, indem man einen windigen Ort aufsucht, an dem es oft auch kalt ist und regnet. Da die Deutschen wie die Niederländer dieses Verhalten notgedrungen an den Tag legen, wenn das Wetter nichts anderes zulässt, wäre das Wort auch für sie nützlich.

KAPITEL 42

Im Fall der Fälle

Romanes

Gute Nachrichten für diejenigen, die eine neue Sprache lernen wollen: Die Fälle, diese kleinen Quälgeister, sind auf dem Rückzug. Wer Deutsch spricht, ist zwar einigermaßen an sie gewöhnt, aber es ist doch bequemer, sie sich in einer Fremdsprache nicht mühsam aneignen zu müssen. Das Tempo, in dem die Fälle verschwinden, ist unterschiedlich, aber dass es geschieht – zumindest in den indoeuropäischen Sprachen –, ist so sicher wie die Tatsache, dass Wasser nach unten fließt, von einer höher gelegenen Quelle bis zu einer tiefer gelegenen Mündung. In manchen Sprachen verläuft dieser Prozess schnell wie in einem Bergbach, in anderen so langsam, wie sich ein Gletscher fortbewegt.

Einige Beispiele: Im Lateinischen gab es für ›Wolf‹ noch die Deklinationsformen *lupus*, *lupi*, *lupo* und weitere, im Französischen gibt es nur noch *le loup*. Das Urgermanische hatte noch die Formen *wulfaz*, *wulfasa*, *wulfan* und so fort, insgesamt sechs Kasusformen, Hochdeutsch hat nur noch zwei: ›Wolf‹ und ›Wolf(e)s‹. (Die Fälle sind immerhin noch an den vorangehenden Artikeln zu erkennen: Nominativ:

der Wolf, Genitiv: des Wolf(e)s, Dativ: dem Wolf, Akkusativ: den Wolf.) Für den Genitiv wird in der heutigen Umgangssprache, den Fallgesetzen folgend, mittlerweile die Dativ-Umschreibung mit ›von‹ favorisiert, also ›von dem Wolf‹. Wer ›des Wolf(e)s‹ *sagt*, muss riskieren, für ein Fossil gehalten zu werden, in der Schriftsprache jedoch ist die Form immer noch üblich. Meinetwegen darf sie bleiben – schließlich erleichtert sie das Lesen und Verstehen von Texten.

Nördlich, westlich und südlich des deutschen Sprachgebiets (oder *vom* deutschen Sprachgebiet, wenn Sie schneller schwimmen möchten als der Strom) sind Fälle schon jetzt selten anzutreffen. Nur ein paar kleine Sprachen im kahlen Nordwesten Europas haben sie sich noch erhalten: Isländisch, Färöisch, Schottisch- und Irisch-Gälisch – und in Irland verdünnisieren sie sich gerade. Östlich des deutschen Sprachgebiets sind Fälle allerdings weiterhin verbreitet. Dort haben nur Bulgarisch und Mazedonisch sich ihrer (Achtung, Genitiv!) fast vollständig entledigt. Die anderen slawischen Sprachen plus Albanisch, Armenisch, Lettisch und Litauisch gönnen sich den Luxus von sechs bis sieben Fällen, Griechisch und Rumänisch haben immerhin noch drei bis vier.

Aber auch dort im Osten gibt es starke Anzeichen, dass das System ins Wanken geraten ist. Zunächst einmal haben all diese Sprachen weniger Fälle als die acht ihrer indoeuropäischen ›Urmutter‹ vor über 5.000 Jahren. Außerdem verschwindet in vielen Sprachen der Vokativ (die Anredeform, wie im Lateinischen *amice* – ›mein Freund‹ oder auch ›hey Kumpel‹). Auch verringert sich die Erkennbarkeit bestimmter Fälle hier und da. Auf Tschechisch beispielsweise muss manchmal eine einzige Wortform für eine Menge Fälle herhalten: *nádraží* (Bahnhof) steht für sechs Fälle in der Einzahl und vier in der Mehrzahl. In Sätzen, wo es genau auf den Fall

Roma-Gitarrist Jean ›Django‹ Reinhardt. *Django* bedeutet auf Romanes ›ich erwache‹.

ankommt, versteht man also nur noch ›Bahnhof‹. So etwas ist nicht gerade vorteilhaft für die Eindeutigkeit und Lebensdauer des Systems. Zugegeben, in Mittel- und Osteuropa sind die Fälle noch lange nicht ausgestorben, aber auch hier bewegt sich die Strömung unaufhaltsam in eine Richtung: Weg von der alten, fallfreudigen Quelle, hin zur falllosen Mündung auf der Talseite. Diese Sprachen sehen ihre Fälle davonschwimmen. Ich tippe auf zwanzig, höchstens dreißig Generationen, bis sie alle das offene Meer erreicht haben.

Wir können uns das mühsame Lernen also genauso gut sparen.

Oder ist diese Vorhersage doch zu drastisch? Es gibt immerhin eine europäische Sprache, die Zweifel berechtigt erscheinen lässt, ob der Strom wirklich immer von oben nach unten fließt: Romanes, die Sprache, die von Millionen Roma gesprochen wird. Um das Jahr null, als die Sprecher dieser Sprache nicht in Europa lebten, sondern in Indien, hatte Romanes noch sieben Fälle. In den darauffolgenden Jahrhunderten verringerte sich ihre Zahl bis auf drei, brav den Fallgesetzen folgend. Aber als die Roma sich um das 11. Jahrhundert herum aufmachten, gen Westen zu ziehen, war ihre Zahl wieder gestiegen, sogar auf acht, also höher als Normalnull. Und das moderne Romanes hat diese acht Fälle meist noch immer.

Wie ist das möglich? – Fälle, auch wenn sie noch so aufwendiges Lernen erfordern, sind keine sinnlose Quälerei. Sie können etwas, das jeder Sprache zugutekommt: Sie verdeutlichen die Rolle eines Wortes im Satz. Steht ein Wort zum Beispiel im Nominativ (*lupus*, ›der Wolf‹), dann ist es meist Subjekt des Satzes; steht es im Akkusativ (*lupum*, ›den Wolf‹), dann ist es das Akkusativobjekt. Manche Sprachen haben einen eigenen Fall für die Bezeichnung eines Orts (Lokativ), andere für das Benennen eines Hilfsmittels (Instrumentalis). Natürlich gibt es auch andere Möglichkeiten, diese Informationen einzubauen. Eine feste Wortreihenfolge und die Verwendung von Präpositionen etwa, wie im Englischen. *Mark gives Tom money* – ohne Zweifel ist Mark am Ende dieser Transaktion etwas ärmer und Tom reicher als zuvor. (Im Deutschen wären wir uns da nicht so sicher, denn es könnte ja genauso gut sein, dass der Sprecher mit »Mark gibt Tom Geld« sagen möchte: »Es ist Mark, dem Tom Geld gibt, Pam gibt er aber keins.«) Auch in *The girl played with her ball in the garden* gibt es kein Vertun: Es ist eindeutig, wer womit und wo gespielt hat, obwohl kein einziger Fall zu finden ist. Fallen tut nur der Ball.

Zurück zum alten Romanes. Als es vier seiner sieben Fälle abstieß, behielt es die zwei, die Subjekt und Objekt definierten. (Ja, und auch noch einen dritten, aber den lassen wir hier außen vor.) Die meisten anderen wurden durch Wörter wie *an*, *durch* und *in* ersetzt, durch Präpositionen also. Genauer gesagt durch Postpositionen oder auch nachgestellte Präpositionen (*prä* = vor, *post* = nach), denn sie standen jeweils hinter ›ihrem‹ Wort. Genau wie manche deutschen ›Präpositionen‹: »Immer der Nase nach«; »Der Liebe wegen«.

Schließlich, und das ist der Knackpunkt, wuchsen im Romanes diese nachgestellten Präpositionen an ihrem Substantiv fest. Sie waren keine selbständigen Wörter mehr, sondern hatten sich in einen fest angehefteten Schwanz ihres Substantivs umgewandelt, in ein Suffix, einen Wortausgang also. Die alten und die jungen Romanes-Suffixe unterscheiden sich klar voneinander: Die drei alten sind kurz (*phral*, *phrala*, *phrales* – ›Bruder‹), die fünf jungen sind lang (*phraleske*, *phraleste*, *phralestar*, *phralesa* und *phraleskero*). Es ist klar zu erkennen, an welcher alten Form die Anhängsel festgewachsen sind.

Natürlich ist für Außenstehende nicht zu unterscheiden, ob etwas ein Wortausgang oder ein eigenständiges Wort ist, denn Leerzeichen werden im Redefluss nicht ausgesprochen. Aber Muttersprachler wissen aufgrund allerlei grammatikalischer Signale intuitiv ziemlich genau, ob es sich um ein Wort oder einen Ausgang handelt. Kein muttersprachlicher Deutscher käme auf den Gedanken, dass ›in bar‹ ein einziges Wort sein könnte oder ›bar‹ in ›wunderbar‹ ein eigenständiges Wort.

Ein Strom fließt niemals aufwärts. Dennoch kann eine

Sprache neue Fälle entwickeln. So wie auch Wasser seinen Weg nach oben finden kann: zu Wolken verdampfen, mit dem Wind reisen und schließlich als Niederschlag wieder auf die Erde fallen. Um dann erneut abwärts zu strömen, in einem ewigen Kreislauf. Auch im Romanes geht dieser Kreislauf weiter: In manchen Dialekten sind die neuen Fälle bereits wieder verschwunden.

➢ Die Wörter ›Kaff‹, ›Jenisch‹ und ›Zaster‹ entstammen ursprünglich dem Romanes.

¶ *Wortacha* – Partner eines wirtschaftlichen Projekts. Vermeidet die Mehrdeutigkeit des Worts ›Partner‹.

KAPITEL 43

Eine überfällige Fusion

Bulgarisch und Partner

Die slawischen Sprachen haben allesamt ein Manko. Russisch, Polnisch, Slowakisch, Bulgarisch und den Rest des Vereins verbindet eine gemeinsame Sache: Sie sind viel zu schwer. Nicht für Kleinkinder natürlich, die können alles. Aber für einen erwachsenen Germanen wie dich und mich besteht wenig Hoffnung.

Nicht, weil sie die Dinge anders benennen. Wir schaffen es noch zu lernen, dass eine ›Hand‹ *ruka* ist und ›bezahlen‹ *platit* heißt. Das können wir vielleicht sogar besser als Kleinkinder, schließlich haben wir viel mehr Erfahrung mit dem Lernen neuer Vokabeln. Auch unseren deutschen Wortschatz erweitern wir immer noch täglich. Es ist nicht einmal die kyrillische Schrift, die die slawischen Sprachen für uns so heikel macht. Kyrillisch ist übersichtlich und wird außerdem nur von der einen Hälfte der slawischen Familie verwendet. Nein, das Problem bei den slawischen Sprachen ist ihre Grammatik. Sie leiden am selben Übel wie früher Latein (wer es in der Schule hatte, erinnert sich daran, wie verstörend all die Deklinationen und Konjugationen sein konnten). Jedes Verb und jedes Substantiv muss natürlich gleich ein ganzes Aufgebot an Endungen haben. Endungen, Endungen und noch mehr Endungen. Als ob es kein Morgen gäbe. Schade eigentlich.

Die Slawen wissen selbst nur zu genau, dass das Leben eigentlich leichter sein könnte. Sie haben verschiedene Teillösungen für das Übermaß an Ausgängen gefunden. Das Problem ist, dass die verschiedenen slawischen Sprachen nicht die gleichen Lösungen gefunden haben. Die slawische Welt als kränkelnde Organisation: Es mangelt nicht an guten Ideen, wohl aber an interner Kommunikation.

Na gut, dann ist es wohl an mir, hier auszuhelfen. Unter meinem Interim-Management werden also in diesem Buch zwei Sprachen miteinander fusionieren: Bulgarisch und Slowakisch. Diese Auswahl ist relativ willkürlich und doch wieder nicht. Denn beide Sprachen sind im Prozess der Vereinfachung weiter als beispielsweise Weißrussisch oder Serbokroatisch. Nennen wir das Ergebnis der Fusionierung Bulwakisch. Oder nein, das klingt zu sehr nach einem Hund … Dann lieber Slogarisch. Ja, das passt besser. Diese ›das Beste von beiden‹-Sprache wird von den Fusionspartnern jeweils zwei sehr angenehme Eigenschaften übernehmen, daher ernennen wir sie hiermit zur »Idealen slawischen Sprache Nr. 1«. Die anderen – Ukrainisch, Slowenisch und der Rest der Truppe – können sich ruhig mal ein Beispiel nehmen.

Baustelle 1 – Die Fälle

Hier übernimmt Slogarisch eine fast komplette bulgarische Abteilung. Im Slowakischen und in den meisten anderen slawischen Sprachen bekommen jedes Substantiv und jedes Adjektiv im Singular sechs oder sieben verschiedene Kasusendungen und im Plural sechs oder sieben weitere. Wenn diese zwölf oder vierzehn verschiedenen Endungen für jedes Wort gleich wären, ginge es ja noch. Aber nein, sie zeigen entmutigende Variationen auf: Weibliche Wörter bekommen andere Ausgänge als männliche oder sächliche; Wörter, die auf einen bestimmten Vokal enden, haben wiederum andere Ausgänge als Wörter, die auf einen anderen Vokal enden; Substantive, die Lebewesen bezeichnen, andere als Substantive, die Gegenstände bezeichnen. Und dann gibt es noch Wörter, die keiner erkennbaren Logik folgen und einfach machen, was sie wollen. Das System ist also so geordnet wie eine Prügelei betrunkener Matrosen auf einem steuerlosen Schiff während eines tobenden Orkans.

Bulgarisch hingegen hat sich bereits vor vielen Jahrhunderten diesem Chaos entzogen. Nur die Anredeform (der Vokativ) dürfte noch an die düsteren Zeiten erinnern. Auf der anderen Seite hat Slowakisch, das für gewöhnlich ebenso fallfreudig ist wie alle anderen slawischen Sprachen, den Vokativ vorsorglich ausrangiert. Es gibt also keinen triftigen Grund für Slogarisch, den Vokativ zu behalten. Bitte sehr – und damit ist kein Fall mehr übrig!

Baustelle 2 – Der Artikel

Slowakisch hat wie die meisten anderen slawischen Sprachen keinen Artikel. Das ist vielleicht keine Katastrophe, aber als Germane (oder Romane) ist man das nun mal gewöhnt. Man vermisst etwas, wenn man ohne ›der‹, ›die‹ und ›das‹ auskommen muss. Darum behält Slogarisch das Gute am Bulgarischen, welches nämlich sehr wohl Artikel hat. Diese stehen hinter (!) dem Substantiv, was leider doch etwas gewöhnungsbedürftig sein könnte. Aber die skandinavischen Sprachen machen das auch. So ungermanisch ist diese Eigenschaft also gar nicht.

Baustelle 3 – Die Betonung

Im Bulgarischen und in nicht wenigen anderen Sprachen ist die Betonung der Wortsilben unregelmäßig; genau wie im Deutschen, nur noch gravierender. In einem Wort wie *meschet*, ›der Mann‹, wird die letzte Silbe betont. Der Artikel also. Das ist, als würden wir auf Deutsch ›*der* Mann‹ sagen statt ›der *Mann*‹. Und: Das Wort *velna* kann ›Welle‹ oder ›Wolle‹ bedeuten, je nach Betonung. Irgendwie ist das alles aber viel zu beschwerlich und muss doch einfacher gehen. Dass das tatsächlich machbar ist, beweist Slowakisch. Seine Hauptregel ist: Die erste Silbe wird betont. Es gibt noch eine untergeordnete Regel, die mit den Präpositionen zu tun hat, und auch das lässt sich lernen. Prima! Slogarisch soll sich nach diesem Vorbild richten.

Baustelle 4 – Das Verb

Hier muss Slogarisch einfach Bulgarisch ignorieren und die slowakischen Regeln übernehmen. Nicht dass sie total einfach wären, denn Slowakisch leidet an einer Familienkrankheit (genannt ›Aspekt‹, siehe Kapitel 47 (Russisch)). Aber davon abgesehen ist Slowakisch, wie übrigens die meisten anderen slawischen Sprachen, gar nicht so kompliziert. Es unterscheidet zwischen Vergangenheit, Präsens und Futur, und das war's auch schon. Damit steht es in schrillem Gegensatz zu Bulgarisch, denn dieses hat für jedes Verb hunderte Beugungen (böse Zungen behaupten sogar an die tausend). Eine Konjugationstabelle enthält so viele beängstigende Ausdrücke, als habe man ein medizinisches Wörterbuch vor sich: Perfektiv, Imperfektiv, Aorist, Renarrativ, Konditional, Dubitativ, Futurum secundum exactum, Inferential, Indikativ, Passiv … Und all diese Zeiten, Modi, Aspekte und Formen haben wieder eigene Endungen für die erste, zweite und dritte Person, für den Singular und den Plural und manchmal noch für männliche, weibliche und sächliche Formen. Auch die Bedeutungen haben es in sich. Der Renarrativ sagt: »Ich habe dies erzählt bekommen«, mit dem Inferential sagt der Sprecher: »Ich folgere dies aus anderen Informationen«, und der Dubitativ drückt Skepsis aus – »Ich sage dies zwar, aber ich fresse einen Besen, wenn es stimmt«. Natürlich können wir all diese Nuancen auch anders ausdrücken, dafür bietet jede Sprache zahllose Möglichkeiten. Mit so vielen verschiedenen Beugungen müssen wir unser Slogarisch also nicht belasten.

Bleiben zum Schluss noch zwei Fragen. Erstens: Soll Slogarisch das kyrillische oder das lateinische Alphabet verwenden? Und zweitens: Aus welchen Wörtern soll der slogarische Wortschatz zusammengesetzt sein? – Nun, da möchte ich mich eigentlich nicht einmischen. Als Interim-Manager sollte man einschätzen können, was nicht mehr zum eigenen Aufgabenbereich gehört. Als Abendländer würde ich natürlich zur lateinischen Schrift raten. Und ich hätte nichts gegen den polnischen Wortschatz, denn in diesem ist schon einiges an deutschen Wörtern enthalten. Aber das Alphabet und das Vokabular sind ja gar nicht das größte Problem. Es ist vielmehr die Grammatik, und die habe ich schließlich hiermit aufgeräumt. Und das alles auch noch an einem Tag.

Gern geschehen!

➤ Das Wort ›Vampir‹ kommt, über Serbokroatisch, aus dem Bulgarischen.

KAPITEL 44

NGHWM fängt mit C an

Walisisch

Es gibt umfassende Wörterbücher der walisischen Sprache, aber wer nicht ohnehin schon weiß, was drinsteht, hat nicht viel davon.

Nehmen wir das Verb *bod*. Es hat unter anderem die Form *bôm*, das geht ja noch. *Basai* und *byddwch* gehören jedoch auch dazu, was schon etwas merkwürdiger ist. Außerdem die Formen *dydyn, dwyt, doeddet, fasen, fyddan, mae, oeddwn, roeddech, rwyt, rydych, wyt* und *ydw*, die Sie nur dann im Wörterbuch finden, wenn Sie unter *bod* suchen. Wenn Sie allerdings so sehr im Walisischen zu Hause sind, dass Sie darüber Bescheid wissen, brauchen Sie auch nicht mehr nachzuschlagen.

Bod ist Walisisch für ›sein‹, und dieses Hilfsverb ist, wie in den meisten anderen europäischen Sprachen, sehr unregelmäßig – ›bin‹, ›ist‹, ›war‹ und ›gewesen‹ ähneln sich schließlich auch nicht besonders. Hinzu kommt, dass einige der walisischen Formen unberechenbarer anmuten, als sie sind. Es gibt eine Logik, die sich Nichtwalisern zunächst entzieht, was eigentlich auch nicht weiter ungewöhnlich ist. Würde jemand, der sich mit Deutsch nicht gut auskennt, ›aß‹ unter *e* nachschlagen, ›gepackt‹ unter *p* und ›nahm mit‹ unter *m*? Wohl kaum.

Das alles ändert indessen nichts an der Tatsache, dass walisische Wortformen über einen erstaunlich barocken Formenreichtum verfügen. Nehmen wir einmal an, Sie lesen das Wort *nghymoedd*. Im Wörterbuch werden Sie es vergeblich suchen. Klar, denn es ist eine Pluralform, und Pluralformen stehen nun einmal nicht als Stichwörter im Wörterbuch. Die letzten Buchstaben, *-oedd*, sind eine ziemlich normale Pluralendung. Aber in diesem Fall unterscheidet sich die Pluralform nicht nur durch den angehängten Ausgang vom Singular, auch der Vokal ist anders. Im Singular ist der Vokal nicht *y*, sondern *w*, und wird wie *u* ausgesprochen. Komisch, oder? Nun ja, wir sagen auch *Haus* und *Häuser*.

Gut, also die Endung *-oedd* streichen wir, aus *y* wird *w*, dann erhalten wir: *nghwm*. Das gibt es tatsächlich, nur leider steht auch diese Form nicht im Wörterbuch. Wir müssen nämlich unter *cwm* nachsehen, um herauszufinden, dass das Wort ›Tal‹ bedeutet. Dieses Wort hat also mit *nghymoedd* einen einzigen Buchstaben gemeinsam. *Nghwm* und *cwm* sind verschiedene Versionen desselben Worts, und *nghymoedd* ist die Mehrzahl von beiden. (Noch etwas Geduld, es wird Ihnen alles gleich einleuchten.) Denken wir daran, Walisisch hat kein Alleinrecht auf besondere Pluralformen. So sagen die Russen *uschi* statt *ucha*, wenn sie die Mehrzahl von ›Ohr‹, *ucho*, meinen. Die Franzosen benutzen für *œil* (›Auge‹) die Pluralform *yeux*, anstatt der Singularform einfach ein *s* anzufügen. Und Englisch bildet für *mouse* (›Maus‹) nicht den Plural *mouses*, sondern *mice*.

Typisch walisisch, oder besser gesagt typisch keltisch, sind die verschobenen Konsonanten am Wortanfang von Substantiven und Adjektiven. Dafür gibt es ein System: Wörter, die auf *c* beginnen, verhalten sich alle wie *cwm*, Wörter auf *p* wie *pont* (›Brücke‹) und so weiter.

Nur, wie weiter? Simpel ist dieses System nicht. *Cwm* hat im Singular drei Mutationen (so der Fachbegriff): die weiche Form *gwm*, die nasale Form *nghwm* und die aspirierte (behauchte) Form *chwm*. *Pont* hat ebenfalls drei: *bont*, *mhont* und *phont*. Manche anderen Wörter haben zwei Mutationen, andere nur eine und bestimmte auch gar keine. Es hängt immer vom Anfangslaut ab.

Man könnte folglich erwarten – zumindest geht es mir so –, dass jede dieser Formen eine klare Funktion hat. Ganz so einfach ist es leider nicht. Die weiche Form zum Beispiel wird bei weiblichen Wörtern verwendet, wenn der bestimmte Artikel *y* davorsteht. *Pont* ist weiblich, ›die Brücke‹ ist also *y bont*. *Cwm* dagegen ist männlich, also ist ›das Tal‹ *y cwm* – die ganz normale Grundform (und nicht die weiche Form, wie in *Pobol y Cwm*, der walisischen Seifenoper, die seit 1974 läuft). Wenn vor einem Substantiv das Zahlwort ›eins‹ steht, erhalten ebenfalls nur weibliche Wörter die weiche Form, nach dem Zahlwort ›zwei‹ jedoch sowohl weibliche als auch männliche Wörter. Nach *dy* (›dein‹) stehen wieder Wörter in der weichen Form, nach *fy* (›mein‹) in der nasalen Form, nach *ei* in der aspirierten. Aber nur wenn *ei* ›ihr‹ bedeutet; wenn es hingegen für ›sein‹ steht, handelt es sich um die weiche Form. (Ich muss zugeben, ich habe es gerade nachgelesen, niedergeschrieben und sofort wieder vergessen. Nur die Ratlosigkeit, die ist geblieben.)

So reihen sich die willkürlichen Regeln aneinander, eine nach der anderen. Und wir haben noch nicht einmal über die Verben gesprochen, die auch noch ihre eigene unordentliche Ordnung haben – was zudem die ganzen Formen von *bod* erklärt, mit denen dieses Kapitel begann.

Aber warum nur muss das alles so kompliziert sein? – Paradoxerweise, weil es alles einfacher und effizienter machen sollte.

Der erste Schritt zur Effizienz ist, dass Sprecher Laute ihrer Sprache ändern, um sie bequemer aussprechen zu können. Das passiert ständig und in jeder Sprache. Nehmen wir das deutsche Wort ›Hund‹: Das eigentlich stimmhafte *d* am Ende wird stimmlos ausgesprochen, als stünde dort ein *t*. Dieses Phänomen heißt Auslautverhärtung. In der Mehrzahl des Wortes, ›Hunde‹, bleibt das *d* stimmhaft. Der Lautwechsel ist von den umgebenden Buchstaben abhängig und folgt bestimmten lautlichen Regeln. Es gibt Sprachen, in denen der Lautwechsel auch umgekehrt stattfindet, zum Beispiel von *t* nach *d*. Man denke an das amerikanische und australische Englisch: Dort wird *metal* in der Aussprache zu *medal*.

Das Gleiche hat schon früh im Walisischen stattgefunden: Das Wort *catena* (›Kette‹), ein lateinisches Lehnwort übrigens, verwandelte sich in *cadwyn*, mit einem *d* statt *t*. Die alten Kelten machten so etwas sogar über Wortgrenzen hinweg: In *taberna teka* (›anständiges Lokal‹) wurde das ›harte‹, stimmlose *t* von *teka* (›anständig‹) unter dem Einfluss der benachbarten Vokale zu einem ›weichen‹, stimmhaften *d*. (Vokale sind gute Konsonantenerweicher, was auch erklärt, weshalb *metal* in den USA und in Australien wie *medal* klingen kann und warum Walisisch aus dem *t* in *catena* ein *d* gemacht hat.) Natürlich geschah dies nicht, wenn ein Wort wie *teka* nach einem Wort wie *eskopos* (›Bischof‹) stand, denn hier lässt sich nach einem stimmlosen Schluss-*s* ein ebenso stimmloses *t* schön geschmeidig aussprechen. Stattdessen heißt es *eskopos tekos* (die Endung *-os* am Ende statt *-a* folgt grammatikalischen Regeln, so wie im Lateinischen). Es handelt sich hierbei wohlgemerkt nur um ein Beispiel: Solche Lautwechsel betrafen viele weitere Konsonanten, wie *cwm* und *pont* bereits gezeigt haben.

Nach dieser Phase kündigte sich Effizienzmaßnahme Nummer zwei an, um weitere Verwüstungen anzurichten: Das Weglassen unbetonter Wortendungen. So etwas Ähnliches kennen wir aus dem Deutschen. Wir sprechen normalerweise nicht wie gedruckt, sondern das Prinzip der Sprachökonomie erlaubt es uns, auch einmal etwas wegzulassen (›ich mach‹ statt ›ich mache‹, ›habm‹ oder ›ham‹ statt ›haben‹). Andere Sprachen haben da ebenfalls einiges hinter sich. Als Französisch sich aus dem Lateinischen entwickelte, wurde zum Beispiel aus dem alten Wort *bonus* (›gut‹) *bon*. Indem viele Endsilben verschwanden, wurden die Sprachen weniger kompliziert, was natürlich der Effizienz zugutekam. Und so war es auch mit Walisisch: *Tabarna* und *teka* warfen ihre Schluss-*a* ab und wurden zu *tafarn* und *teg*. Man könnte nun vermuten, dass, da *tafarn* auf einen Konsonanten endet, ›anständiges Lokal‹ also einfach *tafarn teg* hieß. Aber nach all den Jahrhunderten, in denen *teka* mit einem ›d‹ ausgesprochen worden war, weil ihm ein ›a‹ voranging, hatten die Waliser es liebgewonnen, so dass das ›anständige Lokal‹ zu *tafarn deg* wurde. Das *d*, das einst mit der Flut angespült worden war, saß nun auf dem Trockenen, als die Flut sich zurückzog. In anderen Fällen jedoch, in denen ein Substantiv nicht vorher auf einen Vokal geendet hatte (so wie *eskopos*), hatten die Waliser nicht die Neigung, das *t* wie ein ›d‹ auszusprechen. Jetzt, wo die Wörter ihre Endungen nicht mehr hatten, wurde der *eskopos tekos* ein *esgob teg*; vieles änderte sich also, aber das alte *t* blieb standhaft. Auch hier gilt: Dies ist nur eines von vielen Beispielen – es sind alle möglichen Änderungen in einer Sackgasse gelandet, und das an verschiedenen Orten.

Zeit für Effizienzmaßnahme Nummer drei, um diese Spurensuche zu Ende zu führen: Lautänderungsregeln werden ›logischer‹ gemacht. Auch hierbei handelt es sich um eine

Eigenheit aller natürlichen Sprachen – zum Beispiel wird die unregelmäßige Befehlsform immer öfter durch eine regelmäßige, (bisher noch) falsche Form ersetzt: ›Fress oder sterb‹. Nach den komplexen alten Regeln des Walisischen bewirkten Verben bei manchen Substantiven Lautänderungen und bei anderen nicht. Im heutigen Sprachgebrauch mutiert typischerweise das Akkusativobjekt eines Satzes, das Subjekt für gewöhnlich nicht. Das klingt zwar einfacher, aber es gibt eine Kehrseite: Wenn die Lautänderung sich nach der Grammatik richtet, dient sie nicht mehr dem sprachökonomischen Zweck einer erleichterten Aussprache. Und natürlich machen viele Substantive überhaupt keine Lautänderung durch, da dies vom ersten Buchstaben abhängt (wir erinnern uns) und oft auch vom Geschlecht.

»Na und?«, sagen Sie jetzt vielleicht. Solange die Leute ihre Sprache sprechen können, brauchen sie doch nicht zu wissen, warum die Grammatik ist, wie sie ist oder wie sie sich entwickelt hat. – Stimmt, aber es bedeutet, dass die oben beschriebene Folge sprachökonomischer Maßnahmen der walisischen Sprache ein System aufgezwungen hat, das den Menschen, die sie als Fremdsprache erlernen wollen, das Leben schier zur Hölle macht. Arme Teufel – *mhoor ddevils!*

➤ Das Wort ›Pinguin‹ stammt möglicherweise aus dem Walisischen, das Wort ›Flanell‹ höchstwahrscheinlich, der archäologische Fachbegriff ›Cromlech‹ (für einen prähistorischen Kreis großer Steine) mit absoluter Sicherheit.

¶ *Cwtch* – die Besenkammer unter der Treppe. Bemerkenswerterweise bedeutet das Wort auch ›Umarmung‹.

KAPITEL 45

Amphibienwesen

Baskisch

Wasser strömt, Berge nicht. Berge können sich vom Wasser, das über ihre Flanken fließt, abtragen lassen, aber bewegen tun sie sich nicht. Die indoeuropäischen Sprachen sind wie Wasser. In ein paar tausend Jahren haben sie fast ganz Europa (und Südasien) überspült und sind an manchen Stellen auch wieder im Boden versickert. In den letzten paar Jahrhunderten haben sie fast den ganzen Globus bedeckt – die halbe Welt spricht inzwischen eine der indoeuropäischen Sprachen: Englisch, Spanisch, Portugiesisch, Französisch und so weiter.

Baskisch indes ist eine Sprache wie ein Berg. Egal, welche Sprachwellen dagegen anschwappten, ob Keltisch, Latein, Gotisch oder Berberisch: Baskisch blieb standhaft dort, wo es war, für tausende von Jahren. (Ja, okay, es ist ein gutes Stück abgeschliffen. Das macht Wasser nun mal mit Stein.) Irgendwann war es vermutlich von verwandten Sprachen umringt, aber diese Familienmitglieder sind allesamt längst untergegangen. Jetzt ist Baskisch eine Insel- oder isolierte Sprache, wie Sprachwissenschaftler sagen (*isola* ist Italienisch für ›Insel‹): Ein Berg, der aus den Wassern herausragt und ganz allein im indoeuropäischen Sprachenmeer steht.

Berge und Wasser. Beide bestehen aus Molekülen, die wiederum aus Atomen bestehen, ansonsten haben sie keinerlei Ähnlichkeiten. So bestehen auch Baskisch und Indoeuropäisch beide aus Phonemen, die zusammen Wörter ergeben und schließlich Sätze. Mehr haben sie nicht gemeinsam.

Eine der sonderlichsten Eigenschaften des Baskischen ist seine Ergativität. Ein Beispiel: Ich zögere, und nach einer Weile entschließe ich mich, das Telefon zu nehmen und meinen Freund Xavier anzurufen. In Kurzform: »Ich zögere. Dann rufe ich ihn an.« Wenn Sie das Gleiche auf Baskisch ausdrücken möchten, bilden Sie zwei Sätze, die so aufgebaut sind: »Ich zögere. Dann mich rufe an er.« Wie kann das sein? – Für einen Basken sind diese beiden Sätze zwei ganz unterschiedliche Paar Schuhe. Der Unterschied steckt in den Verben. Zögern ist eine Sache, die eine einzige Person – der oder die Zweifelnde – prima allein tun kann, aber für ein erfolgreiches Telefongespräch braucht man zwei: den Anrufer und den Angerufenen. Um es mit grammatikalischen Begriffen auszudrücken: ›Anrufen‹ ist ein transitives Verb (zu erkennen am Akkusativobjekt), weil etwas, in diesem Fall Sprachbotschaften, sozusagen einen Transit von einer zur anderen Person macht, also übermittelt wird.

Bei einem Satz mit einem intransitiven Verb gibt es keinen Zweifel, wer die Aktion durchführt, die vom Verb ausgedrückt wird. Zum Beispiel handelt es sich im Satz »Ich zögere« bei der Ich-Person und demjenigen, der zögert, um ein und dieselbe Person. Es gibt keine andere Möglichkeit, weder im Deutschen noch im Baskischen. In der deutschen Grammatik ist ›ich‹ eindeutig das Subjekt. Aber aus Gründen, die im Laufe dieses Kapitels ersichtlich werden sollten, ist der Begriff ›Subjekt‹ im Baskischen etwas kniffliger. Wir wollen daher das Wort ›ich‹ stattdessen als ›Form 1‹ bezeichnen. (›Er‹/›sie‹, ›wir‹ und ›sie‹ sind ebenfalls Form 1.)

In dem Moment, wo ein transitives Verb auftaucht, wird die Situation komplizierter. Unser Satz zum Telefonanruf besteht aus drei Elementen: zwei Gesprächspartnern und dem Anruf, der getätigt wird. Aber wer macht was? Wer wählt die Nummer und wer hört das Telefon klingeln? Als Sprecher des Deutschen fragen Sie sich wahrscheinlich, wo denn das Problem sein soll – der Anrufer ist das Subjekt, der Angerufene das Objekt. Fürs Deutsche würden wir Ersteren als Form 1 bezeichnen, für Letzteren haben wir Wörter, die ich hier Form 2 nenne: ›mich‹, ›ihn‹, ›uns‹, ›sie‹. Also ganz einfach: »Ich rufe ihn an«. Und nun?

Im Deutschen ist die Sache klar, im Baskischen jedoch nicht. In einem baskischen Satz mit einem transitiven Verb wie ›anrufen‹ wird Form 1 nicht für den aktiven Part benutzt, den *Agens* (Linguistenjargon), sondern für den, mit dem etwas geschieht, den *Patiens*. Der Agens bekommt Form 2. »Mich rufe er an« ist die baskische Form für »Ich rufe ihn an«.

Es ist wichtig, die Begriffe sauber zu trennen. Sowohl auf Deutsch als auch auf Baskisch wird Form 1 mit intransitiven Verben wie ›zögern‹ verwendet, bei denen nur eine Partei beteiligt ist, welche übrigens *einzelnes Argument* genannt wird. (Sich für hilfreiche Konzepte verwirrende Wörter auszudenken scheint unter Sprachwissenschaftlern ein beliebter Zeitvertreib zu sein.) Mit transitiven Verben wie ›anrufen‹, die zwei Argumente haben, benutzt Deutsch Form 1 für den Agens und Form 2 für den Patiens. Baskisch tut das Gegenteil. Darum können die Begriffe ›Subjekt‹ und ›Objekt‹, die fürs Deutsche zutreffen, für Baskisch nicht eindeutig zugeordnet werden: Manche Subjekte stehen in Form 1, andere in Form 2.

Im Baskischen, im Deutschen und in vielen anderen europäischen Sprachen haben Substantive also die Formen 1 und 2 – manchmal sogar 3 und 4 oder noch mehr (aber lassen wir das lieber). Wie bei den Pronomina ist ein baskisches Substantiv in Form 2 immer der Agens eines transitiven Verbs, während ein Substantiv in Form 1 entweder der Patiens eines solchen Verbs oder das einzelne Argument eines intransitiven Verbs ist. (Wenn Sie finden, dass dies ein komplizierter Satz ist, sind wir einer Meinung. Es ist wahrscheinlich der mit Fachjargon vollgestopfteste Satz im ganzen Buch. Aber niemand hat behauptet, dass Baskisch einfach wäre.) Form 2 im Baskischen wird *Ergativ* genannt, und darum ist Baskisch eine ›ergative Sprache‹ oder eine ›Sprache mit Ergativität‹ (was eher nach einer Krankheit klingt). Form 1 ist ein sogenannter *Absolutiv*. Diese beiden Konzepte gibt es im Deutschen nicht, weil es eben keine ergative Sprache ist.

Es ist bemerkenswert, dass Deutsch eine Gruppe ergativer Verben hat, die sich in gewisser Hinsicht wie im baskischen System verhalten. Ein Beispiel: *brechen*. Wenn ich ein Glas zerbrochen habe, kann ich die Situation wiedergeben mit »Ich habe das Glas zerbrochen« oder, in einer weniger eindeutigen Ausdrucksweise, mit »Das Glas ist zerbrochen«. In beiden Fällen hat das Glas selbst nichts getan, sondern jemand hat etwas mit ihm getan. Normalerweise ist im Deutschen der Patiens das Objekt, nicht das Subjekt. Allerdings ist bei *brechen* und manchen anderen Verben, wie *fahren* und *kochen*, der Patiens (ein Glas, ein Auto, Wasser) das Objekt, wenn der Agens genannt wird (ich, ein Koch, ein Fahrer), er ist aber das Subjekt, sobald der Agens nicht genannt wird. Vergleichen wir »Der Koch kocht Wasser« mit »Das Wasser kocht«. Die meisten Verben funktionieren nicht auf diese Weise. Wir können nicht einfach »Ich rufe Xavier an« in »Xavier ruft an« ändern – diese beiden Sätze haben nicht die gleiche Bedeutung.

Ergativität mutet für uns exotisch an, aber nur, weil Deutsch eine europäische Sprache ist. In den Sprachen der Ureinwohner von Südasien, Neuguinea, Australien, im Pazifischen Ozean und in Nord-, Mittel- und Südamerika ist das Phänomen weit verbreitet. Viele dieser Sprachen sind, nebenbei gesagt, nicht so konsequent wie Baskisch (und selbst das ist nach Ansicht der meisten Experten nicht gänzlich ergativ). Manche von ihnen verwenden vielleicht das deutsche System für das Präsens (»Ich rufe ihn an«) und das baskische System für die Vergangenheit (»Mich rief er an«). Oder sie haben unser System für ›ich‹ und ›du‹ (»Ich rufe dich an«), jedoch das baskische für die dritte Person und alle Pluralformen (»Uns rufen ihr an«, was bedeutet: »Wir rufen euch an«). So ein durchgemischtes System wie dieses kann einen ganz schön verrückt machen. Auch in diesem Sinne trifft die Bezeichnung ›gespaltene Ergativität‹ den Nagel auf den Kopf.

Die wirklich (fast ganz) streng ergativen Sprachen gehören nicht zu den größten: Sie haben wenige Sprecher (Baskisch mit unter einer Million ist eine der größten) und sind hauptsächlich in isolierten Regionen wie dem Kaukasus, Grönland, Neuguinea und dem Amazonasbecken anzutreffen. Gespaltene Ergativität kommt jedoch in 20 bis 25 Prozent aller Sprachen vor, also etwa 1.500, einschließlich großer Sprachen wie Hindi, Bengalisch und der philippinischen Sprache Tagalog.

Ergativität ist nicht nur weit davon entfernt auszusterben. Sie entsteht sogar spontan, wie Forschungsprojekte mit Gebärdensprachen ergeben haben. Vier amerikanische und vier chinesische gehörlose Kinder hörender Eltern haben allesamt vollwertige Gebärdensprachen entwickelt, die ergative Systeme enthalten. Systeme, die ihre Mütter jedoch nicht zu beherrschen lernten: Sie lernten die Gebärdensprache, aber ohne die Ergativität.

Moderne Basken machen es andersherum: Wenn sie anfangen, Spanisch (oder Französisch) als zweite Sprache zu lernen, müssen sie sich ein nichtergatives System zu eigen machen. Sie lernen, dass sie auf Spanisch nicht »Mich rufe er an«, sondern »Ich rufe ihn an« sagen sollen. Und sie schaffen es! Das und eine Menge anderer Dinge, die im Spanischen ganz anders sind als im Baskischen: Artikel, Präpositionen, die hinter das Substantiv kommen, das Fehlen eines Geschlechts und vieles mehr.

Ich finde es bewundernswert, wie Basken eine ›Wassersprache‹ und eine ›Bergsprache‹ nebeneinander beherrschen. Der Mensch kann halt beides: Schwimmer und Alpinist sein.

➤ Das Wort ›Anchovis‹ kommt, über einen Umweg, wahrscheinlich aus dem Baskischen.

¶ *Erdaratze* – ›herausübersetzen‹, aus der eigenen Sprache in eine andere. Das Gegenteil, *euskaratu*, bedeutet ›ins Baskische übersetzen‹ und ist aus deutscher Sicht weniger nützlich. Für Dolmetscher und Übersetzer ist es essentiell, ob sie in eine Sprache übertragen oder aus ihr heraus, daher muss dieses Nichtvorhandensein mit vielen Wörtern ausgeglichen werden.

KAPITEL 46

Selbstanzeige

Ukrainisch

Die besitzanzeigenden Fürwörter (Pronomina) ›sein‹ und ›ihr‹ sind eindeutig und unmissverständlich, sollte man meinen: ›sein‹ gehört zu einem männlichen Wesen, das soeben erwähnt wurde (oder gleich erwähnt werden wird oder das ganz einfach da ist); ›ihr‹: dito, für ein weibliches Wesen.

Aber was ist mit dem folgenden Satz: »Maria schlug der Polizistin ins Gesicht, ergriff ihr Fahrrad und raste davon.« Doppeldeutig, nicht? Auf wessen Fahrrad floh Maria? Hatte sie selbst solch ein umweltfreundliches Fluchtmittel bereitstehen, oder schnappte sie sich einfach das Streifenrad der unglückseligen Polizeibeamtin? Natürlich gibt es immer Möglichkeiten, deutlich zu machen, welches Rad sie genau für ihren Abgang nutzte, allerdings erfordern sie mehr Wörter. Zum Beispiel: »Maria schlug der Polizistin ins Gesicht, ergriff ihr *eigenes* Fahrrad und raste davon.« Wir wissen nun, dass die Kriminelle auf ihrem eigenen Rad verschwand, obwohl ›ihr eigenes‹ so aufgefasst werden könnte, dass ihr eine Auswahl vorhandener Räder zur Verfügung gestanden habe. Sollte das Rad aber der Polizistin gehört haben, wäre es der effizienteste Weg, dies auszudrücken, wenn wir das Wort ›ihr‹ direkt durch etwas Genaueres ersetzten: »Maria schlug der Polizistin ins Gesicht, ergriff das Fahrrad der Beamtin und raste davon.« Keine erlesene Prosa, aber es ist eine klare Beschreibung des Geschehenen.

Es gibt noch weitere Möglichkeiten zu verdeutlichen, wessen Rad es war (›ergriff das Fahrrad, das sie mitgebracht hatte‹, › ergriff das Fahrrad des Opfers‹, ›stahl ihr das Fahrrad‹, › ergriff deren Fahrrad‹ und so weiter), was ich aber eigentlich sagen will, ist Folgendes: Die Wörter ›ihr‹ und ›sein‹ sind nicht so eindeutig, wie es zunächst erscheinen mag. Wenn wir diese Pronomina aussprechen oder schreiben, müssen wir darauf achten, mögliche Missverständnisse zu erkennen und dann Maßnahmen zu ihrer Vermeidung zu ergreifen. Nur wenn die Personen ein unterschiedliches Geschlecht haben, ist der Fall klar: »Die Frau schlug den Mann und sprang auf sein Fahrrad« oder »… auf ihr Fahrrad«.

Viele andere Sprachen, wie Französisch, Englisch und Spanisch, haben das gleiche Problem. Wieder andere haben jedoch elegante Lösungen gefunden. Slawische und skandinavische Sprachen unterscheiden sich in dieser Hinsicht stark vom Deutschen. Und ich wage zu behaupten, dass sie es besser machen. Sie würden keine Mehrdeutigkeiten wie im obigen Beispielsatz zulassen, da sie ein Possessivpronomen haben, das uns leider fehlt.

Nehmen wir Ukrainisch als Beispiel. Auch diese Sprache hat Wörter für ›sein‹ und ›ihr‹: *joho* und *jiji* (normalerweise in kyrillischer Schrift). Wenn Sie dann auch noch wissen, dass *beru* ›ich nehme‹ oder ›ich ergreife‹ bedeutet und *velosyped* ›Fahrrad‹, sind die folgenden Sätze eindeutig: *Beru joho velosyped* (»Ich ergreife sein Fahrrad«) und *Beru jiji velosyped* (»Ich ergreife ihr Fahrrad«).

Wenn aber nicht ich mir das Rad nehme, sondern eine

dritte Partei, dann erhält das Verb nicht nur eine andere Form – *bere* (›er/sie ergreift‹) –, sondern es taucht zudem ein völlig anderes Possessivpronomen auf: *Bere svij velosyped.* Das bedeutet: »Er/sie ergreift sein/ihr (eigenes) Fahrrad.« Während *svij* von der Frage nach dem Geschlecht des Handelnden unbeeindruckt bleibt, ist es unmöglich misszuverstehen, dass es sich auf das Subjekt des Satzes bezieht. In der obigen deutschen Wiedergabe des Tathergangs war Maria das Subjekt und die Polizistin das Objekt. Je nachdem, wessen Rad ergriffen wurde, würde ein Ukrainer *svij* (für Maria) oder *jiji* (für die Polizistin) verwenden.

Skandinavier – deren Sprachen sich eigentlich nicht allzu sehr von der unseren unterscheiden – machen ebenfalls Gebrauch von reflexiven Possessivpronomina (um sie bei ihrem vollständigen, offiziellen Namen zu nennen). Auf Schwedisch kann *sin cykel* ›sein (eigenes) Fahrrad‹ oder ›ihr (eigenes) Fahrrad‹ bedeuten, das hängt davon ab, ob das Subjekt des Satzes ein Mann oder eine Frau ist; jedenfalls ist klar, zu wem das Rad gehört. Die Skandinavier benutzen dieses Reflexivpronomen nur mit der dritten Person, die Slawen gehen jedoch einen Schritt weiter: Sie wenden es auch auf die erste und zweite Person an. Dies liegt einem vollkommen logischen System zugrunde, das Sprecher des Deutschen dennoch ratlos macht. »Ich ergreife mein Fahrrad« ist auf Ukrainisch nicht *Beru mij velosyped*, obwohl *mij* tatsächlich ›mein‹ bedeutet. Der Satz lautet korrekt *Beru svij velosyped*, mit dem gleichen *svij*, das wir oben mit der Bedeutung ›sein‹/›ihr‹ kennengelernt haben. Wenn *svij* sich auf das Subjekt ›ich‹ bezieht, bedeutet es automatisch ›mein‹. Indem es sich derselben wasserdichten Logik bedient, hat Ukrainisch auch ein einziges Wort, *sebe*, das etwas kann, wofür wir eine ganze Angebotspalette benötigen: ›mich‹, ›dich‹, ›sich‹, ›uns‹ und ›euch‹. Was *sebe* im Einzelfall bedeutet, hängt vom Subjekt des Satzes ab.

Vielleicht kommt Ihnen das seltsam vor: Ein Wort soll eine ganze Reihe ersetzen können? Aber bedenken Sie: Wenn Sie sich selbst bei der Polizei als Fahrraddieb anzeigen, oder ich mich selbst, dann bezieht sich dieses ›selbst‹ je nach der Perspektive auf Sie oder auf mich, es kann also verschiedene Personen meinen. Das Wort ›selbst‹ benutzen wir folglich auf die ukrainische Art. Ganz selbstverständlich.

➤ Ukrainer mögen den Gedanken, dass der ›Kosake‹ aus der Ukraine stammt und nicht aus Russland, da sie das Wort *kozak* schreiben, die Russen aber *kazak*. Wenn wir seine Geschichte weiter zurückverfolgen, sehen wir, dass das Wort einer Turksprache entstammt.

¶ *Sebe* – wie oben erläutert – macht es möglich, mit einem einzigen Wort *mich*, *dich*, *sich*, *uns* und *euch* auszudrücken.

KAPITEL 47

Perfektionismus

Russisch

Von Jenny Audring

Als der Eiserne Vorhang noch hing und die Mauer noch stand, lernte ich Russisch. Das war für uns ein Pflichtfach, da ich in Ostdeutschland zur Schule ging. Bei den Schülern war es ungefähr so beliebt wie Deutsch in den Niederlanden: nicht allzu sehr; und es hatte ähnliche Gründe: die Grammatik. Dass ich insgeheim gern Russisch lernte, wagte ich nicht einmal meinem Teddybären zu verraten. Aber es klappte gut mit dem Lernen, und ich war stolz auf die Sätze, die ich schon bilden konnte.

Bis wir die *Aspekte* durchnahmen. Ab da war es vorbei mit meinem bescheiden aufblühenden Selbstvertrauen. Ich habe meine alten Schulbücher nicht mehr, aber die Erklärung aus *Russisch für Dummies* trifft in etwa ganz gut, was dieser neue Zusatz an Lernaufwand beinhaltete: »Die russische Sprache hat zwar nur eine Vergangenheitsform, verfügt aber über eine zusätzliche Kategorie, für die es im Deutschen keine Entsprechung gibt: Um die jeweilige Handlung zu schildern, verwendet man im Russischen zwei *Aspekte*: den vollendeten (perfektiven) und den unvollendeten (imperfektiven)

Aspekt.« Es war schlichtweg eine Katastrophe. Schließlich kann man keinen Satz ohne Verb bilden, also auch keinen Satz ohne die Qual der Wahl des Aspektes. Zum Beispiel bei »Ich habe Milch gekauft«: Ist ›kaufen‹ nun *купить* (kupit') oder *покупать* (pokupat')? Die Zeiten der unbeschwerten Satzbildung waren für mich vorbei. Ich hatte sozusagen meine Unschuld verloren. Wie sollte ich jemals noch unbefangen Russisch sprechen?

Und mit diesen beiden Formen ist es längst nicht getan. Man lernt sie auswendig, wenn auch seufzend, ebenso wie all die anderen Wörter. Aber deshalb weiß man noch nicht, welche Form man wann verwenden muss. Das scheint auf den ersten Blick kein Problem zu sein: perfektiv oder halt imperfektiv, »Ich habe das Buch gelesen« (perfektiv) oder »Ich habe im Buch gelesen« (imperfektiv). Eigentlich simpel. Aber, Moment: Warum steht da »Hast du das Buch gelesen« im imperfektiven Aspekt? Und »Ich habe es ein paar Mal gelesen« ebenfalls? Anscheinend liegt das Geheimnis nicht nur im Erreichen der letzten Seite.

Nur worin dann? – Auch die Dauer scheint eine Rolle zu spielen. Nehmen wir beispielsweise ›erzählen‹. Für einen Russen ist das ein doppeldeutiges Wort, denn es kann eine Handlung beschreiben, die eine Zeitlang dauert und kein eindeutiges Ergebnis hat: »Er hat mir den ganzen Abend von seinem Fahrradurlaub erzählt.« Andererseits kann Erzählen auch eine zielgerichtete Angelegenheit sein: »Sie erzählte ihm den Witz.« Russisch hat zwei verschiedene Verben für den Fahrradfahrer mit Sinn fürs Detail (imperfektiv) und die pointenbewusste Bekannte (perfektiv). Wenn man es sich mal überlegt, können wir im Deutschen solche Nuancen ebenfalls ausdrücken: Es geht um den Unterschied zwischen ›von etwas erzählen‹ und ›etwas wiedergeben‹. Zum Glück müssen wir das nicht bei jedem Wort.

Es geht noch weiter. »Wer hat das Fenster geöffnet?« erfordert im Russischen ein anderes Verb, wenn das Fenster noch immer geöffnet ist (perfektiv), als wenn es inzwischen wieder geschlossen ist (imperfektiv). »Er ist zu Besuch gekommen« kann auf Deutsch bedeuten, dass er noch da ist oder dass er bereits wieder weg ist, aber im Russischen müssen hierfür unterschiedliche Verben gewählt werden. Wer wissen will, ob ein Gast in seinem Wohnzimmer sitzt oder nicht, muss sich entscheiden zwischen »Ist er zu Besuch gewesen?« und »Ist er gekommen?«, das sind verschiedene Aspekte.

Und dann gibt es noch Handlungen, die man jeden Tag gewohnheitsgemäß ausführt. »Ich habe täglich meine Zähne geputzt« steht im imperfektiven Aspekt: Zähne putzen als Sisyphusarbeit, die nie beendet sein wird. Aber was, wenn es meine Gewohnheit ist, immer meinen Teller leer zu essen? – Auch dann. Täglich ein perfekt leer gegessener Teller, aber ein imperfektives Verb. Es ist ein Wunder, dass Russisch so viele Sprecher hat, genauso wie die anderen slawischen Sprachen, denn auch sie haben sämtlich diese suspekten Aspekte.

Wenn Sie sich nun ratlos ans Internet wenden, kann es passieren, dass Sie auf Sätze stoßen wie *Она уходила в кино* (ona uchodila v kino) und *Она ушла в кино* (ona uschla v kino), die beide »Sie ging ins Kino« bedeuten. Ersteres impliziert aber, dass sie bereits wieder zurückgekehrt ist, denn es ist imperfektiv und bedeutet daher, dass die Handlung mindestens zwei Mal abgeschlossen wurde. Diese Form würde man verwenden, wenn eine Person ins Kino gegangen und wieder zurückgekommen ist, Sie sie aber aus irgendeinem Grund nicht finden können … Äh, ja. Wer kennt das nicht?

Klar ist: Russisch lernen zu wollen, ist wie der Versuch eines Blinden, das Farbspektrum zu verstehen. Aber zum Glück haben die Grammatiken einigermaßen Verständnis für unsere imperfekten Kenntnisse. »Wenn Sie sich nicht sicher sind«, sagen alle Ratgeber, »verwenden Sie einfach den imperfektiven Aspekt.«

Eine andere Möglichkeit: Lernen Sie einfach kein Russisch. Das ist die Lösung, die die meisten heutigen (ost)deutschen Schüler wählen. Denn der Mauerfall mag in den Geschichtsbüchern als die ›Befreiung vom Kommunismus‹ vermerkt sein, für Schüler ist er vor allem die Befreiung von Perfektiv und Imperfektiv.

➤ ›Zar‹, ›Wodka‹, ›Datscha‹, ›Apparatschik‹. Allgemeinere Entlehnungen sind ›Steppe‹, ›Mammut‹› ›Taiga‹, ›Droschke‹ und ›Juchten‹.

¶ *Belorutschka* – wörtlich ›Weiße-Hand-Person‹: jemand, der sich die Hände nicht gern mit Arbeit schmutzig macht.

TEIL VII

INTENSIVSTATION

Sprachen am (und im) Abgrund

Kleine Sprachen sind nicht zwangsläufig dem Untergang geweiht. Es ist hilfreich, wenn ihre Sprecher politisch ganz oder teilweise unabhängig sind, wie in Monaco, Irland und Gagausien. Das kleine Dalmatisch hatte weniger Glück, aber sogar der Tod braucht nicht das letzte Wort zu haben – zwei keltische Sprachen (Kornisch und Manx) sind aus dem Grabe wieder auferstanden. Wie es mit Nord- und Saterfriesisch weitergeht, wird sich noch zeigen.

KAPITEL 48

Monaco Franzi

Monegassisch

Wer als Kind reicher Eltern in Monaco aufwächst, braucht eigentlich nicht groß bemitleidet zu werden. Einen negativen Aspekt gibt es allerdings. Papa und Mama lassen sich, um ihre Millionen zu schützen, in dem mediterranen Fürstentum mit dem paradiesisch milden steuerlichen Klima nieder und können sich wunderbar auf Englisch und Französisch verständigen, während die Kinder in der Schule sieben Jahre lang Monegassisch lernen müssen.

Monegassisch! Ein kleiner Subdialekt des Ligurischen, welches wiederum ein Dialekt des Italienischen ist. Eine Sprache mit etwa hundert Muttersprachlern, die alle vornehmlich Französisch sprechen. Eine Sprache, die Sie im Radio und im Fernsehen vergeblich suchen werden. Eine Sprache, die literarisch nicht viel mehr produziert als einen Jahreskalender und die gelegentliche Neuauflage der heimatverbundenen Gedichte von Louis Notari, dem einzigen namhaften Schriftsteller des Landes. Eine Sprache, die ohne eigene Wikipedia-Version auskommen muss – diese Errungenschaft wurde selbst dem Eifeler Platt zuteil, wie auch vielen anderen europäischen Sprachen, die es nicht in dieses Buch geschafft haben, etwa Mirandesisch, pontisches Griechisch und Võro (Südestnisch). Eine Sprache, die von keiner einzigen öffentlichen Institution benutzt wird, auch in Monaco nicht. Eine Sprache also, die fast nie und nirgends gesprochen wird, außer im Monegassisch-Schulunterricht.

Diese armen Kinder können Georges Franzi (1914–1997) die Schuld dafür geben. Der Kanoniker der Kathedrale von Monaco musste mit ansehen, wie sein geliebter Dialekt dabei war auszusterben. Im Gegensatz zu anderen Sprechern bedrohter Sprachen, wie es sie auch auf Korfu, in Göteborg und in der Lausitz gibt, hatte Franzi jedoch einen Trumpf in der Hand: Zu seinem Dunstkreis gehörten auch Fürst Rainier III von Monaco und dessen Gattin, Fürstin Gracia Patricia (ehemals Grace Kelly). Und siehe da, 1976 gefiel es seiner Durchlaucht zu verfügen, dass der Unterricht der monegassischen Sprache an allen Schulen des Fürstentums Pflichtfach wurde, auf sämtlichen 1,96 km^2.

Wer aussterbende Sprachen erhaltenswert findet, wird sich über diese Regelung sehr freuen. Und wer einen Sinn für Ironie hat, wird dabei schmunzeln. Denn in Frankreich, dem Land, zu dem Monaco in fast jeder Hinsicht gehört (außer politisch), ist die Situation genau umgekehrt. Dort leben mit Millionen von Sprechern viele Regionalsprachen – von Baskisch bis Elsässisch, von Okzitanisch bis Bretonisch, von Katalanisch bis Flämisch –, aber von einem Schulunterricht in diesen Sprachen ist nicht die Rede. Und in Monaco sprechen etwa hundert ältere Menschen, 0,3 % der Bevölkerung, einen nicht ganz so bedeutenden Subdialekt. Dennoch müssen ihre Kinder und Enkel, aber auch alle anderen Schulkinder monegassische Vokabeln und die monegassische Grammatik lernen. Weil Fürst Rainier und sein Netzwerk-König Franzi es so wollten.

Vielleicht sind diese Kinder doch ein ganz klein wenig neidisch auf alle anderen Kinder der Welt, die dies nicht müssen?

➢ Deutsch hat kein monegassisches Lehnwort. Die meisten Sprachen nennen jemanden aus Monaco einen ›Monegask‹ oder ›Monegasque‹, was von der Eigenbezeichnung *Monegascu* kommt, aber selbst dieses Wort kommt im Deutschen nicht vor: Die Form ›Monegasse‹ weicht davon ab.

¶ Von dem hässlichen, unerotischen Wort ›Brustwarze‹ sollten wir uns allmählich entwöhnen. Monegassisch hat dafür *capüçu*. Wie wäre es also mit ›Kapütsche‹? Klingt doch gleich viel besser.

KAPITEL 49

Spuren aus dem Jenseits

Irisch

Nahtoderfahrungen scheinen bei den Personen, die sie erlebt haben, Spuren zu hinterlassen – es ist unmöglich, einen Blick auf die Himmelspforte zu erhaschen und davon unbeeindruckt wieder zurückzukehren. Das gilt für alle Menschen, und es gilt gleichermaßen für ihre Sprachen.

Zum Beispiel Irisch-Gälisch, kurz: Irisch. Auch ohne seine Grenzerfahrung wäre es immer noch eine in jeder Hinsicht ungewöhnliche Sprache. Zum einen kann sie sich rühmen, nach Griechisch die zweitälteste literarische Tradition unter den lebenden europäischen Sprachen zu besitzen. Schon im 5. Jahrhundert, während der ganze europäische Kontinent und Britannien von marodierenden schriftunkundigen Germanenbanden heimgesucht wurden, schufen in Irland gelehrte Männer Gedichte in der Volkssprache.

Und es ist nicht nur seine lange Tradition, die Irisch zu einer besonderen Sprache macht. Auch linguistisch gesehen ist es eine Klasse für sich. Obwohl die west- und mitteleuropäischen Sprachen sich gegenseitig tiefgreifend beeinflusst haben, was eine Reihe grammatikalischer Strukturmerkmale zur Folge hatte – genannt ›Standard-Durchschnitts-europäisch‹ –, entwickelte sich Irisch ziemlich unabhängig weiter. Das taten übrigens genauso die anderen keltischen Sprachen (Bretonisch etwas weniger als die anderen). Sie sind erkennbar indoeuropäisch, aber sie bewegen sich am äußersten Rand dieser großen Sprachfamilie, im wörtlichen wie im übertragenen Sinne.

Ein weiteres Merkmal des Irischen ist seine Phonologie. Natürlich haben die meisten Sprachen ihre charakteristischen Lispel-, Krächz- und Quak-Klänge, aber die drei gälischen Sprachen (Irisch-, Manx- und Schottisch-Gälisch, zusammen eine Unterkategorie der keltischen Sprachen) machen etwas mit ihren Konsonanten, das ebenso ungewöhnlich wie schwer zu beschreiben ist, zumindest anhand gängiger Begriffe. Es genügt hier zu wissen, dass so gut wie jeder Konsonant auf zwei Arten ausgesprochen werden kann und dass die Bedeutung vieler Wörter davon abhängt.

Aber was hat es nun mit der Nahtoderfahrung einer so alten und eigentümlichen Sprache auf sich?

Wie viele andere europäische Länder hörte Irland bereits früh auf, rein einsprachig zu sein: Die christliche Kirche brachte ein wenig Latein mit; die Wikinger, die Dublin und andere Städte gründeten, sprachen Nordisch; Eindringlinge aus Britannien sprachen Normannisch und Englisch. Irisch blieb jedoch die Hauptsprache, und die Eliten ausländischer Herkunft wurden gälisiert. Im späten 16. Jahrhundert änderte sich allerdings die Situation. Englands Herrscher beschlossen, ihren westlichen Nachbarn einmal so richtig zu erobern, und das taten sie auf brutale Weise. Bis zum 17. Jahrhundert hatten sie die Kontrolle über ganz Irland erlangt. Die häufigen Aufstände wurden blutig niedergeschlagen. Im Verlauf von anderthalb Jahrhunderten wurde ein bedeutender Teil der gälischen Bevölkerung – Schätzungen zufolge war es ein

Drittel – entweder getötet oder ins Exil getrieben. Unterdessen wuchs die Zahl der englisch- und schottischsprachigen Menschen in Irland, da Land beschlagnahmt und britischen Kolonisten gegeben wurde. Darüber hinaus verbot eine neue Gesetzgebung Katholiken (und damit allen, die Gälisch sprachen), Land zu besitzen oder zu pachten, zu wählen, Bildung zu erwerben, einen Beruf zu ergreifen und sogar innerhalb von 8 Kilometern im Umkreis einer größeren Stadt zu leben. Mit einem Wort: Der Großteil der Bevölkerung wurde bewusst in die Verarmung getrieben.

Der Sprachwechsel von Irisch zu Englisch wurde im 19. Jahrhundert noch beschleunigt, vor allem durch die große Hungersnot. Mehrere verdorbene Kartoffelernten führten zu einer Notsituation, die so schlecht aufgefangen wurde, dass manche britischen Politiker vernichtend von einer ›Politik der Ausrottung‹ sprachen. In nur wenigen Jahren starben etwa eine Million Menschen an den Folgen des Hungers, und sogar noch mehr entflohen dem Elend, indem sie auswanderten; Gälisch sprechende Menschen bildeten den Großteil beider Gruppen. Die ländliche Bevölkerung nahm auch nach dem Ende der Hungersnot noch beständig ab. Als 1922 der Irische Freistaat gegründet wurde, sprachen nur noch ein paar hunderttausend Menschen Gälisch, der Rest von einst vier Millionen, und die meisten von ihnen hatten ihren Platz in jeder Hinsicht am Rand der Gesellschaft: Arm und mit nur sehr geringer Schulbildung lebten sie in den entlegensten ländlichen Gegenden.

War dies der Moment, in dem Irisch-Gälisch dem Tode nahe war? – Nein, es kam noch schlimmer. Die Nationalisten hatten die Sprache immer als Wahrzeichen des Irischseins genutzt. Als sie nun an der Macht waren, wollten sie Irisch auf Kosten des Englischen wieder aufleben lassen, bedienten sich jedoch zu diesem Zweck ungeeigneter Methoden. Sie fassten die letzten Orte, an denen noch Irisch gesprochen wurde – eine lose Kette vereinzelter Gemeinden an der Westküste – in einer Verwaltungseinheit zusammen, die sie die *Gaeltacht* nannten, und hofften, dass die Sprache das Land von hier aus wieder zurückerobern würde. Um diesen Prozess zu beschleunigen, wurden Versuche unternommen, den Schulunterricht in der gesamten Republik auf Gälisch abzuhalten. Da aber Lehrbücher und qualifizierte Lehrer fehlten, blieb das Projekt ohne Erfolg. Also wurde Irisch als Unterrichtssprache wieder abgeschafft, stattdessen gab es nun obligatorischen Irischunterricht, während alle weiteren Fächer auf Englisch unterrichtet wurden.

Es ist eine überraschende Tatsache, dass damals die meisten Menschen nur in der Schule mit Irisch in Kontakt kamen. Außerhalb der Gaeltacht wurden die behördliche Kommunikation (sogar Straßenschilder und Wegweiser), der Unterricht, Gottesdienste und Rundfunksendungen mit wenigen Ausnahmen auf Englisch abgehalten. Das hatte zur Folge, dass die meisten Menschen Irisch als die Sprache der Vergangenheit empfanden, ein Symbol für das idyllische Keltisch gestriger Zeiten, und nicht als eine Sprache für den heutigen Umgang, erst recht nicht für die Zukunft.

Unterdessen begann die Gaeltacht, sich in einem Irland zu integrieren, das sich schnell modernisierte.

Die Verfügbarkeit erschwinglicher Grundstücke zog die englischsprachige Bevölkerung in die hübschen ländlichen Siedlungen, wo Englisch folglich dauerhaft zur öffentlichen Standardsprache wurde. Irischsprachige Menschen wiederum zogen teils in die Städte, um sich Arbeit zu suchen, und sprachen dort mit ihren Kindern kein Irisch mehr. In den 1970er Jahren schien die Sprache kurzzeitig komplett vor ihrer Auslöschung zu stehen. Als Irland 1973 der Europäischen Gemeinschaft beitrat, stellte die Regierung nicht einmal den

Antrag, Irisch auf die Liste der europäischen Arbeitssprachen zu setzen.

Dies war der Tiefpunkt, die Nahtoderfahrung. Ein kolonialer Rüpel hatte Gälisch krankenhausreif geschlagen, woraufhin ein unfähiger Arzt es vergeblich zu retten versuchte. Das Ende schien unvermeidlich. Eine Sprache, die nicht aus dem Klassenraum ins tägliche Leben getragen wird, in die Gespräche mit der Familie, mit Freunden und allerlei anderen sozialen Kontakten, lebt nur noch auf Pump.

Was Gälisch schließlich rettete, war eine verstärkte Unterstützung an der Basis. Nicht nur Muttersprachler bewahrten es vor dem Niedergang, sondern auch und in wachsendem Maße ›Sprachkonvertiten‹ – englischsprachige Menschen, die sich dafür einsetzten, den historischen Sprachwandel wieder rückgängig zu machen. Die Gaeltacht war inzwischen vielleicht noch weniger gälisch als zuvor, aber Irland bewegte sich nun insgesamt mehr in Richtung Zweisprachigkeit. 1972 wurde eine nationale irischsprachige Rundfunkanstalt gegründet. Gleichzeitig begann die Zahl der *Gaelscoileanna*, Schulen mit Irisch als Unterrichtssprache, zuzunehmen. Sie machen inzwischen 15 Prozent aller Schulen des Landes aus, und die Hälfte der *Gaelscoileanna* befindet sich außerhalb der Gaeltacht. 1997 wurde ein gälischer Fernsehsender lanciert, *Teilifís na Gaeilge* (heute *TG4*). 2003 wurde die öffentliche Verwaltung verpflichtet, mit der Bevölkerung in beiden offiziellen Sprachen zu kommunizieren. Und seit 2007 ist Irisch offizielle Amtssprache der EU.

Wie schon erwähnt, hinterlässt solch eine Nahtoderfahrung Spuren, und sie hinterließ auch Spuren bei der irischen Sprache. Unter den etwa 90.000 Menschen, für die Irisch zum täglichen Leben gehört, gibt es immer mehr urbane, hochgebildete Zweitsprachler, deren Irisch, nun ja, nicht ganz dem alten Irisch entspricht. Manche Politiker nennen es ›urbanes Irisch‹. Andere verspotten es als ›Gaelscoil‹-(Schul-), ›gebrochenes‹ oder sogar ›Pidgin‹-Irisch.

Die Unterschiede zum alten Irisch sind schwer zu übersehen. Der Sprachwissenschaftler Brian Ó Broin beobachtete vor einigen Jahren, dass urbane Zweitsprachler Mühe damit hatten, Muttersprachler zu verstehen, während die meist zur ländlichen Bevölkerung gehörenden Muttersprachler das Irisch der Städter als Beleidigung für die Ohren empfanden. Er untersuchte die Angelegenheit genauer und stellte fest, dass urbane Sprecher zwei der ausgeprägtesten Charakterzüge der Sprache vereinfachen: den phonologischen (klanglichen) sowie den grammatikalischen. Dies geschieht bisher noch nicht konsequent, aber die Tendenz ist eindeutig.

Um zu verstehen, wie erstaunlich diese Entdeckung war, wollen wir uns kurz vergleichbare Fälle im Deutschen ausmalen. Eine phonologische Änderung gäbe es, wenn ein maßgeblicher Teil der Bevölkerung auf einmal nur noch ›lamm‹ statt ›lahm‹ oder ›Bett‹ statt ›Beet‹ sagen würde. Und die grammatikalische Änderung? Stellen wir uns vor, dass diese Sprecher viele starke Verben schwach machen würden. Ein Sportbericht könnte dann zum Beispiel so formuliert sein: Die Hoffnungen der Teammitglieder waren ›gesteigt‹, aber dann hatten ihre Gegner doch noch ›gewinnt‹, worauf sie das Handtuch ›werften‹. Traditionalisten würden bei dieser Art von Neuerungen erschaudern. Die Erneuerer könnten ihrerseits Schwierigkeiten damit haben, Formen wie ›empfahl‹, ›grub‹ oder ›spross‹ zu verstehen. Sie würden ›empfehlte‹, grabte‹ oder ›sprießte‹ sagen.

Es liegt nahe, einzuwerfen, dass diese Neuerer nicht so herumstümpern und sich stattdessen einfach ein bisschen zusammenreißen sollten. Aber Sprachwandel geschieht nun einmal demokratisch. Sobald eine ausreichende Anzahl von Leuten es so empfindet, dass die Vergangenheitsform von

Fahrrad fahren in der Gaeltacht – auch so ein Kampf gegen den Berg.

›backen‹ ›backte‹ lautet, wird die ursprüngliche Form ›buk‹ verschwinden, ungeachtet der Schmerzen, die Traditionalisten hierbei empfinden. Normalerweise treten derartige Unterschiede zwischen verschiedenen Generationen auf. Aber für Irisch liegt die Kluft eher zwischen der ländlichen und der städtischen Bevölkerung. Und da die ländliche Bevölkerung zahlenmäßig abnimmt und die städtische zu, haben die Neuerungen eine gute Chance, die Norm zu werden.

Ist es also richtig, zu behaupten, dass Irisch, nachdem es beinahe tot war, nun wieder auflebt? – Ja, aber vielleicht wäre es korrekter zu sagen: Das Irisch der Gaeltacht stirbt aus, und das Irisch der Gaelscoil nimmt seinen Platz ein.

➤ ❡ Siehe Schottisch-Gälisch.

KAPITEL 50

Kein Witz

Gagausisch

Geben wir es zu: ›Gagausisch‹ (›gaga-usisch‹ ausgesprochen) klingt irgendwie witzig. Es klingt nach Tim und Struppi, nach *Lady Gaga*, nach allem Möglichen, nur nicht nach einer ernstzunehmenden Sprache.

Könnte das eine Sache der Gewohnheit sein? Würden in unseren Ohren auch andere Namen komisch klingen, wenn sie uns weniger geläufig wären – wie Ungarisch (›nicht ganz fertig gekocht‹) oder Baltisch (›Pingpong‹)? Und umgekehrt: Würden wir uns an Sprachen mit Namen wie Gagausisch, Belutschisch und Mazandaranisch eher gewöhnen, wenn wir ein wenig öfter in Gagausien, Belutschistan und Mazandaran Ferien machten?

Womöglich nicht. Denn selbst die Gagausen sind mit ihrem Namen nicht immer ganz glücklich gewesen. Sie haben sich in der Vergangenheit lieber als ›Griechen‹ bezeichnet (obwohl sie kein Griechisch sprachen) oder als ›christliche Bulgaren‹ (was sie gar nicht sonderlich von den anderen Bulgaren abhob, da die meisten ebenfalls Christen waren, und Bulgarisch sprachen die Gagausen genauso wenig). Dass die ›richtigen‹ Bulgaren sie im 19. Jahrhundert ›Gagausen‹ nannten, empfanden sie als Beleidigung. Dennoch nannten sie 1994 ihre junge autonome Teilrepublik des rumänischsprachigen Staates Moldawien Gagausien. Namen wie ›Klein-Griechenland‹ oder ›Christliches Bulgarien‹ hätten nur diplomatische Krisen heraufbeschworen.

In dieser Teilrepublik, die ungefähr die doppelte Fläche Berlins hat, bezeichnet die allergrößte Mehrheit der Bevölkerung sich als gagausisch. An die 150.000 Menschen sprechen die dazugehörige Sprache, eine Schwester des Türkischen. Bis auf einige bulgarische und russische Lehnwörter ist Gagausisch für Sprecher des Standardtürkischen gut zu verstehen. Allerdings müssen die Türken manchmal ein Kichern unterdrücken – ein bisschen wie Deutschsprachige beim Niederländischen und wie die Niederländer bei Afrikaans.

Was als so witzig empfunden wird, sind ein paar grammatikalische Einzelheiten, die Gagausisch von den beiden slawischen Sprachen Bulgarisch und Russisch übernommen hat. Eine davon ist die Wortstellung: Im Gagausischen steht das direkte Objekt hinter dem Verb, wie in »Das Kind isst (Verb) ein Eis (Objekt)«. Unglaublich lustig finden die Türken das, denn jeder normale Mensch weiß doch, dass es »Das Kind ein Eis isst« heißt.

Und hier kommt noch mehr slawischer Import-Humor: Die Gewohnheit, bei Berufen und Nationalitäten zwischen Männern und Frauen zu unterscheiden. Warum steht *gagauz* für einen Mann und *gagauzka* für eine Frau? Wieso heißt eine Hexe *büücüykä* und ein Zauberer *büücü*? Dieser ganze Aufwand ist doch gar nicht nötig, ein einziges Wort tut's auch.

Eins ist klar: Was die Türken für so drollig halten, ist für uns ganz normal. Wir finden Gagausisch nicht merkwürdiger als Deutsch – bis auf den Namen, natürlich.

KAPITEL 51

Tod einer Sprache

Dalmatisch

Meistens verschwindet eine Sprache sang- und klanglos und nicht mit einem Knall, aber genau das ist am 10. Juni 1898 passiert, als eine Landmine auf der adriatischen Insel Krk explodierte. Es gab zwei Todesopfer: einen Mann namens Tuone Udaina und die dalmatische Sprache, deren letzter Sprecher er war.

Während es sich bei Udainas Tod um einen unerwarteten Unglücksfall handelte, hatte sich das Dahinscheiden des Dalmatischen seit langem angekündigt. Entwickelt hatte sich diese Sprache in der Region direkt östlich des Adriatischen Meers aus dem Lateinischen. Fast von Anfang an galt sie als eine Randsprache, da der größte Teil des Balkans im 6. Jahrhundert von den Slawen eingenommen worden war. Dalmatisch hielt sich wacker auf ein paar Inseln nahe Istrien und weiter südlich in einer Hand voll Küstenstädten, von denen die bedeutendste Dubrovnik war (auf Dalmatisch: Ragusa). Sogar auf dem Höhepunkt seines Bestehens hatte Dalmatisch wahrscheinlich nur 50.000 Sprecher. Kaum ein Text ist erhalten geblieben, vermutlich weil kaum welche geschrieben wurden. In Dubrovnik starb die Sprache im 16. Jahrhundert aus. Zu Zeiten des 19. Jahrhunderts war es nur noch eine Minderheitensprache auf einer einzigen Insel, die auf Kroatisch unter dem Namen Krk bekannt ist und deren dalmatischer Name Vikla lautet.

Es war die Verbindung mit Venedig, die dazu beitrug, dass diese kleine romanische Sprache sich inmitten einer überwältigenden slawischen Mehrheit so lange ans Leben klammern konnte. Über Jahrhunderte war Venedig die Hauptstadt eines weit verstreuten Seefahrerimperiums, das ein großes Gebiet westlich der Adria umfasste. Der fortwährende Kontakt mit den Venezianern muss dabei eine Rolle gespielt haben, dass die romanische Sprache der dalmatischen Küste sich halten konnte. Die venezianische Hoheit über Ragusa endete 1358, aber Krks Verbindung zu Venedig dauerte um einiges länger, hier überlebte Dalmatisch. Am 18. April 1797 hörte Venedig jedoch auf, eine unabhängige Republik zu sein, und von nun an waren auch die Tage der dalmatischen Sprache gezählt. Um genau zu sein, sollten es noch 36.942 sein.

Erst 1897 überlegte sich jemand, dass es vielleicht eine gute Idee sein könnte, diese bisher praktisch undokumentierte Sprache für die Nachwelt aufzuzeichnen. In jenem Jahr machte sich der italienische Linguist Matteo Bartoli daran, dies zu tun, indem er Tuone Udaina interviewte. Sie waren beide nicht die Idealbesetzung für diese Aufgabe. Dalmatisch war nicht Udainas Erstsprache, er hatte seit dem Tod seiner Eltern vor zwanzig Jahren keine Gelegenheit mehr gehabt, es zu sprechen, und seine Aussprache war nicht lupenrein, da er inzwischen ein Mittsiebziger und zahnlos war. Bartoli war ein höchst engagierter Spezialist der romanischen Sprachen, aber er hatte seine Schwächen. Der doch bedeutendere Linguist Giacomo Devoto drückte es so aus: »Ein Gespür für Phonemik, Syntax, Stilistik, Grammatik im

Allgemeinen, ganz generell die Beschreibung eines Systems, blieb ihm fremd.«

Das heißt nicht, dass wir über vollständiges und verlässliches Wissen über die dalmatische Sprache hätten verfügen können, wenn ein Sprachwissenschaftler mit mehr Ausdauer einen Sprecher mit einem kompletten Gebiss über einen längeren Zeitraum interviewt hätte. Wenn eine Sprache nur noch einen Sprecher hat, ist sie bereits gestorben. Sprachen leben durch Dialoge, und ein einzelner Mann kann keine Sprache am Leben erhalten – er kann nicht viel mehr tun, als sich an sie zu erinnern, so gut es ihm möglich ist.

Dennoch ist ›der Tod des letzten Sprechers‹ ein Ereignis, das Wehmut hervorruft; derlei Momente sind in den Medien zu einem Versatzstück der Betroffenheit geraten. Der Sprachentod ist jedoch allgegenwärtig. Weltweit werden derzeit etwa 500 Sprachen von weniger als 100 Menschen gesprochen und an die fünfzig von nur noch einem einzigen Sprecher beherrscht. 2013 starb in Lettland die letzte Muttersprachlerin der livischen Sprache, 2012 tat der letzte Sprecher des Cromarty-Dialekts seinen letzten Atemzug. 2011 wurde in einer willkommenen Variation über das Thema berichtet, dass die beiden letzten Sprecher des Ayapaneco in Mexiko sich weigerten, miteinander zu reden. Eine gute Geschichte war das schon, aber gemessen am Drama-Faktor kann sie nicht mit Dalmatisch mithalten.

➤ Dem Dalmatischen entstammen keine deutschen Wörter. Der Dalmatiner wurde nach der Region benannt; es ist jedoch unsicher, ob die Rasse von dort stammt.

KAPITEL 52

An eine Sprache glauben

Kornisch

Eine englische Grafschaft im äußersten Südwesten, die Spitze des Fingers, der nach Amerika zeigt: Das ist Cornwall. Ganz am Ende markieren verwitterte Wegweiser das Kap, das Land's End heißt. Aber sogar hinter diesem Ende leben noch Menschen, auf den abgelegenen Isles of Scilly. (Sagen Sie niemals ›Scilly Islands‹, das empfinden ihre Bewohner als eine Beleidigung.) Hier, am Ende der Welt, wird eine keltische Sprache gesprochen: Kornisch. Jedenfalls sind einige Leute überzeugt davon. Kornisch ist nämlich Glaubenssache.

Erst einmal müssen Sie daran glauben, dass es Kornisch überhaupt noch gibt. Der UNESCO-Atlas der bedrohten Sprachen hat es bereits vor geraumer Zeit für mausetot erklärt. Dolly Pentreath aus dem Örtchen Mousehole, die ebenso für ihre laute Stimme und ihr Repertoire an Schimpfwörtern bekannt war wie für den Fisch, den sie verkaufte, wird als die letzte echte Muttersprachlerin des Kornischen verehrt. Sie starb 1777.

Wer wahrhaft glaubt, weiß jedoch, dass das Leben, auch das einer Sprache, nicht mit dem Tod endet. Es gibt eine Zukunft, solange es eine ruhmreiche Vergangenheit gibt. Und das Internet. Denn dort kann eine Sprache vor den Augen der Welt von den Toten wieder auferweckt werden. Am liebsten auf Englisch, das heute die Sprache Cornwalls und ebendieser Welt ist. Das große Kornisch-Portal www.magakernow.org.uk, das Kornisch die ›Muttersprache der Region‹ nennt, ist daher ganz auf Englisch gehalten. Allerdings prangt Kornisch auf allen T-Shirts, die bei www.cornishlanguage.co.uk zum Verkauf angeboten werden. So kann man sich zur Sprache bekennen, ohne sie zu beherrschen. Wie praktisch.

Ein Bekehrter, der es wirklich ernst meint, belässt es natürlich nicht beim Kauf eines T-Shirts. Er sucht sich einen Sprachkurs. Und da gibt es reichlich Auswahl, denn seit Anfang des Revivals, zu Beginn des 20. Jahrhunderts, kam es bereits zu drei Kirchenspaltungen, die in vier neuen Konfessionen mündeten: Allgemeines Kornisch (*Kernewek Kemmyn*), Vereinigtes Kornisch (*Kernewek Unys*), Neues Vereinigtes Kornisch (*Kernewek Unys Amendys*) und Modernes Kornisch (*Kernuak Nowedga*). Es ist wohl überflüssig zu erwähnen, dass sie sich untereinander von Herzen verurteilen.

Die Strenggläubigen, die Anhänger der reinen Lehre sind, berufen sich auf das unbefleckte Kornisch, wie die Briten es seinerzeit noch sprachen, vor der angelsächsischen Flutwelle. Jawohl, die Briten. Denn die sogenannten Briten von heute sind eigentlich die angelsächsischen Eroberer, die die authentischen Briten, die keltischen *brythons*, an die Ränder des Landes verdrängt haben: ins englisch-schottische Grenzgebiet (wo man bis ins 11. Jahrhundert Kumbrisch sprach), nach Wales und, genau, nach Cornwall. Um 1300 wurde in ganz Cornwall noch Kornisch gesprochen, aber in den darauffolgenden Jahrhunderten zog die Sprache sich immer weiter zurück, bis an den ungemütlichsten Zipfel der Halbinsel.

Die ganz Frommen scheuen keine Mühen, die Sprache des angelsächsischen Aggressors aus ihrem Wortschatz auszumerzen. Das Wort *universite*, das die mittelalterlichen Sprecher des Kornischen noch unbekümmert verwendet hatten, wurde 1993 durch *pennskol* (›Haupt-Schule‹) ersetzt. *Universite* mag zwar aus dem Lateinischen stammen, aber es klang dann doch zu englisch für das fromme kornische Ohr. Ebenfalls schwierig zu benennen sind die Dinge, die es zu Zeiten des lebenden Kornisch noch nicht gegeben hat, wie das Fahrrad zum Beispiel. Ein Wörterbuch von 1934 spricht, durch das verwandte Bretonisch inspiriert, von *margh horn*, dem ›eisernen Pferd‹. Aber das ging selbst den Orthodoxen zu weit. 1981 konnte man sich auf *dywros*, ›Zweirad‹, einigen. Gemäßigtere Vertreter nehmen, ohne rot zu werden, englische Wörter wie *chips* (›Pommes frites‹) und *jam* (›Marmelade‹) in den Mund.

Natürlich ist es der Sprachgemeinde, die zweitausend Seelen ihr Eigen nennt, klar, dass die Existenz vierer einander feindlich gesinnter Glaubensrichtungen der kornischen Sache nicht förderlich ist. Eine offiziell anerkannte Minderheitensprache – denn das ist Kornisch! – sollte besser einen einzigen Standard pflegen. Aus diesem Grund startete man einen ökumenischen Prozess, der 2008 in einer neuen Variante mündete. Dieser Zusammenschluss nennt sich ›Geschriebene Standardform‹: *Furv Skrifys Savonek*, manchmal auch *Form Screfys Standard* – totale Verschmelzung ist halt kein einfacher Prozess. Wie dem auch sei: Es gibt jetzt ein Kornisch für alle. Jedenfalls für alle, die der Gnade des Glaubens teilhaftig geworden sind. Sogar die UNESCO hat inzwischen eingeräumt, dass die Sprache nicht mehr tot ist, und ihren Atlas aktualisiert.

Und so reiht sich die kornisch orientierte Gemeinde einigermaßen einstimmig hinter der schwarzen Flagge mit dem weißen Kreuz ein. Die beseeltesten Missionare der neuen alten Sprache nehmen den Aufbruch zu neuen Ufern wörtlich: Sie bereisen, um ihre guten Nachrichten zu verbreiten, gemeinsam den tausend Kilometer langen Küstenstreifen rund um die gesamte Halbinsel, auf der Cornwall eigentlich nur die Spitze ist, von Somerset bis Dorset. Auf dass die Gemeinde wachsen und gedeihen möge.

Ihr Erfolg ist mäßig. Eine Sprache kann nämlich ebenso schwer wieder zum Leben erweckt werden wie ein Mensch. Mund-zu-Mund-Beatmung reicht nicht aus, nur Herzmassage kann da vielleicht noch helfen.

➤ Es wird oft angenommen, dass das Wort ›Dolmen‹ aus dem Bretonischen kommt, aber Kornisch ist als Quelle wahrscheinlicher.

¶ *Henting* bedeutet ›stark regnend‹, ist für einen Urlaub in Cornwall nützlich zu kennen und trifft die *zuggans*, den Kern einer Sache. *Zuggans* kommt vom kornischen *sugen* und bedeutet ›Saft‹ oder ›Essenz‹; *henting* ist nicht (keltisches) Kornisch, sondern anglokornischer Dialekt.

KAPITEL 53

Vom Abgrund abgewendet

Manx

Die Isle of Man befindet sich inmitten der Irischen See, in Sichtweite von England, Schottland, Irland und, bei besonders klarem Wetter, Wales. Es dürfte daher keine Überraschung sein, dass bis vor etwa 200 Jahren die Lokalsprache Manx-Gälisch war, eine keltische Sprache, die mit dem irischen und dem schottischen Gälisch verwandt ist. Nachdem sich die Wikinger gegen Ende des ersten Jahrtausends auf der Insel niedergelassen hatten, konnte Manx zunächst noch fortbestehen. Gegen die Briten blieb es jedoch weniger standhaft. In den 1640er Jahren stand die Isle of Man unter der Herrschaft des Earl of Derby. Dessen Kampf gegen die Miliz von Man, die von William Christian angeführt wurde (auf Manx: Illiam Dhone), markierte den Beginn eines langwierigen Konflikts zwischen der anglophonen Führungsschicht und denen, die Manx als Muttersprache hatten. Und dann kamen auch noch die Touristen. Der Zustrom britischer Urlauber im 19. Jahrhundert mag eine Menge willkommener Einnahmen auf die verarmte Insel gebracht haben, aber die Invasion beschleunigte den Untergang des Manx-Gälischen.

Wer zufriedene Kunden wollte, sprach mit ihnen, und zwar auf Englisch.

Bald dachte niemand mehr daran, Manx *çhengey firrinagh* (›eine echte Sprache‹) zu nennen, stattdessen war es *cha nel eh feeu loayrt* (›es nicht wert, gesprochen zu werden‹). »Mit der wirst du keinen einzigen Penny verdienen«, so lautete die allgemeine Überzeugung – *Cha jean oo rieau cosney ping assjee.* Drei Generationen zuvor hatten Lehrer ihre Schüler noch zur Strafe in die Ecke geschickt, wenn sie im Unterricht Manx sprachen. In den 1950ern gab es unter den ungefähr 70.000 Einwohnern der Insel lediglich zwei Muttersprachler des Manx-Gälischen, und beide waren über achtzig Jahre alt. Die anderen 58 Menschen, die ein paar Worte der alten Muttersprache kannten, hatten alle im Erwachsenenalter damit angefangen. 1974 verlor Manx mit Ned Maddrell (Ned Beg Hom Ruy) seinen letzten Muttersprachler – oder Beinahe-Muttersprachler, denn Ned hatte es erst mit drei Jahren gelernt.

Die örtliche Variante des Englischen erhielt sich natürlich einige keltische Eigenheiten, und das tut sie bis auf den heutigen Tag. Zum Beispiel können Sie keine Stunde auf der Insel verbringen, ohne das Wort *yessir* zu hören. Es steht üblicherweise am Satzende und verleiht dem Gesagten eine milde Bestätigung, wie in »Da haben Sie aber einen netten Hund, yessir«. Es sieht aus und klingt wie ›yes, sir‹, ist bei aller Ähnlichkeit aber eine englische Abwandlung von *uss*, einem manx-gälischen Wort für das englische *you*, entsprechend dem deutschen ›du‹. So sagt man dort auch: *There is good English at François* (›Es gibt gutes Englisch bei François‹ – ›François spricht gut Englisch‹), und man ›hat seine Schlüssel auf den Boden gefallen‹, denn so wird es auf Manx ausgedrückt: *They have fallen their keys to the ground.* Gleichwohl schien es, als sei das Aufgehen des Manx im

Englischen bis Mitte der 70er Jahre der finale Entwicklungsschritt gewesen.

Heute sieht es bereits wieder anders aus: Dank des Einsatzes verschiedener Personen und Institutionen wurde die Sprache gerade noch vor dem Abgrund der Vergessenheit bewahrt. 2001 wurde die Bunscoill Ghaelgagh, die gälische Grundschule, eröffnet – für sage und schreibe sieben Schüler. Inzwischen hat sie siebzig und wächst kontinuierlich. Und sie ist eine englischfreie Zone, was die Eltern zwingt, die Sprache selbst zu erlernen, um mit ihren Kindern mithalten zu können. Eine Mutter formulierte es einmal so: »Mein Sohn nimmt mich nicht ernst, wenn ich auf Englisch mit ihm schimpfe.«

Manche Eltern machen sich Sorgen, dass ihre Kinder einen schlechten Start haben könnten, mit dieser Nischensprache, deren Grammatik wenig mit der anderer europäischer Sprachen gemeinsam hat. Lehrer, die sowohl für die Bunscoill als auch für die englischsprachigen Schulen der Insel arbeiten, berichten jedoch, dass die Schüler der gälischen Schule schneller Französisch lernen als ihre Altersgenossen. Und nicht nur in Französisch stechen sie hervor – auch in anderen Fächern zeigen sie sehr gute Leistungen.

Unterdessen besinnen sich auch erwachsene Inselbewohner ihrer eigenen Kultur und deren Erbe. Es werden Kurse angeboten, in denen der Schwerpunkt weniger auf dem Pauken von Vokabeln und der Beherrschung von Grammatik vom Papier liegt als auf dem Prinzip des Sprechens durch Nachahmung – das Risiko wäre sonst zu hoch, dass der Anblick einer Sprache, die so anders ist als Englisch, die Erwachsenen entmutigen würde. Kein Anfänger könnte die Aussprache der manx-gälischen Wörter anhand der Art, wie sie geschrieben werden, herleiten – ihre Schreibweise ist ebenso verwirrend wie die nah verwandten, aber dennoch jeweils grundverschiedenen Schreibungen des schottischen und irischen Gälisch.

Die Grammatik ist sogar noch abschreckender als die Schreibweise. Und das liegt nicht nur an der Konsonantenerweichung, dieser verrückten keltischen Gewohnheit, Anfangsbuchstaben ohne zunächst ersichtlichen Grund zu ändern (siehe Seite 235) – das kann einen Anfänger schon mal irritieren. Für Englischsprachige ist die Verb-Subjekt-Objekt-Folge der gälischen Sprachen sehr gewöhnungsbedürftig. Und auch das Fehlen des Verbs ›haben‹ ist eine Herausforderung. Auf Manx ›hat‹ man nichts, die Dinge können nur ›bei einem‹ sein. Wenn Sie ein Auto haben, ist das Auto bei Ihnen; wenn Sie gut Manx sprechen, ist Manx bei Ihnen. Sogar wenn Sie etwas tun müssen, auf Englisch *to have to do something*, sagen Sie *ta orrym jannoo*, ›es ist bei mir zu tun‹.

Es gibt außerdem kein ›ja‹ oder ›nein‹. Wenn jemand Sie etwas fragt, müssen Sie mit einem Verb in der passenden Zeit antworten. »Sind Sie schon nach Edinburgh geflogen?« – »Bin ich«, und so weiter. Wenn Ihnen eine knifflige, komplexe Frage gestellt wird, können Sie sich aus der Affäre ziehen, indem Sie mit *shen eh* (›es ist so‹) antworten – und wenn es nicht so ist, haben Sie ein Problem, denn *shen eh* hat keine brauchbare Negativform.

Und doch, trotz aller Widrigkeiten und dank der gälischen Schule und der Erwachsenenkurse, scheint es Manx mit seinen lebenserhaltenden Maßnahmen gutzugehen. Auch wenn die Sprache lediglich von zweihundert Menschen auf der Insel fließend gesprochen wird, erscheinen jährlich mehrere Bücher auf Manx, von Krimis bis hin zu Übersetzungen von Kinderbuchklassikern. Es gibt sogar einen monatlichen Scrabble-Abend. Natürlich sind die Spieler auf die großzügige Unterstützung der Buchstaben y und h angewiesen, und auf Unmengen an Vokalen. Wie sollten sie sonst Wörter wie *treechoshagh* (›Dreifuß‹, ›Stativ‹), *çhengoaylleeaght* (›Linguistik‹) oder *neuymmyd* (›Missbrauch‹) bilden? Und niemand stört sich daran, wenn ein Wort mal über den Rand des Spielfelds hinausgeht; falls nötig, wird die gesamte Länge und Breite des Tischs genutzt. *Scummey shen* – ist doch egal.

¶ *Tayrn* – tragen, heben, laden, schleifen, schleppen, ziehen, ziepen, zerren, rupfen, werfen, reißen, zupfen, wuchten, schieben, karren oder abhauen (und das ist nur ein Bruchteil der Bedeutungen). Ein Wort, das jede Art von körperlicher Anstrengung bezeichnet.

KAPITEL 54

Frysk, Fresk, Freesk, Freesch, Fräisch und Frasch

Nord- und Saterfriesisch

Darf ich vorstellen: Juliane Cromme, die Übersetzerin, die aus über sechzig englischen und niederländischen Texten die deutsche Ausgabe dieses Buches erarbeitet hat, das Sie nun in Händen halten. Schön, sie mal kennenzulernen; ich spreche da aus Erfahrung.

Dass ich Juliane hier beim Namen nenne, liegt zum einen daran, dass Übersetzer ungeachtet ihrer unentbehrlichen, schwierigen und kreativen Tätigkeit oft allzu sehr von Autoren, Herausgebern, Kritikern und anderen, die ihr Brot mit Büchern verdienen, überschattet werden. Aber ich erwähne sie hier auch aus einem anderen Grund: um dieses Kapitel über Friesisch einzuleiten. Ihr Mann und ihre Kinder heißen mit Nachnamen Lettinga, und das ist ein ausgesprochen friesischer Name, genau wie Postma, Wiersma, Elzinga, Hiemstra, Zagema und andere exotisch klingende Familiennamen, die auf *-a* enden. Genau genommen sind sie *west*friesisch, das heißt, sie kommen aus der niederländischen Provinz Friesland – *Fryslân*, wie sie heute amtlich heißt. Die Familie von Julianes Schwiegervater stammt von dort.

Sie selbst hat auch friesische Wurzeln, denn sie verbrachte ihre Jugend in Norden, einer der größeren Kleinstädte *Ost*frieslands (Großstädte gibt es in der Gegend nicht). Aber im Gegensatz zu ihrem Mann hatte sie als Kind kein Friesisch um sich herum. In Ostfriesland spricht man seit Jahrhunderten Niederdeutsch, und seit dem 20. Jahrhundert vor allem Hochdeutsch. Ostfriesische Nachnamen gibt es immer noch, manche von ihnen ebenfalls mit der Endung *-a*: Manninga, Kromminga, Poppinga, Vienna oder Wübbena, andere mit *-s* oder *-n*: Oltmanns, Harms, Ehmen und natürlich Janssen.

Obwohl in Ostfriesland kein Friesisch mehr gesprochen wird, ist die Region auf gewisse Weise das Herz des Friesentums: Sie liegt genau in der Mitte der drei Gebiete, in denen noch eine friesische Sprache lebt. Einige dutzend Kilometer weiter westlich beginnt Fryslân, wo gut 350.000 Menschen Westfriesisch oder *Frysk* als erste Sprache sprechen. Ebenfalls einige dutzend Kilometer entfernt, seewärts in nördlicher Richtung, liegt die Insel Helgoland, der nordfriesische Vorposten auf hoher See; der Rest des nordfriesischen Sprachgebiets ist weitere 60 Kilometer nordöstlich entfernt. Und genau südlich befindet sich – nein, nicht Südfriesland, sondern das Saterland, wo man Saterfriesisch spricht.

So verstreut wie heute ist das friesischsprachige Gebiet nicht immer gewesen. Im frühen Mittelalter, sagen wir um das Jahr 700, bildete es einen schmalen, mehrere hundert Kilometer langen Streifen entlang der Nordsee. Die damalige Sprache der Friesen ähnelte der ihrer Nachbarvölker, der Sachsen und Franken, noch sehr, aber die ersten Dialektunterschiede muss es bereits gegeben haben. Der südwestliche

Zipfel ihres Wohngebiets befand sich irgendwo in oder bei Zeeland, der niederländischen Provinz, die jetzt ein beliebtes Ferienziel für viele deutsche Urlauber ist. Die Nordostspitze des friesischen Gebiets lag zu beiden Seiten der Wesermündung, und auch Helgoland wurde früh von Friesen bewohnt. In Nordfriesland und dem Saterland war dies hingegen zunächst nicht der Fall (siehe Karte auf S. 289).

In den Jahrhunderten, die folgten, wuchs der Streifen entlang der See an der nordöstlichen Seite, während er im Südwesten abnahm. In zwei Einwanderungswellen bevölkerten Friesen Nordfriesland: Zunächst die Inseln und Halligen im Wattenmeer an der Nordseeküste des heutigen Bundeslandes Schleswig-Holstein, einige hundert Jahre später das festländische Küstengebiet. In Niedersachsen wurde außerdem das Saterland kolonialisiert. Am anderen Ende, in den Niederlanden also, verlor das Gebiet zwischen Zeeland und Amsterdam langsam seinen friesischen Charakter.

Gegen Ende des Mittelalters begann das friesische Sprachgebiet zu schrumpfen; langsam, aber unaufhaltsam. Nördlich von Amsterdam verdrängten holländische Dialekte Friesisch nach und nach, wenn auch bis zum heutigen Tag noch Spuren vorhanden sind. So heißt ein ›Euter‹ im nordholländischen Dialekt und auf Friesisch *jaar* (Niederländisch: *uier*), und für ›bedauerlich‹ verwendet man im Nordholländischen *begrotelijk*, was mit dem friesischen *begreatlik* eng verwandt ist (Niederländisch: *spijtig*). Eine andere Spur aus der Vergangenheit ist der Name einer Region, die weiter nördlich von Amsterdam in der Provinz *Noord-Holland* liegt: *Westfriesland*. Der dort gesprochene Dialekt wird in den Niederlanden *West-Fries* genannt, was verwirrend ist, da unsere Bezeichnung *Westfriesisch* ebenso wie das englische *West Frisian* die Sprache der Provinz Fryslân meinen. Dieses westfriesische Holländisch lasse ich hier außer Acht.

Im 14. und 15. Jahrhundert verlor ein weiteres Gebiet seinen friesischen Charakter: Ausgehend von der Stadt Groningen – die immer sächsisch gewesen war und niemals friesisch –, verdrängte Niederdeutsch das Friesische aus dem Umland der Stadt, vor allem in nördlicher Richtung. Dieser Sprachwechsel spaltete das friesische Sprachgebiet: Groningen hatte einen niederdeutschen Keil zwischen die westliche und die östliche Hälfte getrieben. Schließlich übernahm besagtes Umland sogar den Namen der Stadt: Inzwischen trägt die gesamte Provinz den Namen Groningen. Frysk wird dort nur noch in wenigen westlichen Dörfern gesprochen.

Östlich von Groningen, gleich auf der anderen Seite der deutsch-niederländischen Grenze, liegt Ostfriesland. Zwischen dem 16. und dem 18. Jahrhundert gewann auch hier das Niederdeutsche immer mehr an Terrain. Dennoch sollte es noch bis 1930 dauern, bis die Sprache Ostfriesisch auch von der Insel Wangerooge verschwunden war – übrigens die einzige Ostfriesische Insel, die offiziell nicht zur Regierungseinheit Ostfriesland, sondern zu Oldenburg gehörte. Danach überlebte Ostfriesisch nur noch im Dialekt von Saterland. Auch das liegt kurioserweise nicht in Ostfriesland, sondern im Oldenburger Land. Ostfriesland und das ehemalige Großherzogtum Oldenburg gehören heute beide zu Niedersachsen, aber bis 1946 verlief zwischen ihnen noch eine Grenze.

Im Westen von ›Großfriesland‹ gab es also nur noch ein friesischsprachiges Gebiet, die Provinz Fryslân – und selbst da ging Friesisch zurück, denn in den größeren Städten sprachen immer mehr Menschen einen niederländischen Dialekt, *Stedsk* (›Städtisch‹) genannt. Im Osten verblieb ausschließlich die Gemeinde Saterland. Und im Norden? – Da erhielt sich die Sprache einigermaßen gut aufrecht, obwohl Niederdeutsch auch hier Stückchen des Sprachgebietes abknabberte: die Halbinsel Eiderstedt sowie die Inseln Pellworm und Nordstrand. Dass gerade Niederdeutsch so vorrückte, ist nicht selbstverständlich, denn das gesamte Gebiet war bis 1866 ein Teil Dänemarks. Anscheinend hatten die Handelskontakte mit dem Süden mehr sprachlichen Einfluss.

Im frühen Mittelalter konnten die Friesen einander noch problemlos verstehen, inzwischen geht das längst nicht mehr. Innerhalb von Fryslân aber sehr wohl: Die meisten Dialekte des dort gesprochenen Friesischen sind sich sehr ähnlich. Außerdem hat man in Fryslân seit dem 19. Jahrhundert eine einheitliche Hochsprache, die Dialektunterschiede zu überbrücken helfen kann. Aber niederländische Friesen, die das Saterland oder Nordfriesland besuchen, müssen feststellen, dass sie das Friesisch der Einheimischen kaum verstehen – so wie die meisten von uns sich keinen Reim auf Schweizerdeutsch machen können, wenn die Schweizer miteinander so richtig loslegen. In über tausend Jahren können Sprachen nun einmal weit auseinanderwachsen. Außerdem war das Friesisch aus Fryslân in den letzten Jahrhunderten stark vom Niederländischen beeinflusst; Nordfriesisch weitaus weniger und Saterfriesisch überhaupt nicht.

Es sind nicht nur die niederländischen Friesen, die sich schwertun, Nordfriesisch zu verstehen. Die 3–5.000 Menschen, die einen nordfriesischen Dialekt sprechen, haben sogar große Schwierigkeiten, den Einwohnern ihrer Nachbardörfer zu folgen. Die meisten Sprecher würden ihre eigene Mundart daher nicht als Friesisch (*Freesk, Fresk, Freesch, Frasch, Fräisch*) bezeichnen. Auf den Inseln Sylt, Föhr, Amrum und Helgoland nennen sie ihre Dialekte *Sölring*, *Fering*, *Öömrang* und *Halunder*, und die Unterschiede sind durchaus beachtlich. Das Festland beherbergt wieder andere Dialekte, die sich sehr vom Nordfriesisch der Insulaner unterscheiden. Eine friesische ›Dachsprache‹, wie man sie in Fryslân hat, ist in Nordfriesland nie entstanden. Dafür ist das Sprachgebiet zu klein, und außerdem fehlt ein erkennbares Zentrum, eine Stadt, an der die gesamte Region sich orientieren könnte. Hinzu kommt, dass Nordfriesland verschiedenen Einflüssen ausgesetzt war: im Norden dem benachbarten dänischen Dialekt, einschließlich der Inseln und Halligen, im Süden dem Niederdeutschen, und auf Helgoland.

Hier einige Beispiele für die Verschiedenheit: Das Wort für ›Donnerstag‹ ist in nördlichen Mundarten dem dänischen *torsdag* (und dem englischen *Thursday*) ähnlich: *törsdi, tü(ü)rsdai*, auf Helgoland aber eher dem niederdeutschen *Dünnersdag*: *tünnersdai*. Ebenso das Wort für ›Junge‹: Auf den Inseln im Wattenmeer sagt man *dring* oder *dreeng*, ähnlich dem dänischen *dreng*, auf Helgoland *djong*. Das Wort für ›Miete‹ ist mancherorts dem Dänischen entnommen (*leje*), anderswo dem Niederdeutschen (*Hüür*). Genauso das Wort für ›Meer‹: Das dänische *hav* und das niederdeutsche *See* haben beide ihre Spuren hinterlassen.

Wenn wir auch das niederländische Friesisch betrachten wollen, ist das Wort für ›sich mit einem Fahrzeug über Land fortbewegen‹ ein besonders schönes Beispiel. Auf Dänisch heißt das *køre*, auf Niederdeutsch *fohre*, auf Niederländisch *rijden*. Alle Formen finden sich im Friesischen wieder: Die Nordfriesen nahe Dänemark sagen *kääre*, *keer*, *köör*, auf Helgoland ist es *foor* und in Fryslân *ride* (ausgesprochen wie ›riede‹, nicht ›raid‹!). Zum Teil ist die Liste noch aberwitziger: Für ›Tisch‹ gibt es so unterschiedliche Wörter wie *scheew, boosel, staal, taffel* und *disk*. Dass all diese Unterschiede die ›interfriesische‹ Verständigung beeinträchtigen, leuchtet ein, oder?

Saterfriesisch ist wieder ein ganz anderer Fall. Auch dessen Sprecher nennen ihre Sprache nicht ›Friesisch‹, sondern konsequent ›Seeltersk‹. Wenn sie von *do Fräizen* reden, meinen sie die Ostfriesen – ein Volk also, das seit Jahrhunderten kein Friesisch mehr spricht. Verständigungsprobleme wie bei den Ostfriesen kommen im Saterland eher selten vor: Die Sprachinsel ist so klein – die kleinste Europas, sagt das Guinnessbuch, und dieser Bierbrauer scheint sich auszukennen –, dass die Bewohner dreier Dörfer einander gut verstehen. Als Saterfriesisch noch in die damalige ostfriesische Sprache eingebettet war, war es allerdings ein Außenseiter. Das kam daher, weil das Saterland eine Inselposition hatte: Es umfasste ein Stück Festland, das aus einigen dutzend Quadratkilometern bestand und ansonsten von nichts als Mooren umgeben war. Bis ins 19. Jahrhundert hinein war es nur mit dem Boot erreichbar, und auch das war oft mühselig. Ob ein Saterfriese sich zu jener Zeit mit einem Bewohner von Wangerooge hätte verständigen können, der anderen Insel, auf der Ostfriesisch lange durchgehalten hat, ist fraglich; dass er jemals in seinem Leben eine so weite Reise angetreten hätte, ist so gut wie ausgeschlossen.

Der evangelische Pastor Johann Gottfried Hoche besuchte kurz vor 1800 das Saterland und war offensichtlich nicht davon angetan: »Man glaubt in den Steppen von Sibirien zu seyn, wenn man die Haiden durchwatet. (...) Die Schöpfung scheint hier noch unvollendet zu seyn.« Und der Historiker Georg Sello schrieb später über dieselbe Zeit, das Saterland sei »den deutschen Reisenden und Gelehrten ebenso unbekannt [gewesen] wie irgendeine weltferne Insel im Stillen Ozean«. Das erklärt vielleicht, weshalb Luthers Reformation die Insel nie erreicht hat; es erklärt auf jeden Fall, wie ein solch kleines Gebiet so lange eine Sprachinsel bleiben konnte.

Aber wie lange werden diese und die anderen friesischen Sprachen noch überleben? Im Saterland wird die gesamte

Sprachgemeinschaft bereits seit Jahrzehnten auf ›etwa zweitausend hauptsächlich ältere Menschen‹ geschätzt. Und da auch im Saterland Senioren kein ewiges Leben haben, müssen es folglich inzwischen weniger geworden sein. Wie es nun mal immer so geht: 1850 sprachen 85 Prozent der Bewohner der Region die Sprache, 1950 noch 50 Prozent, inzwischen kaum noch 20.

Genau wie im Saterland spricht auch in Nordfriesland nur eine Minderheit der Bevölkerung die lokale Variante des Friesischen. Optimismus kann sich höchstens aus der Tatsache nähren, dass der Tod des Friesischen bereits des Öfteren vorhergesagt wurde. So schrieb Knud Broder Knudsen (*Knütj Bruller Knütjen*, 1846–1917) von der Insel Föhr 1886 ein Gedicht, das mit diesen Zeilen beginnt:

Det mad ick wedd, hü 't as am hunnert Juarn,	Das möchte ich wissen, wie es ist in hundert Jahren,
Of dann üs ferreng Spriak uck as 'r noch?	Ob dann unsere Feringer Sprache auch noch da ist?
Knapp stänt tu liawen, det 's dann uck nochhuarn	Es steht kaum zu glauben, dass sie dann auch nirgends
Tupp ferreng snaki – ne, so thankt mi doch.	Zusammen Feringer sprechen – nein, so scheint mir doch.
Of skull dann all – ick mei ar eg fan snaki –	Oder sollte dann schon – ich mag nicht davon reden –
Raw un her Gräf üs lew nett Mammenspriak?	Unsere liebe nette Muttersprache in ihrem Grab ruhen?

Diese hundert Jahre sind inzwischen längst verstrichen, und die meisten nordfriesischen Dialekte leben noch. Das Fering kann mit Mark Twain sagen: »Die Nachrichten von meinem Tod waren reichlich übertrieben.« Aber genau wie Twain letzten Endes doch noch starb, 21 Jahre nach dieser geistreichen Bemerkung, wird es ziemlich sicher noch dieses Jahrhundert auch den nordfriesischen Dialekten so ergehen.

Sogar die größte und kräftigste der drei friesischen Sprachen, das Friesisch von Fryslân, erfreut sich nicht der strahlenden Gesundheit, die sein starker offizieller Status in Bildung und Verwaltung glauben machen könnte. Während ich dieses Kapitel schreibe, im Juli 2016, wird gerade eine neue Studie veröffentlicht, aus der hervorgeht, dass es der Sprache immer schlechter geht. Innerhalb von zwanzig Jahren nahm die Zahl Friesisch sprechender Familien um ein Drittel ab, von 48 auf 32 Prozent, und außerhalb der Familien ging Friesisch als Umgangssprache sogar von 44 auf 22 Prozent zurück. Eine wichtige Ursache ist, dass in vielen Familien nur ein Elternteil Friesisch spricht, vermutet der Forscher.

Das wollen wir mal in einer kleinen Feldstudie überprüfen – schließlich haben wir Friesen zur Hand.

»Juliane, wie ist das bei euch zu Hause? Spricht dein Mann Friesisch mit euren Kindern?«

»Nein, denn das hat er nur manchmal in den Ferien gehört und selbst wenig gesprochen. Sein Vater, mein Schwiegervater also, der spricht Friesisch, aber meine Schwiegermutter kommt aus Griechenland. Manchmal sagt mein Mann plötzlich eine friesische Floskel oder ein Wort, aber als Familie sprechen wir immer Niederländisch oder Deutsch, die jeweils ersten Sprachen der Eltern – fein säuberlich getrennt, je nachdem, wer gerade mit wem spricht.«

»Ist Friesisch denn bei den Lettingas ganz ausgestorben?«

»Das nun auch wieder nicht. Die Cousinen und Cousins, die in Fryslân wohnen, haben es als Muttersprache gelernt. Und wenn sie einen Partner haben, der es spricht, wird es auch den Kindern beigebracht.«

Die Lettingas verhalten sich also genau so, wie der For-

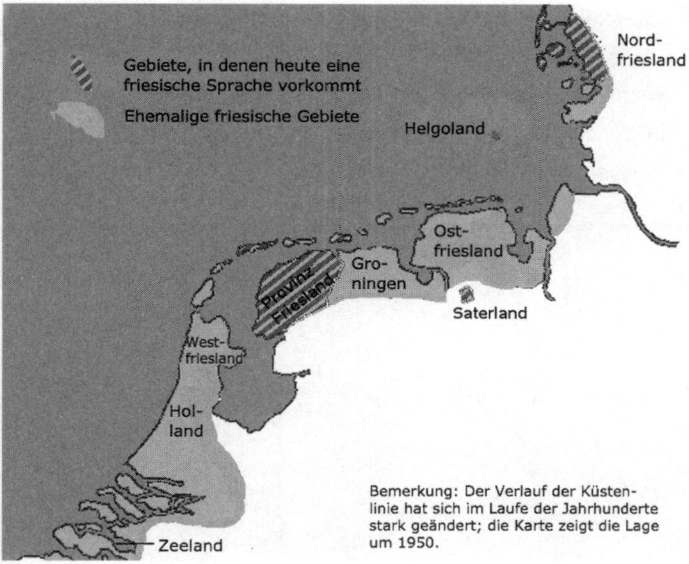

scher es behauptet hat. Bis auf ein Detail: In den meisten halbfriesischen Familien spricht der ›zugezogene‹ Elternteil Niederländisch.

Bei den Lettingas ist Frysk nicht durch die Übermacht des Niederländischen verschwunden, sondern durch die gleichzeitige Anwesenheit von Gryksk (Griechisch). Darin sind sie wohl einzigartig.

➤ Das Wort ›Hallig‹ (›flache, gegen die Flut nicht geschützte Insel‹) kommt aus dem Nordfriesischen. ›Diesig‹ ist ein norddeutscher Begriff, wobei Nordfriesisch hier ebenfalls eine anzunehmende Quelle ist. Saterfriesisch hat keine Wörter ins Hochdeutsche gebracht.

¶ Die ›Weide‹ ist im Deutschen verwirrend: Ist der Laubbaum oder die landwirtschaftliche Grünfläche gemeint? Wir könnten den Baum von nun an mit seinem friesischen Namen bezeichnen: in der Mehrzahl *Wilger*, in der Einzahl *Wilg* (wobei das nordfriesische Wort eigentlich *Wilag* ist).

TEIL VIII

AUF TATEN FOLGEN WORTE

Linguisten und ihre Einflüsse

Sprachen sind durch und durch Gemeinschaftsprodukte – nur die künstlichen nicht, so wie Esperanto. Dennoch sind verschiedene natürliche Sprachen einzelnen Personen zu Dank verpflichtet, die sich für sie eingesetzt (Slowakisch und die germanischen Sprachen) oder ihre Schreibweise geprägt haben (Mazedonisch und Türkisch). Und manche älteren Sprachvarianten und Dialekte wären heute womöglich vergessen, wenn nicht engagierte Sprachwissenschaftler eingegriffen hätten (Albanisch).

KAPITEL 55

Ľudovít Štúr, der heldhafte Linguist

Slowakisch

Moderne Linguisten verirren sich selten in Gebiete außerhalb der akademischen Grenzen. Wenn sie dann doch mal ihre Stimmen erheben, ist das oft, um ihre Theorien oder ihre Forschungsetats zu verteidigen. Über die großen Fragen ihrer Zeit sprechen sie sich selten wirklich aus. Wenn einer von ihnen es doch einmal tut, heißt er meistens Noam Chomsky.

Das war nicht immer so. Viele Linguisten des 19. Jahrhunderts hatten nationalistische Ideen und einen Hang zum Aktivismus, vor allem in den Gegenden Europas, die sich zwischen Finnland und Griechenland befanden. Der aktivste Nationalist unter ihnen war zweifellos Ľudovít Štúr.

Klingelt es bei dem Namen? Nein? – Natürlich nicht. In Westeuropa ist er völlig unbekannt. Und dass er mit diakritischen Zeichen überladen ist, ist auch nicht gerade von Vorteil, obwohl er nicht so schwer auszusprechen ist, wie es vielleicht aussieht: ›Lju-do-wiet Schdur‹ – klingt machbar, oder?

Trotz seiner in weiten Teilen Europas unbekannten Person ist der Name Štúr den Menschen in seinem Heimatland, der Slowakei, ein Begriff. Viele seiner Landsleute können seine Gedichte auswendig. (Dichten war eine Tätigkeit, der Personen des öffentlichen Lebens sich damals üblicherweise widmeten, etwa so wie es heute normal ist, im Fernsehen zu erscheinen.) Sein Geburtshaus ist inzwischen ein Museum*, genauso wie sein Sterbehaus. Standbilder von ihm sind im ganzen Land anzutreffen. Als die Slowakei für kurze Zeit eine eigene Währung hatte (1993–2009), zierte sein Porträt die 500-Kronen-Note. Und er erhielt nicht einfach eine Auszeichnung für seine besonderen Leistungen, sondern es wurde sogar eine nach ihm benannt: der Ľudovít-Štúr-Orden.

Dennoch muss er sein Leben als einen einzigen Misserfolg gesehen haben. Im ereignis- und hoffnungsreichen Jahr 1848 schienen sich seine großen Träume zu erfüllen, nämlich die Unabhängigkeit für die Slowaken zu erreichen und Slowakisch zur Landessprache zu machen. Aber er wurde kurz darauf bitter enttäuscht: Die Slowakei blieb weiterhin unter ungarischer Herrschaft, und ihre Sprache wurde nicht anerkannt. Štúrs unermüdliche Bemühungen als Parlamentsmitglied, politischer Aktivist und sogar Fürsprecher des bewaffneten Widerstands konnten allesamt nicht fruchten.

Dann zwang das Schicksal ihn, seine Aufmerksamkeit auf das Familienleben zu richten. Zuerst starb sein Bruder Karol und hinterließ sieben Kinder, um die sich Ľudovít kümmerte. Innerhalb von zwei Jahren starben noch sein Vater, seine Mutter und seine engste Freundin. Bis Štúr selbst

* Dieses Museum teilt er mit Alexander Dubček, dem führenden Politiker des Prager Frühlings. Sie wurden offenbar im selben Haus aus dem 18. Jahrhundert geboren, im Städtchen Uhrovec – der eine 1815, der andere 1921.

von dannen ging, knapp zweieinhalb Jahre später, im Alter von vierzig Jahren. Er starb einen wenig heldenhaften Tod: Auf der Jagd sprang er über ein kleines Hindernis und löste dabei versehentlich einen Schuss seiner eigenen Waffe aus. Die Kugel verletzte ihn am Bein, und einige Wochen später, am 12. Januar 1856, verstarb er.

Warum dann all die Standbilder, Museen, Banknoten und Auszeichnungen? – Hauptsächlich aufgrund seines bedeutendsten Erfolgs: Er schuf eine vereinte slowakische Sprache. Nachdem er von einem sprachwissenschaftlichen Studium in Deutschland zurückgekehrt war, begann er, an einem Standardslowakisch zu arbeiten, das hauptsächlich von den zentralen slowakischen Dialekten ausging. Bisher hatten die Slowaken zwei Schriftsprachen gehabt, eine katholische, der westliche Dialekte zugrunde lagen, und eine protestantische, die eine etwas ›slowakifizierte‹ Version des Tschechischen war. Die Standardisierung war das Arbeitsziel einer Gruppe mehrerer Linguisten und literarischer Figuren, aber Štúr hatte seit seiner Schulzeit die Gewohnheit, die Leitung jeder Gruppe zu übernehmen, der er angehören wollte. Und so wurde 1846 unter seinem Namen die *Nauka reči Slovenskej* (Lehre der slowakischen Sprache) veröffentlicht, eine normative Grammatik und Rechtschreibregelung. Unterdessen hatten er und seine Mitstreiter die neue Sprache in nationalistischen Gedichten, Zeitungen und Büchern verwendet. Die Rechtschreibung wurde später noch geändert – nicht unbedingt zu ihrem Besseren –, aber trotzdem ist das heutige schriftliche Slowakisch weitestgehend wie in der *Nauka* vorgeschrieben. Daher die ihm gebührende Anerkennung: Es war Štúr, der Slowakisch erschuf, und es war Slowakisch, das die Slowakei erschuf, wobei Letzteres noch lange nach Štúrs Schaffensperiode auf sich warten lassen würde.

➤ Die ›Dobro‹, eine bestimmte Art von Gitarre, wurde von den slowakisch-amerikanischen Dopyera-Brüdern entwickelt. *Dobro* steht für *Dopyera Brothers*, aber es ist kein Zufall, dass es im Slowakischen auch ›gut‹ bedeutet.

¶ *Prozvonit* – das Telefon (einmal/zweimal usw.) durchklingeln lassen in der Hoffnung, dass der andere zurückruft (oder um ihm auf diese Weise eine verschlüsselte Nachricht zu übermitteln).

KAPITEL 56

Der Vater, seine Witwe und ihre neuen Liebhaber

Albanisch

Das Albanisch des späten Mittelalters: Wer kann sich dafür schon begeistern? Albanische Gelehrte, ja, aber sonst? Über das Thema denken wir nicht täglich nach, noch dazu ist es schwer fassbar. Das heutige Albanisch ist kompliziert und seine Geschichte unklar. Es ist kein einziger Text aus der Zeit vor dem 15. Jahrhundert überliefert, und bis 1285 wurde diese Sprache nicht in einem einzigen Dokument auch nur erwähnt.

Was natürlich nicht bedeutet, dass sie nicht schon davor existiert hätte. Sie muss sich irgendwann von der indoeuropäischen Sprachfamilie abgespalten haben, zu der fast alle europäischen Sprachen gehören. Eine Zeitlang hatte sie möglicherweise einen anderen Namen: Thrakisch, Dakisch oder Illyrisch. Diese Sprachen hat es auf jeden Fall gegeben, und eine von ihnen könnte der Vorläufer des Albanischen gewesen sein. Die Ur-Albaner haben während der Jahrhunderte der römischen Besatzung hunderte Wörter aus dem Lateinischen entlehnt, deren Nachfahren in ihrer abgeänderten Form noch heute zum Wortschatz gehören: *Bekoj* (›segnen‹) kommt von *benedicere*, *gaz* (›Freude‹) von *gaudium*.

Bis ins 11. Jahrhundert haben die Albaner wahrscheinlich als Hirten im Binnenland der Balkanhalbinsel gelebt, etwas nördlicher als heute, wobei die Außenwelt wenig Notiz von ihnen nahm – erst recht nicht davon, wie sie redeten. Erst später erwarben sie ein ansehnliches Wohn- und Sprachgebiet. Albanisch ist inzwischen nicht nur die Mehrheitssprache in *Shqipëria*, wie die Einwohner ihr Land nennen, sondern fast im ganzen Kosovo und in Teilen Mazedoniens und Montenegros. Außerdem leben jahrhundertealte albanischsprachige Minderheiten in Griechenland, Italien, der Türkei und so ziemlich allen Balkanländern.

Aber genug davon. Denn wen interessiert schon die Geschichte des Albanischen?

Norbert Jokl hat sie interessiert. Der sogenannte Vater des Albanischen war der Sohn österreichisch-jüdischer Eltern und wurde 1877 in Bisenz geboren (das heute unter dem Namen Bzenec in Tschechien liegt). Er wurde Professor für indoeuropäische Sprachwissenschaften an der Wiener Universität, wo er unter anderem albanische Etymologie sowie die linguistische Interaktion zwischen Griechenland und Albanien studiert hatte. Er war Junggeselle, ein Polyglott und menschenscheu – zu jener Zeit also der Prototyp eines Gelehrten.

Nach dem ›Anschluss‹ Österreichs 1938 entließ die Universität Jokl aufgrund seines jüdischen Glaubens. Um weitere Verfolgung und Unterdrückung zu vermeiden, beantragte er den Status als ›Halbjude‹, der ihm aber verweigert wurde. Er versuchte, eine Stelle im Ausland zu bekommen – ebenfalls vergeblich. Ein italienischer Kollege bemühte sich, ihn und seine gesamte Bibliothek nach Albanien übersiedeln zu lassen. Auch das misslang. Im Mai 1942 nahm dann das Schicksal seinen Lauf: Jokl wurde deportiert, vermutlich in ein Vernichtungslager in Weißrussland. Wahrscheinlich wurde er dort auch ermordet; sicher ist, dass er noch im selben Monat oder kurze Zeit später auf nicht natürliche Weise ums Leben kam.

Die altalbanische Sprache blieb vereinsamt zurück wie eine Witwe, niemand kümmerte sich um sie. Für Jahrzehnte gerieten Jokls Untersuchungen in Vergessenheit. 1.500 Textseiten aus dem 16., 17. und 18. Jahrhundert warteten auf jemanden, der sich für sie interessierte. Unter ausländischen Linguisten gab es wenige Kenner der modernen albanischen Sprache und noch weniger Kenner der alten. Und im Land selbst verbrannten sich die Wissenschaftler an den Dokumenten nicht die Finger. Albanien wurde von einer kommunistischen Diktatur regiert, die die Beschäftigung mit prämarxistischen Texten nicht gerade ermutigte. Diese Texte waren sogar katholisch, und Albanien war 1967 offiziell zum Atheismus konvertiert.

Die Nazis hatten also den prominentesten Spezialisten ermordet, dessen Glaube ihnen missfiel, und die Kommunisten ignorierten seine historische Textsammlung, da der Glaube der Autoren ihnen missfiel. – Variationen auf ein Thema.

Seit Anfang der neunziger Jahre ist Albanien wieder so etwas wie ein normales Land. Die Leute dürfen sich wieder für ihre eigene Vergangenheit interessieren, also auch für die Geschichte ihrer Sprache. Nur, wer kann ihre Neugier stillen? Inländische Forscher können die alten Bücher nicht ohne Hindernisse untersuchen. Dabei spielt Geldmangel eine entscheidende Rolle, aber auch der noch immer ziemlich katholische Charakter der Texte. Die heutige Generation Wissenschaftler ist in ihrer orthodox-atheistischen Jugend wenig mit Glaubensangelegenheiten in Berührung gekommen, und ohnehin hat in Albanien das Christentum bereits vor Jahrhunderten dem Islam Platz gemacht.

Auch im Ausland gibt es nicht viel Interesse. Heutzutage weckt ein Forschungsgebiet ohne Aussicht auf Rentabilität bei akademischen Entscheidungsträgern wenig Engagement. Und wer kann schon einen Business Case zur Erforschung des Altalbanischen schreiben?

Wie Jokl jedoch bewiesen hat: Ein einziger Mensch kann ein Forschungsgebiet zum Leben erwecken. Und siehe da, ein anderer Albanologe hat den Sprung gewagt: Joachim Matzinger. Zusammen mit dem Indogermanistik-Spezialisten Stefan Schumacher hat er Jokls Material gründlich unter die Lupe genommen. Und sie haben einige interessante Erkenntnisse gewonnen. Die sich bescheiden im Hintergrund haltende albanische Sprache ist in Wahrheit Urheberin einer Angewohnheit der balkanischen Sprachen, die Artikel ans Ende der Substantive zu kleben (also wie ›Hausdas‹ statt ›das Haus‹). Außerdem ist sie Spenderin einer ansehnlichen Zahl rumänischer Lehnwörter. Auch wenn diese letztere Information Sie wahrscheinlich nicht unbedingt umhauen wird, hat sie in Rumänien doch ein kleines Erdbeben ausgelöst. Dort hätten Linguisten den Ursprung dieser Lehnwörter lieber im Dakischen gesehen, einer toten Sprache des klassischen Altertums, als in der Sprache Albaniens, eines Gebietes, das sie gerne als ihr Hinterland betrachten.

Das alte, verwitwete Albanisch des Spätmittelalters kommt also doch noch zu einer späten Blüte, denn es hat neue Bewunderer gewonnen, die übrigens wie ihr Vorgänger in Wien tätig sind. Albanisch hat letzten Endes poetische Gerechtigkeit erfahren. Wenn Jokl der Vater der Albanologie war, dann sind Matzinger und Schumacher seine Söhne.

➤ Deutsch hat keine Lehnwörter aus dem Albanischen. Das wahrscheinlich einzige albanische Wort, das in Deutschland mit einiger Regelmäßigkeit verwendet wird, ist *Lek*, der Name der albanischen Währung, die nach Alexander dem Großen benannt wurde.

¶ *Teze* – Tante mütterlicherseits; *dajo* – Onkel mütterlicherseits; *hallë* – Tante väterlicherseits; *xhaxha* – Onkel väterlicherseits.

KAPITEL 57

Ein Hoch auf Sächsisch

Germanische Sprachen

Warum werden Dänisch, Norwegisch und Schwedisch nicht als Dialekte der gleichen Sprache angesehen, obwohl sie sich doch so ähnlich sind, dass die Sprecher sich untereinander verständigen können? Sie mögen dies für eine seltsame Frage halten. Schließlich haben die meisten europäischen Länder eine eigene Sprache. Aber sehen Sie sich einmal die Karte Europas im frühen 15. Jahrhundert an. Man kann zwar die drei nordischen Länder darauf erkennen, allerdings verliefen ihre Grenzen damals anders als heutzutage. Was noch auffälliger erscheint: Südlich von ihnen fehlt ein Land, das heute von der Karte nicht mehr wegzudenken ist: Deutschland. Denn anstatt eines zusammenhängenden Landabschnittes war dies eine Flickendecke aus kleinen Staaten, die Kleinstaaterei. Wohl gab es einen deutschen Kaiser, dem Namen nach Herrscher über ein Reich, das die meisten Gebiete umfasste, die heute zu Deutschland gehören, dazu die Schweiz, Österreich, die Beneluxstaaten, Tschechien, Slowenien sowie erhebliche Teile Frankreichs, Italiens und Polens. Dieser multikulturelle, vielsprachige Riese bestand jedoch aus zahlreichen praktisch unabhängigen Staaten, vergleichbar mit der heutigen Europäischen Union, weniger wie mit den Vereinigten Staaten von Amerika.

Aber auch ohne einen einheitlichen Staat entwickelten ›die Deutschen‹ eine gemeinsame Hochsprache, und das weit vor der politischen Union von 1870/71. Sogar Österreich und der deutschsprachige Teil der Schweiz übernahmen das Hochdeutsch ihrer Nachbarn als ihre eigene Standardsprache. Und jetzt kommt das wirklich Verwunderliche: Diese eine Sprache entwickelte sich trotz der vielen deutschen Dialekte, die sich mehr voneinander unterschieden als die skandinavischen.

Im 15. Jahrhundert hätten sich Greetje aus Hamburg und Urs aus Zürich sehr viel Mühe geben müssen, um so etwas wie eine flüssige Kommunikation zustande zu bringen, es sei denn, sie hätten beide Latein gesprochen. Urs hätte es vielleicht hingekriegt, seinen Schweizer Dialekt so hinzubiegen, dass ein Süddeutscher ihm hätte folgen können, aber das Ergebnis wäre immer noch sehr verschieden von Greetjes Niederdeutsch gewesen. In Skandinavien hingegen, wo jedes Land seine eigene Sprache hatte, waren die tatsächlichen Unterschiede zwischen diesen Sprachen viel weniger offensichtlich als die zwischen Hoch- und Niederdeutsch. Außerdem sind sie alle drei gerade zu der Zeit stark vom Niederdeutschen beeinflusst worden, ein Prozess, der die Übereinstimmungen noch verstärkte. Das bedeutet nicht, dass Erik aus Kopenhagen, Erik aus Uppsala und Eirik aus Bergen imstande gewesen wären, mühelos miteinander zu kommunizieren. Aber Reisende aus jener Zeit waren überwindbare sprachliche Hindernisse gewöhnt, wo immer sie waren, und diese Hindernisse wären für die drei Eriks ziemlich leicht zu überbrücken gewesen.

Wie konnte nun ein politisch zusammengewürfeltes

Deutschland sein Babel an Dialekten überwinden, um die gemeinsame Sprache Goethes, Wagners und Merkels zu erschaffen, eine Sprache, die heute von etwa 100 Millionen Menschen gesprochen wird, während ein viel homogeneres Skandinavien mit nur etwas mehr als 20 Millionen Einwohnern auf mindestens drei Standardsprachen kommt? Dafür wollen wir uns zurück ins Deutschland des 15. Jahrhunderts begeben. Was hätte wohl erwartungsgemäß mit seinen vielen Regionalsprachen geschehen können? – Auf den ersten Blick gab es keinen Kandidaten für eine künftige Vormachtstellung. Mit der schwindenden wirtschaftlichen Bedeutung des Nordens hatte Niederdeutsch die Blüte seiner Jahre bereits hinter sich. Im Osten gab es ein großes einfarbiges Gebiet auf der Karte, das von den Habsburgern regiert wurde, allerdings war es vielsprachig (Deutsch, Tschechisch, Slowakisch, Slowenisch und Italienisch) und daher als Wiege einer einheitlichen Sprache nicht sehr geeignet. An den Rändern dieser *Kleinstaaterei* waren die Dialekte zu ausgefallen: Schweizerdeutsch kam nicht in Frage, Niederländisch – das damals noch als eine Variante des Deutschen gesehen wurde (*Dutch*) – auch nicht.

Dennoch fand zwischen all diesen kleinen, kleinsten und winzigen deutschen Staaten viel grenzüberschreitende Kommunikation statt. Daher gab es das Bedürfnis nach einem sprachlichen Kompromiss, der am ehesten im geographischen Herzen der deutschen Lande, wie in Hessen, Sachsen oder Thüringen, gefunden werden konnte. Von diesen dreien war Sachsen politisch am stärksten, daher war die schriftliche Standardsprache (die sogenannte sächsische oder Meißner Kanzleisprache), die am sächsischen Hof gegen Ende des 15. Jahrhunderts entstand, ein starker Kandidat für die Vorherrschaft. Aber es gab starke Konkurrenten, vor allem die Hofsprachen von Prag, von Wien und des Kaiserhofs, der nicht an einen Ort gebunden war. Sie basierten auf südlichen Dialekten und schienen daher für die Deutschen im Norden weniger mundgerecht, aber ihr politischer Einfluss war dennoch beachtlich. Zu diesem Zeitpunkt wäre es voreilig gewesen, vorherzusagen, dass die deutsche Sprache eines Tages vereint sein würde.

Was schließlich den Ausschlag gab, war die Geburt Martin Luthers. Er wurde in Eisleben geboren und wuchs mit dem örtlichen sächsischen Dialekt auf, der sich gerade in der deutschsprachigen Welt ausbreitete, als Luther seine Bibelübersetzung veröffentlichte. Aber bedeutet dies, dass die Deutschen heute eigentlich Sächsisch sprechen? – Weit gefehlt. Diese Vermutung lässt sich leicht widerlegen: Obwohl die sächsische Kanzleisprache der lutherischen Bibelsprache gesprochenes Sächsisch zur Grundlage hatte, entsprach ihre Rechtschreibung nicht direkt den Eigenheiten der Lokalsprache. Gesprochenes Sächsisch unterschied schon damals nicht zwischen bestimmten Vokal- und Konsonantlauten, die in anderen Dialekten teils ziemlich verschieden sind: Wo diese anderen Dialekte zum Beispiel die Wörter *Blatt* und *Platt* haben, klingen sie auf Sächsisch gleich; ebenso *Rüben* und *rieben*. Seit Luthers Schreibweise die Grundlage für einen ›korrekten‹ Sprachgebrauch wurde, entfernte sich die Hochsprache von der sächsischen Aussprache. Aus diesem Grund unterscheidet modernes Deutsch heute zwischen *p* und *b*, *t* und *d*, *ü* und *i* und so weiter.

Martin Luther war die einflussreichste religiöse Persönlichkeit seiner Zeit. Und seine Reformation fand in größerem Umfang statt als nur in religiöser Hinsicht. Denn als historischer Bestsellerautor kann er sich auch als Vater der heutigen deutschen Sprache bezeichnen.

KAPITEL 58

Die Hoffnungslose

Esperanto

Europäische Sprachen erwecken manchmal den Eindruck, sie seien gewollt kompliziert und unlogisch, um Muttersprachlern die Genugtuung zu verschaffen, über Ausdrucksmöglichkeiten zu verfügen, denen Außenstehende niemals werden folgen können. Selbstverständlich können und wollen wir den natürlichen Sprachen keine bösen Absichten unterstellen: Die Russen haben ihr wahnsinnig unregelmäßiges Fallsystem nicht erfunden, und die Deutschen haben sich nicht für diese heiklen Plurale entschieden. Sie haben das alles lediglich so übernommen, wie es ihnen weitergegeben wurde, und dazu ein tiefes Gefühl der Verbundenheit mit der eigenen Muttersprache.

Es existiert allerdings tatsächlich eine Sprache, die künstlich konstruiert wurde, und angesichts ihrer Schwierigkeiten kann man sich fragen, was um Himmels willen sich ihr Erfinder dabei gedacht hat, als er sie entwarf. Dieser Erfinder war Ludwik Lejzer Zamenhof (1859–1917), und seine Erfindung ist das Esperanto.

Es mag eine Überraschung sein, zu hören, dass Esperanto schwierig ist. War es nicht in der Hoffnung konstruiert worden, dass es eine praktische, leicht zu lernende Art zu kommunizieren werden würde, in einer Welt, in der technischer Fortschritt die Nationen immer näher zueinander brachte? War das nicht auch der Grund für seinen Namen, der so etwas wie ›hoffnungsvoll‹ bedeutet? – Doch, das stimmt alles. Und wenn je ein Mensch imstande war, ein solches Kommunikationsmittel zu erschaffen, dann Ludwik Lejzer Zamenhof: Er kannte sich nicht nur mit etwa einem Dutzend Sprachen aus, er hatte auch noch den Vorteil, *kein* professioneller Sprachwissenschaftler zu sein. Sprachwissenschaftler sind hervorragend im Analysieren, aber sie scheuen oft davor zurück, sich in den natürlichen Sprachwandel einzumischen.

Zamenhof muss bemerkt haben, dass von allen Sprachen, mit denen er vertraut war, Englisch in verschiedener Hinsicht die lernfreundlichste war. Dennoch entschied er sich beim Konstruieren des Esperanto für komplizierte Aspekte, die vielleicht seine Mit-Osteuropäer nicht weiter gestört hätten (er wurde im heutigen Polen geboren, seine Eltern sprachen Jiddisch und waren litauischer Abstammung), die jedoch seit jeher den englischsprachigen Teil der Menschheit sprachlos gemacht haben.

Warum scheint Esperanto für einige eine solche Herausforderung zu sein? – Erstens: aufgrund seines Fallsystems. Wenn ein Mann auf Esperanto etwas tut, ist er ein *viro*: *La viro vidas hundon*, ›der Mann sieht einen Hund‹. Wenn aber die Rollen vertauscht sind, wird er zum *viron*: *La hundo vidas viron*, ›der Hund sieht einen Mann‹. (Der Hund erfährt, wie wir sehen, die gleiche Wandlung.) Das mag nicht allzu schwierig sein für uns, die wir täglich mit Fällen jonglieren; Menschen aus anderen Sprachgebieten jedoch müssen sich noch ziemlich daran gewöhnen – und das sind ungefähr alle

Ladenschilder auf Esperanto (wenn auch nicht ganz korrekt) in Chaplins Film *Der große Diktator.*

nördlich, westlich und südlich von Deutschland. (Und für die Sprecher des Französischen, Italienischen und Spanischen klingt *la viro* schlicht falsch. *Il viro* oder *el viro* wären in Ordnung – aber *la viro*? Warum die Geschlechtsumwandlung?)

Zweitens macht Esperanto mit Adjektiven komische Sachen. ›Das hübsche Mädchen‹ ist zum Beispiel *la bela knabino* (das wirkt an sich schon seltsam – *knabino* sieht so männlich aus), aber wenn es zwei Mädchen sind, kriegen nicht nur sie eine Endung verpasst – sie werden zu *knabinoj*, ein Wort, das sich so gar nicht mit etwas Schönem in Verbindung bringen lässt –, sondern auch ihr Attribut: *belaj*. Noch merkwürdiger ist dabei, dass der Artikel unverändert bleibt: *La belaj knabinoj*, ›die hübschen Mädchen‹. Soweit ich weiß, macht keine andere europäische Sprache so etwas Merkwürdiges.

Dann sind da noch die Verben. Der Anfänger könnte meinen, dass Zamenhof eine gute Lösung dafür gefunden hat. Sie sind regelmäßig, sie sind einfach – anscheinend also leicht zu lernen. Wer im Lernprozess einmal etwas weiter fortgeschritten ist, entdeckt allerdings, dass das Esperanto-Verb einige üble Tricks bereithält, von denen das Partizip wahrscheinlich der gemeinste ist. In Europas natürlichen Sprachen gibt es Partizipien meist in zwei Varianten: eine aktive, wie *sehend*, und eine passive, wie *gesehen*. Esperanto-Verben haben sechs – drei im Passiv und drei im Aktiv. ›Einen Vortrag haltend‹ wird mit *parolonta*, *parolanta* oder *parolinta* ausgedrückt, je nachdem, ob der Vortrag bereits gehalten wurde, gerade gehalten wird oder noch gehalten werden soll.

Eine weitere Eigenartigkeit aus dem Repertoire: Statt ›sie schrieb, dass sie zurückkehren würde‹ heißt es auf Esperanto ›sie schrieb, dass sie zurückkehren *wird*‹ – für Osteuropäer nicht weiter bemerkenswert, für manche westlichen Ohren jedoch eher ungewohnt. Außerdem hat Esperanto den ›h‹-Klang, der für Sprecher romanischer Sprachen wie Französisch schwierig auszusprechen ist. Es besitzt Konsonantencluster wie ›str‹ und ›kl‹, was in den Zungen von Türken, Japanern und vielen anderen Knoten verursacht – für eine Sprache, die auf der ganzen Welt genutzt werden soll, also durchaus unvorteilhaft. Und Esperanto hat den ›Ach‹-Laut, das Spucke schürende Geräusch, das Deutschen, Schweizern, Schotten und Niederländern geläufig ist, mit dem einige andere aber ihre Schwierigkeiten haben.

Alles in allem fragt man sich, warum Ludwik Lejzer Zamenhof sich nicht mehr darum bemüht hat, die Sprache leicht erlernbar zu machen. Er hätte seine Sprache zu einer fallfreien Zone machen sollen – Englisch kommt zum Beispiel gut ohne Fälle aus. Er hätte die meisten Adverbien abschaffen sollen – Deutsch ersetzt sie auf elegante Weise durch Adjektive. Von Verbendungen ganz zu schweigen – Chinesisch hat kaum welche. Keine Geschlechter, bitte – Ungarisch funktioniert prima mit einem einzigen Wort für ›sie‹, ›er‹ und ›es‹. Und er hätte die ›h‹- und ›ch‹-Klänge ausrangieren sollen, ebenso die meisten Konsonantencluster.

Nicht, dass das einen großen Unterschied gemacht hätte. Esperanto, dem ein eigener Staat und eine eigene Wirtschaft fehlten, konnte nie auf einen wirklichen Durchbruch hoffen. Die Welt verständigt sich stattdessen auf Englisch – eine Sprache, die zugegebenermaßen Esperanto in vielerlei Hinsicht dann doch wieder angenehm leicht erscheinen lässt.

➤ Esperanto enthält recht viele deutsche Lehnwörter, wie zum Beispiel *kejlo* (›Keil‹), *stifto* (›Stift‹), *nur* (›nur‹) und *pafi* (›paffen‹). Esperanto-Wörter im Deutschen gibt es nicht.

¶ *Esperinto* – jemand, der früher einmal hoffnungsfroh war, es jetzt aber nicht mehr ist. Ein Wort, das die Gemütslage der meisten Esperanto-Sprecher wohl treffend wiedergibt.

KAPITEL 59

Der Nationalheld, der keiner war

Mazedonisch

Der heilige Cyrill war ein Mazedonier. Darum wird die mazedonische Sprache in kyrillischer Schrift notiert. Cyrill hat sich diese selbst ausgedacht, gemeinsam mit seinem Bruder, dem heiligen Method oder Methodius.

So wird es jedenfalls in Mazedonien gern erzählt. Und es steckt ein Kern von Wahrheit darin. Aber um diesen Kern herum befindet sich eine dicke Schicht aus Fehlern, Missverständnissen und Ungenauigkeiten.

Es geht schon beim Namen los. Cyrill hieß nicht Cyrill, sondern Konstantin. Erst kurz vor seinem Tod im Jahr 869, vielleicht sogar erst kurz darauf, erhielt er den Namen, unter dem er heute bekannt ist. Ein unwichtiges Detail.

Außerdem hatte Konstantin fast kein Verhältnis zu dem Gebiet, das heute die mazedonische Republik ist, und wurde auch nicht in die slawische Sprache hineingeboren, die wir als Mazedonisch kennen. Er kam aus dem historischen Landstrich Mazedonien, dem Königreich Philips II. und seines Sohnes, Alexanders des Großen. Es erstreckte sich über Teile der heutigen Länder Bulgarien und Griechenland sowie die ehemalige jugoslawische Republik Mazedonien, ›FYROM‹ (*Former Yugoslav Republic Of Macedonia*), wie sie sich heute nennen muss. Den Namen haben die neuen Griechen durchgesetzt, die – anders als die alten Griechen – darauf bestehen, dass das antike Mazedonien Teil der antiken griechischen Welt war. Um genau zu sein: Konstantin kam aus der griechischen Stadt Thessaloniki und sprach Griechisch (obwohl er in seiner frühesten Kindheit auch Slawisch gelernt hatte).

Auch die Sprache Mazedoniens ist keine einfache Angelegenheit. Irgendwann einmal, lange bevor Cyrill (oder Konstantin) lebte, hat es eine mazedonische Sprache gegeben, die mit Griechisch verwandt gewesen sein muss. Sie war auch die Sprache Alexanders des Großen (4. Jahrhundert v. Chr.). Später wurde sie von Griechisch verdrängt. Noch später, im 6. Jahrhundert n. Chr., ließen sich in Mazedonien slawische Stämme nieder. Die Slawen Osteuropas konnten sich damals noch gegenseitig verstehen, danach entwickelten sich ihre Sprachen auseinander. Was die slawischen Mazedonier seither sprechen, wurde lange als Bulgarisch bezeichnet. Erst zu Beginn des 20. Jahrhunderts waren einige Mazedonier der Auffassung, dass sie eine eigene Sprache hatten, die von der ihrer bulgarischen Nachbarn abwich. Und erst in den vierziger Jahren wurde eine Standardsprache festgelegt, mit eigenen Wörterbüchern, eigener Grammatik und einem offiziellen Status, außerdem mit einer Tagespresse und einer blühenden literarischen Landschaft. Die heutigen Bulgaren halten Mazedonisch freilich immer noch für einen bulgarischen Dialekt.

Es ist eine Tatsache, dass das heutige Mazedonisch in kyrillischen Schriftzeichen notiert wird. Auch steht fest, dass

Kyrillisch nach einem mazedonischen Heiligen benannt ist. Allerdings hat sich nicht dieser die Schrift ausgedacht, sondern seine Nachfolger an der ersten Akademie des mittelalterlichen Bulgarien, der Schule von Preslav. Als Cyrill (oder eigentlich Konstantin) und sein Bruder Methodius (der damals noch Michael hieß) Teile der Bibel ins Slawische übersetzten (obwohl dies nicht ihre Erstsprache war), verwendeten sie dafür die sogenannte Glagoliza, das glagolitische Alphabet. Um den literarischen Ruf der Brüder zu retten, wurde später behauptet, dass sie doch wenigstens diese Schrift entworfen hätten. Wahrscheinlicher ist jedoch, dass sie ihr höchstens ein paar Schriftzeichen hinzugefügt haben, wenn überhaupt. Denn es gibt begründete Hinweise, dass die Slawen bereits Schreiber hatten, bevor Konstantin und Michael ihre übersetzerische Tätigkeit aufnahmen. Dieser Aufgabe widmeten sie sich übrigens nicht in Mazedonien, sondern weitaus nördlicher, in oder nahe dem heutigen Tschechien.

Und so kehren wir noch einmal zum Anfang unserer Geschichte zurück, der, wie wir nun wissen, korrekterweise folgendermaßen lauten müsste: »Konstantin war ein Grieche. Darum wird die mazedonische Sprache in kyrillischen Buchstaben notiert, die er *nicht* erdacht hat, gemeinsam mit seinem Bruder Michael.«

So geht tatsachengetreue Geschichtsschreibung.

¶ *Petschalba* – in der Fremde arbeiten, ausdrücklich mit der Absicht, hinterher nach Hause zurückzukehren.

KAPITEL 60

Ein gottloses Alphabet

Türkisch

Eine Bibel auf Hebräisch, Griechisch oder Latein ist nicht wahrhaftiger oder heiliger als eine auf Deutsch, Estnisch oder in welcher Sprache auch immer, egal ob tot oder lebendig. Beim Koran ist das anders. Es gibt Übersetzungen aus dem arabischen Originaltext, aber sie haben nicht im Entferntesten die Autorität des Originals. Und da der Koran das Herz des Islam ist, überträgt sich sein gewaltiges Ansehen auch auf die arabische Sprache und ihre Schrift.

Das hat dazu geführt, dass Muslime dieses Alphabet für die Notierung zahlreicher Sprachen nutzen, die nicht mit Arabisch verwandt sind, in der Vergangenheit auch für Sprachen wie Spanisch, Albanisch, Polnisch und sogar eine germanische Sprache, Afrikaans. Dass dies überhaupt möglich ist, sollte eigentlich nicht überraschen: Schließlich wurde das lateinische Alphabet auch von vielen Sprachen übernommen, die nichts mit Latein zu tun haben; viele von ihnen gehören nicht einmal zur indoeuropäischen Sprachfamilie.

Allerdings geht das Importieren eines fremden Alphabets nicht ohne Probleme vonstatten. Meistens gibt es eine

Differenz zwischen der Anzahl der Buchstaben und ihrer üblichen Aussprache einerseits und den typischen Lauten der betreffenden Sprache andererseits. Dies gilt sowohl für das arabische als auch für das lateinische Alphabet. Und genauso wie sich Tschechisch (s. S. 128) als eine von vielen Sprachen die lateinische Schrift auf seine speziellen Bedürfnisse zugeschnitten hat, haben einige Sprachen die arabische Schrift zu der ihrigen gemacht. Persisch ist hierfür vielleicht das bekannteste Beispiel: Es hat dem Standardkanon von 28 Buchstaben vier hinzugefügt, die Arabisch nicht kennt. Eine andere große Sprache, die im arabischen Alphabet notiert wurde (einschließlich der persischen Zusätze), war ottomanisches Türkisch, kurz: Ottomanisch.

Ottomanisch war schon ein komischer Vogel: Niemandes Muttersprache, sondern eine Kunstsprache, die für die Elite des multi-ethnischen ottomanischen Reichs entwickelt worden war. Hierfür verwendete man das Material dreier natürlicher Sprachen: Türkisch, Arabisch und Persisch. Und zwar nicht nur das Wortmaterial, sondern auch die Grammatik und die Aussprache. Für den durchschnittlichen Türken, Araber oder Perser im Suq war das Mischwesen, das dabei herauskam, weitestgehend unverständlich.

In gewisser Hinsicht schaffte die neue Sprache im Reich faire Voraussetzungen für alle: Jeder, der es zu etwas bringen wollte, ob er nun türkischer, arabischer, persischer, serbischer, albanischer oder anderer Herkunft war, musste sie lernen. Aber sie hatte mehrere Nachteile. Das Alphabet war einer von ihnen, denn insbesondere für den türkischen Teil des ottomanischen Wortschatzes war es ungeeignet.

Seine größte Schwachstelle war, dass es nur drei verschiedene Buchstaben für Vokale enthielt, selbst diese wurden doppelt verwendet und standen zudem noch für Konsonanten. Nicht gerade praktisch für die schriftliche Wiedergabe des Arabischen oder Persischen, die beide sechs Vokallaute besitzen; richtig blöd war es aber für Türkisch mit seinen acht Vokalen. Und da Ottomanisch Teile aller drei Sprachen in sich vereint, konnten die Bedeutung und die Aussprache eines Worts oft nur aus dem Kontext abgeleitet werden.

Nehmen wir den Buchstaben *Waw* (و). Er repräsentierte ein ›w‹ (ausgesprochen wie im Englischen) oder ein ›u‹ auf Arabisch, musste aber in türkischen Wörtern die Last dreier weiterer Vokalklänge tragen: ›ü‹, ›o‹ und ›ö‹. Etliche andere Buchstaben, sowohl Vokale als auch Konsonanten, standen ebenfalls für mehr als nur einen Laut. Hinzu kam, dass manche Vokale überhaupt nicht ausgesprochen wurden. All das hatte viele Mehrdeutigkeiten zur Folge. Die Buchstabenkombination *kl* (كل) ist ein gutes Beispiel. Dies war die korrekte schriftliche Wiedergabe von sage und schreibe acht ottomanischen Wörtern – vier davon türkisch, zwei arabisch und zwei persisch –, die so verschieden klangen wie ›kel‹ und ›gül‹ und so unterschiedliche Bedeutungen hatten wie ›Lehm‹, ›Rose‹ und ›Trägheit‹. Tausende anderer Schreibungen ließen auf ähnliche Weise Leser auf der Suche nach ihrer Bedeutung im Dunkeln tasten.

In der Mitte des 19. Jahrhunderts wurde ein großer Teil der ottomanischen Elite sich dessen bewusst, dass das Reich hinter dem Rest Europas hinterherhinkte, wo eine der bedeutendsten sozialen Errungenschaften die Alphabetisierung der Massen war. In der Türkei sahen viele das ungeeignete Alphabet als ein Hindernis auf dem Weg zur Moderne. Es wurde vorgeschlagen, dem Alphabet neue diakritische Zeichen zuzufügen, um die acht türkischen Vokale sowie einige mehrdeutige Konsonanten eindeutig verständlich zu machen. Aber kein einziger Vorschlag wurde letztendlich akzeptiert. Die ottomanischen Autoritäten zauderten ob der Frage nach der richtigen Schrift, bis sie 1922 entmachtet wurden.

Auf den letzten Sultan folgte der erste Präsident der neuen Republik, Mustafa Kemal Atatürk, und er war alles andere als ein Zauderer. Als erster Mann des Landes, das viel homogener war als das alte Reich, schaffte er Ottomanisch ab und führte stattdessen eine Sprache ein, die dem Istanbuler Türkisch ähnlicher war. Das aber machte die Frage nach der Schreibweise umso dringlicher, da sämtliche Texte nun mehr rein türkische Wörter enthielten als zuvor, und diese waren in der arabischen Schrift furchtbar schwer auseinanderzuhalten. Was konnte man nun tun?

Die Idee, die lateinische Schrift einzuführen, fand wenig Anklang, und das nicht nur bei den Konservativen, die das ›ungläubige Gekritzel‹ verachteten. Die kemalistischen Modernisierer mochten trotz ihrer Liebe zu Europa die Idee einer Rechtschreibung nicht, die sich am Französischen orientierte, *der* europäischen Sprache in der Türkei zu jener Zeit. Sie konnten der Vorstellung nichts abgewinnen, das Wort für ›Kind‹ (›tschodschuk‹) als *tchodjouk* oder sogar *tchodjouque* zu notieren oder ›Antwort‹ (›dschehwap‹) als *djévape* oder *djévabe*. Als Alternative plädierten einige Nationalisten für das alttürkische Alphabet, das ein wenig an skandinavische Runen erinnert und in vorislamitischen Zeiten von türkischen Sprechern verwendet wurde. Selbst in diesen frühen Jahren der kemalistischen Republik schien eine Reform der arabischen Schrift die realistischste Option zu sein.

Dennoch beschloss das türkische Parlament am 1. November 1928, das arabische Alphabet im Gesamtpaket durch das lateinische zu ersetzen, wenngleich unter dem Namen ›türkisches Alphabet‹. Es enthielt die vertrauten 26 Buchstaben, aber ohne *q*, *w* und *x* (obwohl sie in ausländischen Namen vorkommen), dafür ergänzt um einige Extras: *ç*, *ğ*, *ı* (das *i* ohne Punkt; der Großbuchstabe zum *i* mit Punkt hat ebenfalls einen Punkt: *İ*), *ö*, *ş* und *ü*, also insgesamt 29. Am

1. Dezember 1928 ›konvertierten‹ sämtliche Zeitungen zur neuen Schrift, und am 1. Januar 1929 mussten alle Buchdrucker nachziehen. Die öffentliche Benutzung der arabischen Schrift war fortan verboten, außer in der Moschee.

Atatürk persönlich war für diese Kehrtwende verantwortlich, und er war es auch, der der offiziellen Rechtschreibkommission 1928 vorsaß. Er hatte zwei Gründe, ›lateinisch zu werden‹. Einer davon war politisch. Das Hauptziel der kemalistischen Reformen war es, einen weltlichen europäischen Staat zu gründen, und die Abschaffung des Alphabets war dafür ein starkes Symbol. Wenn das neue Alphabet dafür sorgen würde, dass künftige Generationen nichts von dem würden lesen können, was in den Tagen des ottomanischen Reichs geschrieben worden war – so islamisch und orientalisch, wie es damals war –, umso besser.

Außerdem bot sich die Reform deshalb an, weil es viel einfacher und attraktiver geworden war, Türkisch mit lateinischen Buchstaben zu notieren. Die Sowjetunion hatte gerade eine lateinische Schreibweise für ihre vielen Turksprachen eingeführt, wie Aserbaidschanisch, Tatarisch und Turkmenisch. Diese hatte man früher auf Arabisch niedergeschrieben, und auch hier war es das politische Ziel gewesen, die Sprecher von der muslimischen Welt abzuschneiden. Die sowjetischen Sprachwissenschaftler hatten ihre Arbeit gut gemacht: Keine Spur französischer Rechtschreib-Kuriositäten, stattdessen ordentliche Buchstabe-Klang-Entsprechungen. Dennoch enthielten ihre Alphabete verschiedene höchst ungewöhnliche Zeichen wie ɵ, ƶ, ƣ und ь. Atatürks Kommission ersetzte diese durch *ö*, *j*, *ğ* and *ı*. Dies hatte zur Folge, dass Türkisch statt der sperrigen französisierten *tchodjouk* und *djévape* nun die griffigen und sehr türkischen Formen *çocuk* und *cevap* erhielt.

Übrigens: Während es Atatürks Ziel war, sich dem modernen Westen anzunähern, gefiel der sowjetischen Führung seine Umstellung auf das lateinische Alphabet überhaupt nicht. Man befürchtete, dass die Turkvölker innerhalb der Sowjetunion sich zu ihren sprachlichen und religiösen Brüdern in der Türkei hingezogen fühlen könnten. Daher verbannte Stalin 1939 die lateinische Schrift und schrieb die kyrillische zwingend vor.

In der Türkei dagegen war die Angelegenheit für die meisten Menschen zufriedenstellend gelöst. Von Atatürks zahllosen umfassenden Reformen war die *Harf Devrimi*, die ›Buchstabenrevolution‹, wahrscheinlich die erfolgreichste und am wenigsten umstrittene, zumindest nach ihrer Einführung. Ihre Überlegenheit gegenüber dem alten System war offenkundig. Die Reform wird sogar oft mit dem stark ansteigenden Bildungsniveau während der darauf folgenden Jahrzehnte in Verbindung gebracht, obwohl natürlich das neue Alphabet allein niemals so etwas hätte bewirken können. Schließlich können Menschen, die keine Schulbildung erhalten, in keiner einzigen Sprache lesen und schreiben, egal in welcher Rechtschreibung.

Wenn die Reform des türkischen Alphabets initiiert worden war, um den Anschluss des Landes an den Rest Europas voranzutreiben, kann sie jedoch nicht wirklich als Erfolg gewertet werden. Schließlich hat keiner der europäischen Nachbarn der Türkei die lateinische Schrift eingeführt: Bulgarien ist bei der kyrillischen geblieben, und Griechisch wird sich wohl nie von seinem traditionellen Alphabet trennen. Dies könnte ein Symbol dafür sein, dass der Versuch der weltlichen Türken gescheitert ist, die Europäer davon zu überzeugen, dass sie ein gemeinsames Schicksal haben.

➢ Das alltäglichste türkische Lehnwort ist ›Joghurt‹; ›Döner‹ folgt dicht auf dem zweiten Platz. ›Harem‹, ›Kiosk‹ und ›Fez‹ kommen ebenfalls aus dem Türkischen (auch wenn die Stadt Fez in Marokko liegt).

¶ *Nazlanmak* – Unnahbarkeit vortäuschen, sich rarmachen.

TEIL IX

LUFTAUFNAHMEN

Linguistische Porträtstudien

Nachdem wir die Eigenarten, die Geschichte und die Pracht so vieler Sprachen unter die Lupe genommen haben, wollen wir nun einige andere Sprachen aus einem größeren Blickwinkel betrachten: Armenisch zum Beispiel, das auf mancherlei Art merkwürdig ist, und die faszinierenden Sonderfälle Maltesisch und Färöisch. Ungarisch stellt sich als weniger exotisch heraus, als seine eigenen Sprecher glauben, und Finnisch ist weniger kompliziert, als es scheinen könnte, während Englisch vielleicht doch nicht die ideale Weltsprache ist und Gebärdensprachen weitaus vielschichtiger sind, als viele meinen.

KAPITEL 61

Sieh, was du sagst

Finnisch

Unsere Muttersprache(n) können wir uns nicht aussuchen. Wer aber Lust auf viele, oftmals komplizierte Rechtschreibregeln und Ausnahmen hat, der lernt am besten Englisch. Da gibt es kurzweilige Kuriositäten wie das fiktive englische Wort *ghoti*, das – theoretisch – ausgesprochen werden kann wie … na? Genau, *fish* (›Fisch‹). Schließlich wird die Buchstabenkombination *gh* in *enough* oder *laugh* wie *f* ausgesprochen, *o* in *women* wie *i* und *ti* in *nation* wie *sch*. Diese Entdeckung soll George Bernard Shaw gemacht haben. Weil Fische stumm sind, kann *ghoti* aber auch so gelesen werden, dass gar nichts zu hören ist: *gh* wie in *night*, *o* wie in *people*, *t* wie in *ballet* und *i* wie in *business*. Vielleicht kam das auch Christian Morgenstern in den Sinn, als er das Gedicht *Fisches Nachtgesang* schrieb.

Wer sich seine wertvollen Gehirnzellen lieber für andere Dinge aufsparen möchte, der halte sich an Finnisch. Hier geschieht alles eins zu eins: Hören ist gleich Schreiben, und Lesen ist gleich Sprechen. Ein langer Vokal wird doppelt notiert, ein kurzer einfach – eine klare Sache also. Auch

Konsonanten, die doppelt ausgesprochen werden, werden doppelt geschrieben. Aof Dooitsch wöadö dass zuu sollchönn Szeenaariönn füürönn. Auf Finnisch gibt es Wörter wie *suvaitsemattomuus* (›Intoleranz‹) und *happamuudensaatoaineet* (›Säuerungsmittel‹). Man stelle sich erst das Wort für ›Säuerungsmittel-Intoleranz‹ vor. Auf diese Weise werden viele Buchstaben für ein Wort benötigt, was zunächst abschreckend wirken kann.

Ein weiterer Pluspunkt beim Erlernen des Finnischen ist neben dieser konsequenten Logik in der Rechtschreibung auch sein kurzes Alphabet. *C*, *q*, *w*, *x* und *z* gibt es nicht, außer in Fremdwörtern, und selbst die haben oft einen Finnishing touch erhalten: *pitsa*, *taksi*, *kvanttimekaniikka*. Das *b* und das *f* kommen ausschließlich in Fremdwörtern vor. Es bleiben die restlichen 19 Buchstaben plus *ä* und *ö*, die offiziell zum Alphabet gehören, und mit diesen 21 kommen authentische finnische Wörter aus.

Und dann die Betonungen! Auf Deutsch wird zwar meist die erste Wortsilbe betont, aber eben nicht immer: Es ist ›anschaulich‹, aber ›beschaulich‹, ›fotografisch‹, aber ›Fotografie‹. Und dann gibt es noch Fallstricke wie ›übersetzen‹, ›Heroin‹, ›modern‹, ›Tenor‹, ›umfahren‹, ›Abteilung‹ oder ›durchlaufen‹. Im Finnischen wird einfach immer die erste Silbe betont. Punkt.

Finnisch ist außerdem eine musikalische Sprache, ideal für Opern. Genau wie im Italienischen ist das Zahlenverhältnis zwischen den Vokalen und den Konsonanten in einem Text ungefähr gleich. Anders als im Deutschen, wo gut sechzig Konsonanten nur knapp vierzig Vokale gegenüberstehen. Man denke nur an ›Angstschweiß‹ und ›Geschichtsschreibung‹.

Die finnischen Vokale klingen nicht nur kräftiger, sie leben auch noch in besonderer Harmonie miteinander. Die ›dunklen‹, hinten im Mund gebildete Klänge *a*, *o* und *u* dulden nur andere sogenannte Hinterzungenvokale im selben Wort. Und genauso können die ›hellen‹ Vokale oder Vorderzungenvokale ä, *ö* und *y* (Aussprache wie unser *ü*) nicht ohne einander. Darum heißt es *talossa* (*talo*, ›Haus‹ + *ssa*, ›in‹: ›im Haus‹), aber *metsässä* (*metsa*, ›Wald‹ + *ssä*, ›in‹: ›im Wald‹). Abwechslung in diese Vokalharmonie bringen nur die neutralen Vokale *e* und *i*, die mit sämtlichen Vokalen kombiniert werden können. A propos *das* Haus und *der* Wald: Den Blödsinn mit den verschiedenen Artikeln machen die Finnen auch nicht mit. Sie benutzen gar keine, und die Mühe mit den verschiedenen Geschlechtern machen sie sich auch nicht. Selbst für ›er‹ und ›sie‹ gibt es nur ein einziges Wort: *hän*.

Es ist ein verlockender Gedanke, dass Finnland mit seinen Unisex-Wörtern keinen Sexismus kennen könnte. Aber derartige Küchenpsychologie (ohne das Gebiet ›Küche‹ einem der beiden Geschlechter zuschreiben zu wollen) hat mit der Wirklichkeit wenig zu tun. Dass die Finnen kein Wort für ›haben‹ haben, bedeutet auch nicht, dass sie mit dem einstmaligen Kommunismus ihres Nachbarlandes Russland sympathisieren. Im Finnischen wird Besitz einfach mit anderen Mitteln ausgedrückt. *Minulla on kissa* bedeutet wörtlich: ›Bei mir ist eine Katze‹. Das passt eigentlich auch viel besser, denn kann man eine Katze wirklich haben? Oder eine Anstellung? Oder eine Beziehung?

Gut, zurück zur herrlichen Übersichtlichkeit des Finnischen. Ein Futur gibt es nicht. *Kävelen* bedeutet ›ich gehe‹ – jetzt gerade oder erst morgen. Das sagen wir im Deutschen auch so, aber für die Zukunft ist eigentlich eine andere Form reserviert: ›ich werde gehen‹. Auch das könnten die Finnen durchaus sagen, nämlich mit der Form *tulen kavelemaan* (›ich komme ins Laufen‹), aber diese Form ist dem Schwedischen entlehnt, und das ist nicht immer gern gesehen, ähnlich wie manche im Deutschen Anglizismen oder Gallizismen möglichst vermeiden.

Neue Wörter werden wie Legosteine schier endlos ineinandergesteckt: *kirja* ist das Buch, *kirjasto* die Bibliothek. Auf diese Weise können beeindruckende Wortgebilde entstehen. *Taloissani*, ›in meinen Häusern‹, besteht aus vier Bausteinen: *talo*, ›Haus‹ (das kannten wir schon) + *i* als Pluralendung + *ssa*, der oben genannte ›dunkle‹ Baustein für ›in‹, + *ni* (›mein‹). *Legotaloissani* bedeutet demnach ›in meinen Lego-Häusern‹. Sprachen, die Wortteile so aneinanderkleben, betreiben ›Agglutination‹ – kleben eben. Ein Paradies für Sprachschüler: Keine endlosen Listen unregelmäßiger Verben, kein *wissen – wusste*, *messen – maß* oder *schwören – schwor*. Einfach kinderleicht Lego zusammenbauen.

Zugegeben, selbst Finnisch hat seine Schattenseiten. Fünfzehn Fälle. Viele Verbformen. Verschiedene Formen für ›nicht‹, je nachdem, ob es sich darauf bezieht, dass ich, du, er/sie/es, wir, ihr oder sie gerade etwas nicht tun. Und kein Verb für ›haben‹ (siehe oben: die Katze und so weiter). Und Zahlwörter, in denen jeder Baustein seinen eigenen Ausgang erfordert, was Monsterwörter wie *kahdestasadastakolmestakymmenestäneljastä* zur Folge hat – der sechste Fall des Wortes für ›234‹. Aber ach: *Mikaan ei ole taydellista* (22 Buchstaben, davon 12 Vokale), ›nichts ist perfekt‹ (16 Buchstaben, davon 4 Vokale).

➢ Finnisch hat nur ein Wort exportiert, aber mit welch einem Erfolg: ›Sauna‹.

¶ *Sisu* – ruhige und mutige Besonnenheit im Angesicht von Widrigkeiten.

KAPITEL 62

Fischerlatein

Färöisch

Die Färöer-Inseln sind eine Hand voll bleicher, windiger, nasser Felsen, und die nächsten Nachbarn sind die ebenso rauen Inseln Shetland, Island sowie Nordschottland. Es gibt weniger als 50.000 Einwohner. Kein Wunder also, dass unter allen offiziellen europäischen Sprachen wahrscheinlich keine so wenig als Fremdsprache erlernt wird wie Färöisch. Der Name dieser Sprache setzt sich zusammen aus *far* (›Schaf‹) und *oe*, oder eigentlich ø (›Insel‹): Die Sprache der Schafinsel-Inseln also. Sie zu erlernen ist etwas für linguistische Extremsportler. Außer natürlich, man ist dort geboren. Aber für alle anderen stellt es sich als ein nutzloses Unterfangen dar. Selbst wer sich dorthin verirrt (und das ist fast noch der wahrscheinlichste Grund, überhaupt erst dorthin zu gelangen), sollte besser Dänisch lernen, denn das spricht auf den Färöer-Inseln jeder, sogar deutlicher als die Dänen.

Färöisch ist also im Grunde ziemlich nutzlos, und außerdem schwierig zu lernen. Zusammen mit Deutsch und Isländisch ist es die einzige germanische Sprache, die noch vier Fälle hat. Und hier können die Fälle nicht weggenuschelt werden wie vielleicht im Deutschen mit seinem ›dem‹, ›den‹ und ›der‹. Nein, die Fälle unterscheiden sich laut und deutlich voneinander, wie im Lateinischen. So wie die alten Römer *puella* (›das Mädchen‹), *puellae* (›die Mädchen‹) und *puellarum* (›der Mädchen‹) sagten, so sprechen diese Inselbewohner von *gentan*, *genturnar* und *gentunna*. Färöisch ist das reinste Fischerlatein, und das, obwohl es so weit nördlich des Limes liegt.

Diese Hürde ist für Kenner des Deutschen noch überwindbar. Aber es taucht auch schon die nächste auf: Auf Färöisch haben Rechtschreibung und Aussprache ein sehr freies Verhältnis zueinander. Was das Auge sieht, ist nicht immer, was das Ohr hört. Das kennen wir zwar vom Englischen, aber wo sich dort der Volksmund ganz langsam von der Schreibweise entfernt hat, ist hier die Rechtschreibkatastrophe auf einen Schlag über die Sprache hereingebrochen, durch Zutun eines einzigen Mannes: Venceslaus Ulricus Hammershaimb. Dieser Geistliche und Volkskundler beschloss 1846, dass seine Muttersprache so geschrieben werden sollte, wie sie vor Jahrhunderten geklungen hatte, und nicht, wie er selbst es noch gelernt hatte. Infolgedessen können die Isländer, deren Sprache eng mit dem Färöischen verwandt ist, jedoch eine konservativere Aussprache hat, Färöisch zwar lesen, aber nicht verstehen. Ein weitaus realistischerer Vorschlag des Sprachwissenschaftlers Jakup Jakobsen zur Rechtschreibung kam leider zu spät (1898) und blieb daher erfolglos.

Natürlich kann jede Sprache erlernt werden, und immerhin ist Färöisch trotz seiner Schrullen eine germanische Sprache und damit mit unserer verwandt: Ein Land ist ein *land*, ein Blatt ein *blað* und ein Schwert ein *svørð*. Man braucht nur einen guten Sprachkurs. Aber genau das ist leichter gesagt als getan. Während germanische Sprachen an vielen Universitäten studiert werden können, sind London und Kopenhagen die einzigen Städte, in denen Färöisch angeboten wird, und selbst dort ist das ein einsames Abenteuer, denn die Studentenzahlen halten sich in sehr überschaubaren Grenzen.

Also dann doch besser einen Sommerkurs an der *Fróðskaparsetur Føroya* buchen, der dortigen Universität – wörtlich dem ›Sitz der Weisheit‹. Und außerhalb des Sprachunterrichts kann sich der Student gleich in die authentische Sprachgemeinschaft stürzen. Eine Gemeinschaft, die leider nicht so viele Gemeinsamkeiten hat, wie man sich wünschen würde: Die Inselbewohner hegen recht unterschiedliche Ansichten über die Aussprache. So klingt bei manchen der Buchstabe *ó* wie ein kurzes *o*, bei anderen wie *ö*, bei wieder anderen wie *au*. In Verbindung mit *ógv* wird es zu einem kurzen *e* wie in ›Pech‹ – außer auf *Suðuroy*, der Südinsel, denn dort …

Ach, vielleicht lernen Sie doch besser Sorbisch oder Baskisch. Da haben Sie wenigstens etwas davon.

➤ ›Mahlstrom‹ ist laut den meisten Quellen niederländischen Ursprungs, aber das *Oxford English Dictionary* nennt doch Färöisch als erste Herkunftssprache, wo das Wort *mal(u)streymur* lauten soll.

¶ samregn – stetiger Regen, insbesondere solcher, der über 24 Stunden anhält.

KAPITEL 63

Beredtes Schweigen

Gebärdensprachen

Als ich meinen Freunden erzählte, dass ich einen Kurs in Gebärdensprache besuchen würde, überraschten mich ihre Reaktionen auf zweierlei Art. Erstens zeigten sie viel mehr Interesse als bei den anderen Malen, als ich ihnen erzählt hatte, ich würde jetzt Stunden in Dänisch, Russisch, Norwegisch, Rumänisch und Tschechisch nehmen. (Nein, ich spreche diese Sprachen nicht.) Und zweitens waren ihre Bemerkungen, obwohl sie meist helle Köpfe sind, in Bezug auf Gebärdensprachen oft etwas begriffsstutzig. Es stellte sich heraus, dass sich, trotz aller missionarischen Bemühungen von Gebärdensprachen-Experten und -Vertretern seit den frühen 1980er Jahren, die meisten alten Missverständnisse nach wie vor hartnäckig halten. Daher soll dieses Kapitel einem klaren Ziel dienen: Dazu beizutragen, dass diese Missverständnisse aus dem Weg geräumt werden, indem wir sieben weit verbreitete, aber irrige Vorstellungen korrigieren.

1. »Gebärdensprache ist international«

Ach, wäre sie das nur. Der Kurs, den ich besuchte, war eine Einführung in die niederländische Gebärdensprache

(NGT, *Nederlandse Gebarentaal*). Wenn ich deutschen Gebärdensprachlern meine gebrochene NGT antun würde, täten sie sich sehr schwer damit, mich zu verstehen, da die Sprache ihrer Wahl natürlich die Deutsche Gebärdensprache wäre (DGS), die ganz anders ist als die NGT. Zwei gehörlose Menschen, die zwei verschiedene Gebärdensprachen fließend beherrschen, werden die Lücken wohl wirkungsvoller und anmutiger überbrücken als zwei Hörende in verschiedenen gesprochenen Sprachen, aber das rührt wahrscheinlich daher, dass routinierte Gebärdensprachler besser mit Stegreif-Gesten zurechtkommen als Hörende. Solange sie über konkrete Angelegenheiten sprechen wollen, werden sie eine Möglichkeit finden, sich zu verständigen, vorausgesetzt, es ist ausreichend guter Wille vorhanden. Wenn sie sich allerdings über abstraktere Dinge unterhalten möchten, wie zum Beispiel die Notwendigkeit einer strengeren Reglementierung des Finanzsektors, werden sie genauso verloren sein wie wir anderen auch.

Aber weshalb gibt es keine einheitliche Gebärdensprache für die ganze Welt? Wäre das nicht viel praktischer? – Zweifellos. Es wäre auch viel sinnvoller für die ganze Welt, wenn alle Englisch oder Esperanto oder sogar Estnisch sprächen. Aber sowohl gesprochene Sprachen als auch Gebärdensprachen wurzeln in Gemeinschaften, die eine Möglichkeit für ihre Mitglieder entwickelt haben, effektiv untereinander zu kommunizieren, und nicht unbedingt mit dem Rest der Welt. Und wenn Gemeinschaften erst mal über eine eigene Sprache verfügen, bleibt das auch so. Sprachwechsel kommen vor (siehe Irland), aber nur unter außergewöhnlichen Umständen.

2. »Die englische Gebärdensprache ist die weltweit führende«

Wir kennen es so von ihrer gesprochenen Schwester, dem

Englischen. Mit ihren etwas über 30.000 Muttersprachlern ist die britische (also nicht englische) Gebärdensprache (BSL, *British Sign Language*), zwar eine respektable mittelgroße Sprache, aber ganz bestimmt keine Weltsprache – ihre indo-pakistanische Entsprechung (IPSL) wird von Millionen verwendet. Wenn überhaupt irgendeine Gebärdensprache die Position für sich beanspruchen kann, die Englisch in der gesprochenen Welt hat, dann ist es die US-amerikanische (ASL, *American Sign Language*). Diese hat erstaunlicherweise wenig mit der BSL zu tun, sie ähnelt vielmehr der französischen Gebärdensprache (LSF, *Langue des Signes Française*). Die Familien der gesprochenen Sprachen – Germanisch, Romanisch, Slawisch und so weiter – spiegeln sich nicht einfach in den Gebärdensprachen wider. Es gibt zwar Gebärdensprachfamilien, aber ihre Zusammensetzung ist eine andere, da sie entstanden sind, als Gehörlosenlehrer Methoden und Gebärden von ausländischen Kollegen übernahmen, die nicht immer aus Nachbarländern stammten. Daher kommt es, dass die DGS mit der polnischen Gebärdensprache (PJM) und der israelischen Gebärdensprache (ISL) eng verwandt ist und dass eine andere Gruppierung die Gebärdensprachen von Schweden (STS), Finnland (FinSL) sowie Portugal (LGP) einschließt, während die LSF (aus Frankreich) nicht nur ein Vorfahr der ASL (USA) ist, sondern auch der ISL (Irland), der NGT (Niederlande) und einiger weiterer. Die nächsten Verwandten der BSL sind Auslan (Australien) und NZSL (Neuseeland), die der BSL so sehr ähneln, dass sie von manchen als ihre Dialekte angesehen werden.

3. »Gebärdensprachen können nur einfache Botschaften übermitteln«

Die vielleicht interessanteste Widerlegung dieser überraschend weit verbreiteten Vorstellung ist das Bestehen, und der Erfolg, der Gallaudet University in Washington, D.C., wo sämtliche Fächer – zum Beispiel Chemie, Buchhaltung und Philosophie – in ASL sowohl unterrichtet als auch diskutiert werden. Das soll nicht bedeuten, dass alle Nutzer der ASL die Gebärde für Quecksilberchlorid oder Existentialismus kennen; aber genauso wenig wissen die meisten hörenden Menschen über die exakte Bedeutung dieser Wörter Bescheid. Außerdem kann nicht die Rede davon sein, dass alle Gebärdensprachen der Welt bereits eine allgemeingültige Gebärde für diese Begriffe hätten – das haben sie nicht, ebenso wenig wie beispielsweise die meisten Sprachen Papua-Neuguineas eine Übersetzung dafür haben. Aber so wie jede gesprochene Sprache ihren eigenen Wortschatz, mit dem sie den Bedürfnissen ihrer Sprecher entgegenkommt, entwickeln kann (und es auch tut), so kann und wird dies auch jede Gebärdensprache tun. Und wenn Sie meinen, das stimme nicht, da ihnen früher oder später keine neuen Gebärden mehr einfallen, dann denken Sie mal über Folgendes nach: Sind unsere Zunge, Lippen und Kehle zu mehr unterschiedlichen Positionen und Bewegungen fähig als unsere Arme, Finger und das ganze Gesicht? – Eher anders herum, oder nicht?

4. »Gebärdensprachen buchstabieren gesprochene Wörter«

Die meisten Gebärden haben keinen direkten Bezug zu den gesprochenen Wörtern mit derselben Bedeutung. Dennoch haben Gebärdensprachler die Möglichkeit, gesprochene (oder geschriebene) Wörter zu verwenden, indem sie sie in einem sogenannten Fingeralphabet buchstabieren. Es wird aber ausschließlich für Eigennamen, Fremdwörter und andere Konzepte genutzt, für die die Gesprächspartner zunächst keine eigenständige Gebärde zur Verfügung haben. Wenn sie denselben Namen oder dasselbe Konzept mehrere Male verwenden müssen, lässt sich mit der Zeit eine allgemeingültige Gebärde herausfinden; bis dahin nutzen sie einfach das Fingeralphabet oder eine provisorische Gebärde. Doch auch diese Fingeralphabete sind nicht international einsetzbar. Das britische bildet übrigens eine Art Sonderfall: Während das deutsche, niederländische, irische, französische und viele andere einhändig sind, ist das britische zweihändig.

5. »Gebärdensprachen geben gesprochene Sprachen wieder«

Gebärdensprachen wurden von Menschen entwickelt, die nicht hören können, es wäre also merkwürdig, wenn sie direkte Übertragungen irgendeiner gesprochenen Sprache darstellten – und das tun sie auch nicht. Im Gegenteil: Sätze in Gebärdensprache haben eine andere Struktur als gesprochene Sätze (siehe Missverständnis Nummer 6). Und – um nur einen einzigen Unterschied zu nennen – viele Konzepte, für die es lediglich ein einziges deutsches Wort gibt, wie ›klein‹ oder ›geben‹, werden mit mehr als einer Gebärde wiedergegeben, was oft von der Beschaffenheit des betreffenden Objekts abhängt. Das heißt nicht, dass Gebärdensprachen unabhängig von den gesprochenen Sprachen bestehen, die sie umgeben: Der Wortschatz beeinflusst in gewissem Maße den Gebärdenschatz. Viele Gebärden für zusammengesetzte Wörter (Apfelsaft, Lebensversicherung, sogar ›Gebärdensprache‹ selbst) folgen dem gleichen Muster wie in der gesprochenen Sprache. Außerdem wird ein Teil des Vokabulars von Mundbewegungen begleitet, den sogenannten Mundbildern (englisch: *mouthing*), die oft, aber nicht immer, geräuschlos das entsprechende Wort der gesprochenen Sprache nachahmen. Manchmal sind verschiedene Mundbilder auch das einzige Unterscheidungsmerkmal zwischen zwei Bedeutungen einer ansonsten identischen Gebärde. Isoliert reichen die Mundbilder aber bei weitem nicht aus, um gebärdeten Sätzen einen Sinn zu verleihen.

Es gibt allerdings Gebärdensysteme, die die gesprochene

Sprache exakt wiedergeben. Die englische Variante wird unter dem Namen *Manually Coded English* zusammengefasst. Diese sind keine vollwertigen und natürlich gewachsenen Sprachen (daher eignet sich die Bezeichnung ›System‹ besser als ›Sprache‹), sondern wurden erfunden, um die Kommunikation zwischen hörenden und gehörlosen Menschen zu erleichtern. Aus dem gleichen Grund gibt es in deutschsprachigen Ländern ›Lautsprachbegleitendes Gebärden‹ (LBG).

6. »Gebärdensprachen haben keine Grammatik«

Als ich ein Kind war, erzählte mir meine Mutter, Englisch habe keine Grammatik. Sie meinte damit, dass im Englischen – anders als im Deutschen, Französischen und in anderen europäischen Sprachen – Verben und Adjektive selten so etwas wie grammatikalische Endungen haben. Ähnlich, und wiederum genauso falsch, ist die Behauptung, dass Gebärdensprachen keine Grammatik hätten. In Wirklichkeit haben sie viele grammatikalische Regeln. In der DGS kommen Fragegebärden wie ›wann‹ und ›wo‹ ans Ende eines Satzes, und Adjektive folgen normalerweise auf Substantive – anders als im gesprochenen Deutsch, wo es sich genau umgekehrt verhält. Ebenso überrascht es, dass die Wortreihenfolge der italienischen Gebärdensprachen (LIS) ähnlich wie im gesprochenen Deutsch ist, während die DGS in dieser Hinsicht mehr mit dem gesprochenen Italienisch gemeinsam hat.

Neben der Wortreihenfolge haben Gebärdensprachen noch ein Hilfsmittel, das Lautsprachen nicht haben, nämlich die drei räumlichen Dimensionen. Diese verwenden sie für grammatikalische Zwecke. ›(Etwas) fragen‹, um ein einfaches Beispiel zu nennen, wird in der BSL immer mit der gleichen Handform ausgedrückt, aber sowohl die Art als auch der Ort der Ausführung können sich sehr unterscheiden. Bei ›Ich frage dich‹ bewegt sich die Hand vom Sender zum Gesprächspartner. Die entgegengesetzte Bewegung hat die entgegengesetzte Bedeutung. Das ist in der DGS genauso.

7. »Gebärden sind ikonisch«

Die Gebärde der DGS für ›Apfel‹ sieht aus, als würde man in einen selbigen beißen; bei der Gebärde für ›Tee‹ bewegt man in einer imaginären Tasse den Teebeutel auf und ab; für ›schlafen‹ wird der Kopf schräg auf die flache Hand gelegt wie auf ein Kopfkissen. Dies sind die visuellen Entsprechungen für das, was wir in Hinblick auf die gesprochene Sprache als Onomatopoesie, also Lautmalerei, bezeichnen: Wörter wie *Kuckuck* oder *niesen*, die den Klang der zu benennenden Sache imitieren. In Gebärdensprachen sind noch viel mehr Wörter ikonisch, bei manchen von ihnen leuchtet es sofort ein, bei anderen ist es subtiler. Das liegt daran, dass Gesten sich besser für die Wiedergabe und Nachahmung von Objekten oder Aktionen eignen als Laute. Dennoch, obwohl die ›Urheber‹ der Gebärdensprachen raffinierte Gebärden für viele Konzepte gefunden haben, gibt es immer noch viele tausend andere Dinge, die sich nicht so ohne weiteres für eine ikonische Wiedergabe anbieten – wie soll man ›Organisation‹, ›Appartement‹ oder ›Primel‹ gebärden? Während also der ikonische Faktor bei Gebärdensprachen höher ist als der lautmalerische bei gesprochenen Sprachen, sind immer mehr Gebärden so willkürlich wie gesprochene Wörter.

Es ließen sich hier durchaus noch weitere Vorurteile nennen: »Gebärdensprachler können nicht schreien oder flüstern«; »Gebärdensprachen haben keine poetische Sprache oder Slang«; »Man kann Gebärdensprachen nicht notieren« – das sind alles falsche Annahmen. Aber gibt es denn überhaupt eine Begrenzung an Möglichkeiten für die Ausübung von Gebärdensprachen? – Es gibt ein paar, genauso wie es Grenzen für die Ausdrucksmöglichkeiten gesprochener Sprachen gibt (eingeschränkte Effektivität in einer lauten Umgebung zum Beispiel). Eigentlich gibt es aber nur ein einziges entscheidendes Kommunikationsproblem der Gebärdensprachler: Die Gesellschaft, in der sie leben, bedient sich nicht der gleichen Sprache wie sie. Wären wir alle gehörlos, dann würden wir alle gebärden, und das wäre für alle genauso gut.

KAPITEL 64

ՀԱՅԵՐԵՆ ԲԱՂԱԿՏՈՒՖ

Armenisch

Was das Schnabeltier für die Säugetiere ist, ist Armenisch in der Familie der indoeuropäischen Sprachen: Es passt nicht wirklich dazu; es ist das schwarze Schaf oder vielmehr das knallbunte. Es käme dem Ideal der eierlegenden Wollmilchsau ziemlich nahe, wenn es sie denn gäbe. Genau wie sie hat es nämlich von allem etwas, aber während die eierlegende Wollmilchsau allen Wünschen gerecht wird, wirken das Schnabeltier und Armenisch auf andere eher befremdlich, gerade weil sie von allem etwas haben und daher schwierig zuzuordnen sind.

Schon beim ersten Hinsehen wird man stutzig. Es ist nun mal komisch, wenn ein Tier Haare *und* einen Schnabel hat. Und genauso ist eine Sprache mit einem eigenen Alphabet (konstruiert vom heiligen Mesrop zu Beginn des 5. Jahrhunderts) leicht verdächtig. Der russische Dichter Ossip Mandelstam nannte es eine unheimliche Sprache mit Buchstaben, die aussehen »wie Schmiedezangen«.

Außerdem machen beide merkwürdige Sachen. Das Schnabeltier legt Eier, säugt aber seine Jungen – und zwar ohne Brustwarzen (die Milch sickert durch Poren im Bauch). Und Armenisch zeigt Anzeichen einer linguistischen Kleptomanie. Es hat im Lauf der Jahrhunderte unermüdlich Wörter seiner Nachbarn, Machthaber und besiegten Feinde mitgehen lassen, von Griechisch und Persisch bis Französisch, Türkisch und Russisch. Von den alten eigenen Wörtern, den Familienerbstücken, sind heute kaum 500 übrig geblieben. Und es geht nicht nur um Wörter: Außer diesen wurden den Nachbarvölkern auch Klänge entwendet, wie eine zusätzliche, glottalische Variante des *p* und des *k* (mit erhöhter Aktivität des Kehlkopfes). Das ist in etwa so, als würden wir im Deutschen anfangen zu lispeln wie im Spanischen oder Englischen oder zu näseln wie die Franzosen. Moderne Armenier sprechen also ihre eigene Sprache eigentlich mit einem ausländischen Akzent.

Aber sind das Schnabeltier und Armenisch wirklich schwarze Schafe? Oder sind sie eigentlich ganz allein auf der Welt und haben keine Verwandten, von denen sie sich unterscheiden könnten? Das Schnabeltier hat Giftdrüsen wie eine Schlange (Reptilie), hält einen Sommerschlaf wie einige Frösche (Amphibie), hat ein Sinnesorgan für elektrische Felder wie ein Hai und ein Stör (Fisch), hat einen Schnabel wie eine Ente (Vogel) und saugt an seiner Mutter wie wir (Säugetier). Biologen des 19. Jahrhunderts haben es nach langem Hin und Her in diese letztere Kategorie eingeteilt, die der Säugetiere. Inzwischen ist jedoch bekannt, dass Schnabeltiere auch eine beträchtliche Menge Vogel-DNA aufweisen.

Und Armenisch? – Es hat viele persische Wörter, und diese kehlkopfaktiven Konsonanten stammen aus den Sprachen des Kaukasus, die nicht indoeuropäisch sind. In mancherlei Hinsicht ist Armenisch aber doch wieder dem Griechischen ähnlich. Sprachwissenschaftler des 19. Jahrhunderts haben

Armenien hat seinem einzigartigen Alphabet ein eigenes Denkmal errichtet.

ihm nach langem Hin und Her einen eigenen Zweig der indoeuropäischen Familie zugewiesen, mit Griechisch als nächstem lebenden Verwandten.

Der Erste, der diesen Vorschlag machte, ein gewisser Heinrich Hübschmann, musste zunächst viele Skeptiker überzeugen, denn armenische Wörter klingen oftmals überhaupt nicht mehr wie ihre indoeuropäischen Entsprechungen. Ein Beispiel: In einer indoeuropäischen Sprache klingt das Wort für 2 normalerweise wie ›zwei‹ oder *duo* oder *dva*: Es setzt sich aus etwas *d*-artigem, etwas *w*-artigem und einem Vokal zusammen. Auf Armenisch ist es jedoch *erku*. Ein ganz anderes Wort, könnte man meinen. Der Zusammenhang lässt sich jedoch einfach erklären: Die Armenier haben aus dem indoeuropäischen Anfangsklang *dw* konsequent *erk* gemacht. *Erkar* (›lang‹) wurde so auch aus dem alten Wort *dwehro* gebildet und *hdwon* (›Wehen‹) zu *erkn* wiedergekäut. Dieser Vorgang leuchtet ebenso wenig ein wie ein eierlegendes Säugetier, und doch ist es so.

Und nun die entscheidende Frage: Was hat dieses merkwürdige Gebilde eigentlich in einem Buch über europäische Sprachen verloren? Armenien liegt schließlich südlich des Kaukasus und gehört somit zu Asien, worauf Geologen des 19. Jahrhunderts sich nach langem Hin und Her geeinigt haben. Aber bereits seit dem 14. Jahrhundert leben viele Armenier über ganz Europa verteilt, allein Russland beherbergt über zwei Millionen. Venedig ist Heimat eines berühmten armenischen Klosters, San Lazzaro degli Armeni. In Manchester steht eine armenische Kirche von 1870, in Amsterdam eine von 1714 und in Lwiw (damals polnisch, später österreichisch, heute ukrainisch) sogar eine von 1370. Armenisch ist also seit langem Teil Europas, und daher wurde es hier in die Reihe aufgenommen – unter dem Titel *Hajeren Badaktuts*: ›Armenisches Schnabeltier‹.

¶ *Karot* – starke Sehnsucht nach jemandem.

KAPITEL 65

Allein auf weiter Puszta

Ungarisch

»Setzen Sie sich doch, Frau Magyar. Was kann ich für Sie tun?«

»Ich bin so einsam, Herr Doktor. So schrecklich einsam.«

»Ich verstehe. Wie kommt das?«

»Ich wohne noch nicht so lange hier. Und ich habe das Gefühl, dass meine Nachbarn mich nicht verstehen. Und sie rufen mir Dinge hinterher, ich sei ›ungarisch‹ oder so etwas, was auch immer sie damit meinen.«

»Aha. Lassen Sie mich mal sehen, Sie sind jetzt in unserer Praxis seit … ach, hier steht's ja: seit Ende des 9. Jahrhunderts.«

»Ja, das stimmt. 896 habe ich das Haus besetzt, in dem ich jetzt wohne. Ich fürchte, meine Nachbarn haben mir das bis heute nicht vergessen.«

»Also Sie meinen, es gäbe unverheilte Wunden, und außerdem verstehen sie Sie nicht.«

»Genau. Es ist, als ob wir unterschiedliche Sprachen sprechen würden. Das stimmt übrigens auch. Und Verwandte habe ich auch nicht, jedenfalls nicht in dieser Gegend. In

Russland gibt es noch welche, und noch entferntere in Finnland und Estland. Die habe ich aber seit tausenden von Jahren nicht mehr gesprochen. Ich glaube auch nicht, dass ich sie noch verstehen würde. Ich fühle mich einfach so allein hier in der Puszta.«

»In der … ah ja, in der Puszta. Hm. Frau Magyar, ich glaube, diese Beschwerden sind zu speziell für die linguistische Ersthilfe. Ich schreibe Ihnen eine Überweisung fürs Krankenhaus. Hier, damit können Sie zur Klinik für historische Sprachwissenschaften und zu den vergleichenden Sprachwissenschaften gehen. Sie können mich dann zwei Wochen später wegen der Ergebnisse anrufen.«

»Praxis Haspelmath.«

»Szabina Magyar hier, ich rufe wegen meiner Ergebnisse an.«

»Moment bitte, ich verbinde Sie.«

»Guten Tag, Frau Magyar. Ich habe gute Neuigkeiten für Sie.«

»Wirklich?«

»Meine Kollegen von der vergleichenden und historischen Linguistik haben Sie gründlich durchleuchtet …«

»Das können Sie laut sagen.«

»… und festgestellt, dass Sie in den letzten elfhundert Jahren Ihren Nachbarn immer ähnlicher geworden sind.«

»Wie bitte? Das kann doch gar nicht sein. Haben Sie sich meine Rechtschreibung angesehen? Und meine Verbkonjugation? Und meine Fälle?«

»Gewiss, gewiss, das haben wir alles geprüft. Wir bleiben dennoch bei der Diagnose. Schließlich haben Sie Artikel. Sie verwenden doch die Wörter *a* und *az* für ›der/die/das‹ und *egy* für ›ein/eine‹, oder nicht?«

»Aber verwendet nicht jeder Artikel?«

»Das denken Sie! Ihre entfernten Verwandten tun es nicht, insgesamt machen weltweit nur wenige Sprachen davon Gebrauch. Ausnahmen sind beispielsweise Ihre Nachbarn Deutsch und Rumänisch.«

»Ach was.«

»Wenn Sie außerdem einen einfachen Satz in eine Frage umwandeln möchten, platzieren Sie die Verbalform vorn und das Objekt direkt dahinter.«

»Mache ich das?«

»Ja, aber früher taten Sie es nicht, damals haben Sie ein eigenes Anhängsel an die Verbalform gehängt, um aus einem Satz eine Frage zu machen; Sie wissen schon, die Endung *-e*, die Sie in Nebensätzen noch immer gebrauchen. Ihre Nachbarn fanden das allerdings komisch, weshalb Sie sich angewöhnt haben, es wie sie zu machen.«

»Du meine Güte. Das war mir gar nicht bewusst.«

»Das kommt häufiger vor. Es wurde sogar noch mehr gefunden: Sie verwenden Formulierungen wie ›ich schneide ihr die Nägel‹ und ›dem Minister seine Jacke‹ statt ›ich schneide ihre Nägel‹ und ›die Jacke des Ministers‹, nicht wahr?«

»Ja. Ist das etwa auch eine Besonderheit?«

»Und ob. Auf der ganzen Welt kommt dies nur wenig vor. Aber all Ihre Nachbarn, die Familien Deutsch und Rumänisch und Serbisch und wie sie alle heißen, die machen das genau wie Sie, seit tausenden von Jahren. Von denen haben Sie das! Und damit noch nicht genug. Kommt Ihnen etwas merkwürdig vor an den Wörtern *frigy* für ›Bündnis‹, *prém* für ›Pelz‹, *klapec* für ›Göre‹, *sztrájk* für ›Streik‹, *fröccs* für ›Schorle‹, *pletyka* für ›Tratsch‹, *próba* für ›Test‹ und *strand* für ›Strand‹?«

»Nein, stimmt damit etwas nicht?«

»Doch, doch, alles in Ordnung. Nur: Als Sie hier ankamen, begann keins Ihrer Wörter mit mehr als einem Konsonanten. Die Ihrer Nachbarn aber schon, und jetzt machen Sie's inzwischen auch.«

»Was Sie nicht sagen … Nun ja, *strand* klingt ein bisschen deutsch. Aber *frigy*? Und *fröccs*? Die kommen mir ganz vertraut vor.«

»*Frigy* stammt ebenfalls aus dem Deutschen, Frau Magyar: nämlich von ›Friede‹. Aber Sie haben recht, Sie haben sich eigentlich an Doppelkonsonanten gewöhnt. *Fröccs* ist kein Lehnwort, und während *pletyka* aus dem Slowakischen kommt, waren Sie es selbst, die *pletykalap*, ›Klatschblatt‹, geprägt hat. Und *grófnő* für ›Gräfin‹. *Gróf*, ›Graf‹, ist beinahe deutsch, aber *grófnő* nun wirklich nicht. Und dann Ihr Wort *vilag* – haben Sie sich nie gefragt, warum es sowohl ›Welt‹ als auch ›Licht‹ bedeuten kann?«

»Na ja, Zufall, würde ich vermuten.«

»Und dass dies bei all Ihren Nachbarn, abgesehen von Deutsch, genauso ist, halten Sie auch für einen Zufall? Und noch etwas anderes. Sie sagen ›Eis ist kälter als Wasser‹, nicht wahr?«

»Ja, aber Eis ist doch auch kälter als Wasser.«

»Ich meine, wenn Sie zwei Dinge miteinander vergleichen, hängen Sie einen Ausgang wie *-er* ans Adjektiv, sagen das Wort *mint* für ›als‹, und erst dann nennen Sie das, womit es verglichen wird. Das ist sehr auffällig, denn normalerweise setzen Sie kleine Wörter wie *mint* hinter Ihre Substantive und nicht davor. Aber bei *mint* machen Sie Ihre Nachbarn wieder nach, besonders die Deutschen.«

»Ist das jetzt endlich alles?«

»Fast. Ihre Superlative sind den serbokroatischen verdächtig ähnlich. Vermutlich sollte ich jetzt besser aufhören, sonst wird es noch zu technisch, mit nominativen Experiencern, instrumental-komitativer Polysemie, dem Verlust von Verbmodi und solcherlei Kram.

Habe ich Sie nun überzeugen können?«

»Schon. Aber was soll ich denn jetzt machen?«

»Laden Sie Ihre Nachbarn mal auf ein Pläuschchen ein. Ich darf es aufgrund meiner Schweigepflicht eigentlich nicht sagen, aber ich habe mitbekommen, dass Ihr Nachbar Rumänisch sich ebenfalls ein wenig einsam fühlt, denn auch seine Verwandtschaft wohnt weit weg. Warum sprechen Sie ihn nicht einfach mal an? Womöglich gibt es am Anfang ein paar Verständigungsschwierigkeiten, aber ich bin mir sicher, dass Sie durchaus einige Gemeinsamkeiten entdecken werden.«

➤ Sowohl die ›Kutsche‹ als auch der ›Coach‹ (übers Englische) lassen sich auf den Namen des ungarischen Orts Kocs zurückführen, wo schon im 15. Jahrhundert auf der Durchreise die Pferde gewechselt und wahrscheinlich auch Kutschen gebaut wurden. Andere Wörter ungarischen Ursprungs sind ›Gulasch‹, ›Kandare‹ und ›Puszta‹.

❡ *Madárlátta* – Essen, das von zu Hause mitgenommen und ungegessen wieder dorthin zurückgebracht wird.

KAPITEL 66

Malteser Kreuzung

Maltesisch

In meinem Pass stehen Wörter in einer afroasiatischen Sprache. In Ihrem auch – sofern Sie in einem Land der Europäischen Union leben. Ja, die vielen Sprachen Europas haben auch eine semitische in ihrer Mitte, die fast als arabischer Dialekt durchgehen könnte. Na ja, in der Mitte … Eigentlich am Rand, denn der Inselstaat, in dem sie gesprochen wird, liegt lediglich einen Steinwurf von Afrika entfernt. Aber die Währung dort ist der Euro, das Land hat innerhalb Europas den höchsten Prozentsatz an Katholiken (obwohl Gott hier Alla heißt) und darf die Kommunikation mit Brüsseler Beamten in seiner eigenen Sprache führen. Willkommen auf Malta, dem Inselstaat der Überraschungen.

Die ebenso idyllische wie strategische Lage Maltas ist Segen und Fluch zugleich. Es wurde im Lauf seiner einzigartigen Geschichte unzählige Male belagert, was die Komplexität seiner sprachlichen Landschaft erklärt. Alle paar Jahrhunderte kam ein anderer Eroberer, der seinen Fußabdruck hinterließ. Malta wird auch gerne mit einem Obstgarten verglichen, dessen überkreative Gärtner Pflaumen tragende Erdbeersträucher auf Apfelbaumstämme gepfropft haben.

Die Phönizier gaben der Insel ihren Namen: *Malat*, ›Zufluchtsort‹. Es könnten allerdings auch die Griechen gewesen sein, die damals ebenfalls vor Ort waren, in ihrer Sprache bedeutet *melité* ›honigsüß‹. (Die Römer wollen wir zur Abwechslung außen vor lassen, obwohl selbst sie hier mehrere hundert Jahre verbracht haben.) Die Sizilianer, zu der Zeit arabische Muslime, führten den arabischen Dialekt ein, der die Grundlage des heutigen Malti ist. Die Normannen kamen und gingen, Malta wurde Teil des Deutschen Reichs (ja, wirklich) und auch des spanischen Reichs, um schließlich den Rittern des Johanniterordens überlassen zu werden. Diese machten eine südliche Bastion des christlichen Glaubens daraus und spickten den arabischen Dialekt zudem mit italienischen Wörtern. Dann tauchte Napoleon auf, um sogleich von den Briten verjagt zu werden, die Englisch zur Nationalsprache ausriefen. Erst seit 1964 ist Malta unabhängig und kann nun den Spieß umdrehen: Die heutigen Invasoren erobern nicht, sondern werden womöglich selbst ausgenommen, nämlich als Touristen.

Und so ist das Malta der Gegenwart eine katholische Insel mit einer semitischen (folglich afroasiatischen) Sprache, die in lateinischen Buchstaben notiert wird (als einzige semitische Sprache) und ähnlich wie Italienisch aussieht, abgesehen von ein paar merkwürdigen Buchstaben wie ż und ħ, die eher typisch für Polnisch beziehungsweise Serbisch sind. (Die Ähnlichkeit mit Italienisch ist sogar so groß, dass Mussolini Maltesisch als italienischen Dialekt klassifizierte.) Die Rechtschreibung wiederum hat etwas von Deutsch oder Schwedisch, mit ihren doppelten Konsonanten am Wortende. Daneben sprechen die Malteser dermaßen gut Englisch, ihre zweite Landessprache, dass Sprachschüler aus ganz Europa einfliegen, um hier ihre Englischkenntnisse aufzubessern – unter dem blauen Himmel von Valletta statt im grauen London.

Bei solch einer verworrenen Geschichte ist es keine Überraschung, dass Maltesisch eine der wenigen europäischen Sprachen ist, die zusätzlich zum Singular und Plural noch einen Dual haben, in diesem Fall eine Erbschaft des Arabischen: *sena* bedeutet ›ein Jahr‹, *sentejn* ›zwei Jahre‹ und *snin* ›[mehr als zwei] Jahre‹.

Und was hat es mit den maltesischen Wörtern in den europäischen Reisepässen auf sich? Manche davon wirken gar nicht so exotisch: *Unjoni Ewropea*, *Data* und *Awtorità* zum Beispiel, auch *Sess*. Aber in den Rubriken ›Namen‹ und ›Geburtsort‹ sticht Maltesisch hervor: *Ismijiet* und *Post tat-twelid*, Wörter, die zweifellos afroasiatischer Abstammung sind.

➤ Es sind im Deutschen keine Wörter entlehnt, aber der Malteser Hund ist nach der Insel benannt und stammt vermutlich auch von dort.

¶ *Ixxemmex* – in der Sonne baden; nicht, um eine Bräunung zu erhalten, sondern als entspannter Genuss schönen Wetters.

KAPITEL 67

Weltschmerz

Englisch

Ach Leute, warum musste ausgerechnet Englisch die Sprache sein, die wir zusammen mit sieben Milliarden weiteren Menschen sprechen sollen? Wer hat sich das denn bitte ausgedacht? Eine Sprache mit einer exzentrischen Grammatik, einem allgemein anerkannten Chaos in der Rechtschreibung und einer Aussprache, die nur für Niederländer, Deutsche und Skandinavier einigermaßen zu bewerkstelligen ist. Selbst Latein wäre als Weltsprache geeigneter gewesen als Englisch.

Dass die Grammatik merkwürdig ist, lässt sich anhand dreier Beispiele illustrieren (es gäbe allerdings noch viele mehr). – Erstens: Verneinungen. Die meisten Sprachen haben dafür einfach ein Wort: *njet, nicht, não*. Englisch nicht. Das verwendet lieber besondere Verbformen: *isn't, didn't, shan't, couldn't, oughtn't, ain't* und so weiter. Natürlich war darin ursprünglich einmal das Wörtchen *not* enthalten. Aber es ist festgewachsen und schier unerkennbar geworden. Es kann nicht gerade behauptet werden, dass *won't* wie *will not* klingt oder *ain't* wie *is not*.

Zweitens: Das Übermaß an Präpositionen. In den meisten

Sprachen ist dies eine kleine, unbedeutende Wortgruppe. Im Englischen ist ein Satz wie *It's hard for her to put up with* ganz normal. *For* und *with* sind Präpositionen, *to* und *up* hier streng genommen nicht, im Allgemeinen aber schon. Sogar das eng verwandte Deutsch drückt sich hier ganz ohne Präpositionen aus: »Sie kann das nur schwer ertragen«.

Drittes Beispiel: Die starken Verben. Wir haben noch Glück, denn im Deutschen kennen wir das auch, aber den Rest der Welt können Formen wie *forbade, blew* und *borne* in die Verzweiflung treiben. Der absolute Tiefpunkt ist ›lesen‹: Präsens *read* (reimt sich auf *need*), Präteritum *read* (reimt sich auf *bed*).

Die englische Rechtschreibung ist womöglich noch haarsträubender als die Grammatik. Hier der Beweis:

If *gh* stands for *p* as in *hiccough*
If *ough* stands for *o* as in *dough*
If *phth* stands for *t* as in *phthisis*
If *eigh* stands for *a* as in *neighbour*
If *tte* stands for *t* as in *gazette*
If *eau* stands for *o* as in *plateau*
Then *potato* should be spelt *ghoughphtheightteeau*

Wenn *gh* für *p* steht, wie in *hiccough* (›Schluckauf‹)
Wenn *ough* für *o* steht, wie in *dough* (›Teig‹)
Wenn *phth* für *t* steht, wie in *phthisis* (›Schwindsucht‹)
Wenn *eigh* für *a* steht, wie in *neighbour* (›Nachbar‹)
Wenn *tte* für *t* steht, wie in *gazette* (›Zeitung‹)
Wenn *eau* für *o* steht, wie in *plateau*
Dann sollte *potato* so geschrieben werden:
ghoughphtheightteeau

Ist es ein Wunder, dass prozentual viel mehr englischsprachige Menschen eine Lese-Rechtschreib-Schwäche haben als in Sprachgebieten mit einer systematischeren Schreibweise?

Es muss an der unübersichtlichen Rechtschreibung liegen,

dass das Englische eine tiefe Verachtung für Akzentzeichen entwickelt hat. Wenn die geschriebene Sprache so wenig über die Aussprache aussagt, weshalb sollte man dann *café*, *ångström* (eine Längeneinheit) und *prêt-à-porter* (›Konfektion‹) schreiben? Dann doch lieber *cafe*, *angstrom* und *pret-a-porter*. Zwar ist so noch immer nicht klar, wie die Wörter ausgesprochen werden sollen, aber sie sind wenigstens einfacher zu schreiben.

Da alle Begriffe, die etwas mit Computern zu tun haben, strikt englischsprachig sind, hat es lange gedauert, bis es digitale Geräte gab, die mit *un-American activities* zurechtkamen, wie Deutsch schreiben (ä, ö, ü, ß) oder Französisch drucken (û, œ), ganz zu schweigen von kleineren Sprachen wie Ungarisch (ő, ű) und Litauisch (į, ė). Wer glaubt, dass das alles heute kein Problem mehr ist, der sollte einmal ein Buch über europäische Sprachen schreiben.

Noch verzwickter als die extravagante Grammatik und die abenteuerliche Rechtschreibung ist vielleicht der Schwierigkeitsgrad der englischen Aussprache. Englische Wörter enden eiskalt auf *b* oder *d* – nicht nur auf dem Papier, sondern auch im Mund. *Lob* wird auch ausgesprochen wie ›lob‹ mit *b* und nicht wie ›lop‹, *bed* wie ›bed‹ und nicht wie ›bet‹. Nicht nur deutschsprachige Menschen finden das eigenartig, es irritiert auch Sprecher vieler anderer Sprachen. Ansonsten erfordern die englischen Lispellaute (*these three*) Zungenakrobatiken, die die meisten Anderssprachigen nicht mehr vollbracht haben, seit sie Kleinkinder waren. Auch manche Muttersprachler haben damit ihre Schwierigkeiten, was sich an der unterschiedlichen Aussprache des Wortes *brother* erkennen lässt: ›brudder‹ bei den Iren, ›brov‹ im Cockney und ›brudda‹ oder ›bruvva‹ im schwarzamerikanischen Englisch.

Was die Aussprache außerdem erschwert, ist die schwindelerregende Menge an Vokalen. Nehmen wir die Wörter *par, pear, peer, pyre, poor, power, purr, pull, poop, puke, pin, pan, pain, pen, pawn, pun, point, posh, pose* und *parade*. Ein Muttersprachler hört nach dem *p* zwanzig Mal einen anderen Vokalklang. Da die meisten Sprachen nur etwa sechs verschiedene Vokale unterscheiden, ist es für Sprecher des Spanischen, Russischen oder Chinesischen beinahe unmöglich, im Englischen mehr Vokale auseinanderzuhalten als die Hand voll, die sie von Haus aus kennen. Das Englisch, das sie hören, verstehen sie schlecht, und das Englisch, das sie sprechen, ist schlecht zu verstehen.

Eine höchst ungeeignete Weltsprache also. Jedenfalls soweit Englisch das wirklich ist. Schließlich gibt es auf der Welt große Gebiete, deren Bewohner sich noch nicht damit abgefunden haben. In Ostasien und der arabischen Welt beherrscht nur eine kleine Minderheit die Sprache, in den französisch- und portugiesischsprachigen Teilen Afrikas ebenfalls. Und in der Neuen Welt weigert sich nicht nur Südamerika hartnäckig, Englisch zu lernen, sondern dort wird *das* weltweite Bollwerk der englischen Sprache, die Vereinigten Staaten, langsam, aber sicher erobert … und zwar vom lateinamerikanischen Spanisch. Was tatsächlich mal eine geeignete Weltsprache wäre. Es hat eine sehr akzeptable Grammatik, eine taugliche Rechtschreibung und, sofern Sie das *r* rollen können, eine einfache Aussprache.

¡Ah! *Español* als Weltsprache. Nicht perfekt, aber eine Riesenverbesserung wäre es schon.

➢ Welches heutige Lehnwort kommt *nicht* aus dem Englischen?

¶ Und wir finden noch immer neue Wörter, die wir für lehnenswert erachten – mal mehr, mal weniger nachvollziehbar.

DANK

Unter den Kapiteln, die es aus verschiedenen Gründen nicht von meinem niederländischen Buch *Taaltoerisme* (›Sprachtourismus‹) in *Sprachen* geschafft haben, gibt es eins über die Bedeutung von Familiennamen. Darin steht, dass Namen, die aus unbekannten Sprachen stammen, schwieriger zu merken sind, mit der bedauerlichen Folge, dass wir in unserer menschlichen Art weniger Mitgefühl für die Menschen empfinden, die so heißen. Als Heilmittel – praktisch selten umsetzbar, aber theoretisch wirksam – schlug ich vor, dass Autoren und Übersetzer diese unbekannten Namen übersetzen, um sie den Lesern emotional näherzubringen.

In den folgenden Zeilen danke ich dutzenden Menschen aus ganz Europa für ihre Unterstützung beim Entstehen dieses Buchs. Die meisten von ihnen sind nicht deutscher Herkunft, und es besteht das Risiko, dass der Leser ihre Namen überfliegt und nur ein flüchtiges Gefühl der Fremdartigkeit behält. Darum folge ich hier meinem eigenen Rat und gebe annähernde Übersetzungen, soweit ich ihre Bedeutungen herausfinden konnte.

Zuallererst ist da meine Frau, Marleen Bekker, der ich sehr für ihre Weisheit, ihre fortwährende Unterstützung und ihre Mischung aus Gewitztheit und Albernheit danke. Außerdem hat sie kein besonderes Interesse an Sprache, was ein Grund für meine Liebe zu ihr sein könnte. Ihr Nachname ist natürlich eine niederländische Schreibweise des (nieder-) deutschen Namens Becker.

Carmen Büge und ihren Eltern, Waltraud und Kurt,

möchte ich dafür danken, dass sie mir vor über dreißig Jahren eine anhaltende Leidenschaft für die deutsche Sprache eingeflößt haben. Dass ich so ein altmodisches Wort wie *einflößen* gewählt habe, liegt daran, dass ich heute mehr Deutsch lese als spreche, und ist nicht ihnen anzurechnen. ›Büge‹ ist übrigens ein Begriff aus dem Fachwerkbau. Ob der Name tatsächlich dort herrührt, weiß ich nicht.

Einige Kapitel wurden, wie ich bereits im Vorwort schrieb, von Freunden verfasst. Die Geschichten über Kornisch, Finnisch, Maltesisch und Russisch sind von Jenny Audring, der deutschen Sprachwissenschaftlerin, die auch im Kapitel über Niederländisch erwähnt wird. Sie dachte immer, dass ihr baltischer Familienname vom Namen eines Dorfes in Lettland stammt, aber ein Sprecher des Litauischen klärte uns darüber auf, dass in seiner Sprache *audringas* ›stürmisch‹ bedeutet, wobei *-as* die männliche Endung ist. Für das Kapitel über Manx gebührt die Anerkennung meiner unwiderstehlich brummigen Soziale-Medien-Gefährtin, der in Deutschland geborenen und auf der Isle of Man lebenden Frauke Watson. Diesen Nachnamen hat sie ihrem Ehemann zu verdanken, und er bedeutet ›Walters Sohn‹.

Fachkundige Hinweise, Inspiration und freundliche Hilfe kamen von Richard Bank (Gebärdensprachen), Mark Brouwers (Polnisch), Luc De Grauwe (Niederdeutsch), Elsbeth Gugger (Schweizerdeutsch), Casper de Jonge (Italienisch), Robert de Kock (Baskisch), Benjamin den Butter (Türkisch), Finnur Friðriksson (Isländisch), Charlotte Gooskens (Isländisch), Sebastian Grzybowski (Polnisch), Cornelius Hasselblatt (Samisch), Axel Holvoet (Lettisch), Franka Hummels (Weißrussisch), Geraint Jennings (Normannisch der Kanalinseln), Yoma Jonker (Gebärdensprachen), Matej Klemen (Slowenisch), Ihar Klimau (Weißrussisch), Sabine Kortlepel (Gebärdensprachen), Joachim Matzinger (Albanisch),

Astrid Menz (Gagausisch), Brian Ó Broin (Irisch), Colm Ó Broin (Irisch), Pekka Sammallahti (Samisch), Hotimir Tivadar (Slowenisch), Tereza Trefilíková (Tschechisch), Mario van de Visser (Baskisch), Duco van Dijk (Portugiesisch), Jan van Tuin (Italienisch), Alastair Walker (Nordfriesisch), Ommo Wilms (Nordfriesisch) und Leandra Zoulfoukaridis (Griechisch).

Manche ihrer Nachnamen sind leicht zu übersetzen: De Grauwe hat mit Grau zu tun, de Jonge mit jung, de Cock mit Koch, den Butter mit (Ketel-)Böter oder (Kessel-)Flicker, Jonker mit Junker, Friðriksson bedeutet ›Friedrichs Sohn‹ und Wilms ›Wilhelms Sohn‹, Gooskens kommt vom Vornamen Goswin, van de Visser ist unser Fischer, van Dijk ist Deich und van Tuin ist Zaun oder Garten. Ein Gugger is ein Kuckuck im Süden unseres Sprachgebietes. Klemen und vielleicht auch Menz sind Formen des Vornamens Clement, während Klimau Weißrussisch für ›Clemens' Sohn‹ ist. Ó Broin bedeutet Nachfahr des ›Bran‹ auf Irisch, Sammallahti ›bemooste Bucht‹ auf Finnisch, die Grzybowskis stammen vom Ort der Pilze her, Tivadar ist die ungarische Form von Theodor. Ein Walker ›ging‹ nicht, sondern ›walkte‹ mit den Füßen Wolle, um sie zu verfilzen. Kortlepel ist Niederländisch für kurzer Löffel, und Brouwers ist Sohn des Brauers. Ein besonders interessanter Fall ist Zoulfoukaridis, was auf Griechisch ›Nachfahr des Zoulfoukar‹ bedeutet, ein Männername, der vom Namen des Schwerts des Mohammed herrührt.

Einige Kapitel haben sehr von den Kommentaren der Leser Trix Clerx, Mirjam Jochemsen, Rutger Kiezebrink, Niala Maharaj, Liesbeth Tettero, Piet Vermeer und Tom Wijns profitiert. Clerx ist der Schreiber, Jochemsen Joachims Sohn, Maharaj der König und Vermeer (vom) Meer; Wijns hat wahrscheinlich nichts mit ›Wein‹ zu tun, sondern mit einem alten Wort für ›Freund‹. Martje Postma bereicherte diese deutsche Fassung mit ihren sprachlichen Kompetenzen; ihre Beiträge sind noch vielfältiger als die möglichen Bedeutungen ihres Nachnamens (Poststation, aber auch Bote, Fischer, posthum Geborener).

Ich bin Caroline Dawnay von United Agents zu großem Dank verpflichtet. Sie ist eine unglaubliche Agentin: erfahren, zuvorkommend und verblüffend effektiv. Gemeinsam mit ihrer Assistentin Sophie Scard bildet sie ein Dreamteam. Der Name Dawnay ist französischer Herkunft und bedeutet wahrscheinlich ›aus Aunou‹; Scard ist eine Kurzversion von Sieghard, und das bedeutet ›mutiger Sieg‹.

Profile Books, der britische Herausgeber, hat mich wärmstens empfangen, beständig an das Buch geglaubt und seine Fachkenntnisse dafür eingesetzt. Der Prozess von *Taaltoerisme* zu *Lingo* war unvergesslich und lehrreich. Danke, Andrew Franklin, Mark Ellingham, Sarah Hull, Drew Jerrison und Penny Daniel. Ein ›franklin‹ war ein Edelmann niedrigen Ranges, ähnlich wie der deutsche Junker, Ellingham war ursprünglich die Heimat von Aellas Sippe, Hull kommt von hill (Hügel), und Jerrison bedeutet ›Geralds Sohn‹.

Mit Ullsteins Lektorin Marie Trakies zu arbeiten war von Anfang bis Ende ein Vergnügen. Sie ist zuverlässig, professionell, offen und immer zum Mitdenken bereit. Danke! Ihr Name ist, wie in ihrer Familie vermutet wird, vom litauischen Wort *trakas* abgeleitet, das als Adjektiv ›toll, verrückt‹ bedeutet, als Substantiv jedoch ›Rodung‹.

Dieses Buch ist zwei Mal übersetzt worden: Zuerst von Alison Edwards (›Sohn des Edward‹) aus dem Niederländischen ins Englische, dann von Juliane Cromme (›Krumme‹) ins Deutsche, und zwar auf der Grundlage dessen, was wir ›die beiden Originale‹ nennen können. Als Sprachwissenschaftlerinnen hatten Alison und Juliane die Voraussetzungen dafür, den Inhalt und den Ton dieses Buchs wiederzugeben: Fachwissen, stilistisches Fingerspitzengefühl und Geduld mit einem anspruchsvollen Autor. Es hat Spaß gemacht (mir zumindest). Das Buch verdankt in seiner englischen Fassung dem Schriftsteller Jonathan Buckley ungemein viel, der ein adleräugiger Redakteur mit einem enormen Wissensschatz ist. Sein Familienname erinnert an das deutsche ›Bockrath‹: eine Lichtung oder Rodung, die nach dem Ziegenbock benannt wurde.

Ein paar der genannten Personen haben außerdem Bücher veröffentlicht, die für *Lingo* von großer Wichtigkeit waren. Dem Kapitel über Niederländisch liegt Jenny Audrings Dissertation über die ›Neuerfindung‹, wie sie es bezeichnet, des niederländischen Pronomens zugrunde; sie kann unter http://bit.ly/AudringPhD heruntergeladen werden. Finnur Friðrikssons Dissertation von 2008 über die Stabilität des Isländischen (http://bit.ly/FridhrikssonPhD) sorgte für die erforderlichen Informationen für das Kapitel über seine Muttersprache. Natürlich wurden hunderte andere Quellen beim Entstehen von *Lingo* konsultiert. Unter ›Zum Weiterlesen‹ habe ich einige aufgelistet, die für die meisten Leser interessant sein könnten.

Trotz aller Unterstützung und der herangezogenen Quellen sind Fehler möglich. Wie immer möge Kritik direkt an mich, den Verfasser, gerichtet werden. Sollte meine Reaktion ein wenig angepikst ausfallen, nehmen Sie's bitte nicht persönlich. Das liegt an meinem Familiennamen, der, wie Sie vielleicht schon raten, ›Dorn‹ bedeutet.

ZUM WEITERLESEN

Für die meisten Kapitel dieses Buchs wurden verschiedenste Quellen zu Rate gezogen, sowohl gedruckt als auch online. Die folgenden Bücher fand ich besonders inspirierend, und sie werden für jeden interessant sein, dem *Sprachen* gefallen hat.

Ti Alkire and Carol Rosen, *Romance Languages*, Cambridge University Press, 2010. Nicht gerade ein Pageturner für den Strand, dafür aber eine ordentliche Darstellung der Entwicklung von Latein zu den Big Five der romanischen Sprachfamilie.

David Bellos, *Was macht der Fisch in meinem Ohr? Sprache, übersetzten und die Bedeutung von allem,* Eichborn, 2013. Das einzige Buch übers Übersetzen, das Sie unbedingt lesen müssen, wenn Sie es nicht gerade zu Ihrem Beruf machen wollen. Gelehrt, eigenwillig und witzig.

Guy Deutscher, *Du Jane, ich Goethe: Ein Geschichte der Sprache,* C. H. Beck, 2008. Deutscher kann beides: Er ist ein Sprachwissenschaftler und schreibt unterhaltsam. Meine Kapitel über Romani und Walisisch haben diesem Buch einiges zu verdanken.

Guy Deutscher, *Im Spiegel der Sprache: Warum die Welt in anderen Sprachen anders aussieht,* dtv, 2012. Hier erläutert Deutscher, etwas ketzerisch, dass Sprache unsere Gedankenprozesse und unsere Wahrnehmung beeinflusst – weniger als Laien glauben, aber mehr als Linguisten einräumen möchten.

Nicholas Evans, *Wenn Sprachen sterben: und was wir mit ihnen verlieren*, C. H. Beck, 2014. Ist es wirklich so schade, wenn Sprachen aussterben? Evans könnte Sie davon überzeugen, dass es tatsächlich jedes Mal ein Verlust ist, wenn eine Sprache verschwindet. Er konzentriert sich hauptsächlich auf Regionen außerhalb Europas, aber es gibt einen wunderbaren Abschnitt über Avdo Međedović, den ›Homer von Montenegro‹ des 20. Jahrhunderts.

Bernd Heine und Tania Kuteva, *The Changing Languages of Europe*, Oxford University Press, 2006. Wie das Buch von Alkire und Rosen ist auch dieses nicht für Einsteiger geeignet, aber wer sich durchschlägt, wird mit atemberaubenden Panoramen belohnt werden.

George McLennan, *Scots Gaelic: An Introduction to the Basics* und *A Gaelic Alphabet: A Guide to the Pronunciation of Gaelic Letters and Words*, Argyll Publishing, 2005 und 2009. Ich bin nicht immer mit McLennan einer Meinung, aber diese Büchlein sind sowohl informativ als auch gut geschrieben.

Karl Menninger, *Zahlwort und Ziffer*, Vandenhoeck & Ruprecht, 1979 (ursprünglich 1934). Es ist zwar voll mit überholten Vorstellungen, dafür aber auch eine Fundgrube an Kuriositäten. Das Kapitel über Bretonisch ist hieraus entstanden.

Nicholas Ostler, *Empires of the Word*, HarperCollins, 2005. Ein Monumentalwerk, das das Versprechen seines Untertitels einlöst – ›Eine Sprachgeschichte der Welt‹. Fünf Jahre später veröffentlichte Ostler *The Last Lingua Franca* über dominante Sprachen, mit Englisch als letztem Vertreter.

Karin Tafel et al., *Slavische Interkomprehension, eine Einführung*, Gunter Narr Verlag Tübingen, 2009. Vergleicht Tschechisch, Polnisch, Russisch, Serbokroatisch und Ukrainisch anhand des Wortschatzes und der Grammatik. Wer eine von ihnen kennt, kennt sie alle. Kein Buch, mit dem man sich gemütlich aufs Sofa verzieht, aber eine wertvolle Wissensquelle, wenn Sie sich für die slawische Sprachfamilie interessieren.

REGISTER